सुदीप ठाकुर

दस साल

जिनसे देश की सियासत बदल गई

सार्थक
राजकमल प्रकाशन का उपक्रम

ISBN : 978-93-94902-10-7

मूल्य : ₹299

पहला संस्करण : 2022
दूसरा संस्करण : 2024

सार्थक राजकमल प्रकाशन का उपक्रम

प्रकाशक
राजकमल प्रकाशन प्रा.लि.
1-बी, नेताजी सुभाष मार्ग, दरियागंज
नई दिल्ली-110 002

शाखाएँ
अशोक राजपथ, साइंस कॉलेज के सामने, पटना-800 006
पहली मंज़िल, दरबारी बिल्डिंग, महात्मा गांधी मार्ग, प्रयागराज-211 001
1, अनमोल सोराबजी सन्तुक लेन, धोबी तलाव, मरीन लाइंस, मुम्बई-400 002

वेबसाइट : www.rajkamalprakashan.com
ई-मेल : info@rajkamalprakashan.com

मुद्रक
विकास कंप्यूटर एंड प्रिंटर्स
ट्रॉनिका सिटी-201 102

DAS SAAL : JINSE DESH KI SIYASAT BADAL GAI
by Sudeep Thakur

दोस्त जैसे दिवंगत भाई
अक्षय को

सत्तर के उतार-चढ़ाव वाले दशक में
जिसके साथ मैं बड़ा हुआ...

क्रम

आरम्भ

हमारे जिन ऐतिहासिक व्यक्तित्वों ने हमारी राजनीति को सदियों से प्रभावित किया है, उनमें एक नाम कौटिल्य या चाणक्य का भी है। उन्हें विष्णु गुप्त के नाम से भी जाना जाता था। कहा जाता है कि वे ईसा पूर्व चौथी सदी में मौर्य साम्राज्य की नींव रखने वाले महान सम्राट चन्द्रगुप्त के मंत्रियों में से एक थे। हालाँकि वह महज़ एक मंत्री भर नहीं थे। कौटिल्य ने शासन-व्यवस्था को लेकर संस्कृत में *अर्थशास्त्र* शीर्षक से एक किताब लिखी थी। राजनीति विज्ञान के प्राध्यापक और जाने-माने लेखक सुनील खिलनानी ने देश के पचास ऐतिहासिक व्यक्तित्वों पर केन्द्रित अपनी शानदार किताब *अवतरण* में कौटिल्य को भी समाहित करते हुए *अर्थशास्त्र* के बारे में लिखा है, " अनोखे ढंग से सामयिक यह किताब ग़ैर-धार्मिक मामलों पर लिखी एकमात्र पुस्तक है, जो भारतीय इतिहास के शास्त्रीय या प्रारम्भिक काल से है। इसकी खोज ने पश्चिम के उस घिसे-पिटे विचार को उड़ाकर रख दिया, जिसके अनुसार भारतीय मूल रूप से अलौकिक, आध्यात्मिक विचारक थे। यह एक ऐसी रणनीतिक कृति है, जो सांसारिक उद्देश्यों पर केन्द्रित है और सत्ता पाने व उसे बनाए रखने के लिए निर्मम उपायों की हिमायत करती है।"[1]

कौटिल्य ने *अर्थशास्त्र* के सातवें अध्याय में लिखा है, "जिस प्रकार गाड़ी का एक पहिया दूसरे की सहायता के बिना अनुपयुक्त होता है, उसी प्रकार राज्यचक्र भी अमात्य आदि की सहायता के बिना एकाकी राजा के द्वारा नहीं चलाया जा सकता। इसलिए राजा को उचित है कि वह योग्य अमात्यों को रखे और उनके मत को बराबर सुने।"[2]

---

1. अवतरण; भारत के 50 ऐतिहासिक व्यक्तित्व, सुनील खिलनानी, पृ. 38
2. कौटिलीय अर्थशास्त्र हिन्दी अनुवाद सहित; अनुवादक, विद्याभास्कर वेदरत्न प्रोफ़ेसर उदयवीर शास्त्री; प्रकाशक, मेहरचन्द लक्ष्मणदास, अध्यक्ष, संस्कृत पुस्तकालय, लाहौर, 1925

अमात्य से आशय मंत्रियों से है। आधुनिक लोकतंत्र में भी शासन किसी एक व्यक्ति के हाथों में केन्द्रित नहीं हो सकता। जहाँ तक भारत की बात है, तो उसने 15 अगस्त, 1947 को अंग्रेज़ी राज से मुक्त होने के बाद संसदीय लोकतंत्र का रास्ता चुना। हमारे संविधान निर्माताओं ने कड़ी मशक़्क़त के बाद हमें 26 नवम्बर, 1949 को जो संविधान सौंपा, उसके केन्द्र में देश की जनता है। यह संविधान की उद्देशिका में ही स्पष्ट है, जिसकी शुरुआत ही इस तरह होती है, 'हम भारत के लोग...'

इसके दो महीने बाद 26 जनवरी, 1950 को यह संविधान लागू किया गया और उसके बाद से अब तक देश में लोकसभा के 17 चुनाव हो चुके हैं, जिनके ज़रिये देश की जनता ने अपनी सरकारें चुनी हैं। प्रथम प्रधानमंत्री जवाहरलाल नेहरू से लेकर वर्तमान प्रधानमंत्री नरेन्द्र मोदी तक देश को अब तक 14 प्रधानमंत्रियों ने नेतृत्व दिया है। इनमें यदि सीमित अवधि के लिए कार्यकारी प्रधानमंत्री के रूप में ज़िम्मेदारी सँभालने वाले गुलजारीलाल नन्दा का नाम भी जोड़ दिया जाए, तो यह संख्या 15 हो जाती है। कहा जा सकता है कि कौटिल्य ने जिस 'राज्यचक्र' को चलाने की बात की थी, उसे चलाने की मुख्य ज़िम्मेदारी इन प्रधानमंत्रियों की रही है।

यदि पीछे मुड़कर देखें, तो 15 अगस्त, 1947 से लेकर मई, 2022 के दूसरे हफ़्ते में इन पंक्तियों के लिखे जाने तक देश ने लम्बा सफ़र तय किया है। इस अवधि में देश ने भारी उतार-चढ़ाव देखे हैं। फिर भी, 1970 का दशक इस यात्रा के एक अहम मोड़ की तरह है, जब कुछ ऐसे घटना-क्रम हुए या ऐसे निर्णय लिए गए, जिनका दूरगामी असर देश की राजनीति, शासन-पद्धति और कुल मिलाकर देश की जनता पर पड़ा।

दस साल : जिनसे देश की सियासत बदल गई को लिखने का मेरा मक़सद सत्तर के दशक की कुछ ऐसी ही चुनिन्दा घटनाओं और फ़ैसलों पर नज़र डालना है, जिनका प्रभाव आज भी है और आने वाले समय में भी रहेगा। किसी कालखंड से कुछ विषय या मुद्दे चुनकर लिखने के कई तरह के जोखिम होते हैं। मेरी विनम्र कोशिश रही कि जिन मुद्दों को मैंने चुना, उनके साथ न्याय कर पाऊँ। ये विषय हैं—ग़रीबी, प्रिवी पर्स की समाप्ति, कोयला, परिवार नियोजन और आपातकाल।

दूसरे प्रधानमंत्री लालबहादुर शास्त्री के निधन के बाद जनवरी, 1966 में प्रथम प्रधानमंत्री नेहरू की बेटी इन्दिरा गांधी ने कमान सँभाली थी। उस

समय देश गम्भीर खाद्यान्न संकट से जूझ रहा था। वियतनाम युद्ध में अमेरिका ने ताक़त लगा रखी थी। इधर भारत और पाकिस्तान के बीच 1965 के युद्ध के बाद से तनाव जारी था। स्थिति का अन्दाज़ा इससे लगाया जा सकता है कि प्रधानमंत्री बनने के कुछ महीने बाद ही इन्दिरा को अमेरिकी राष्ट्रपति के बुलावे पर अमेरिका जाना पड़ा था। कांग्रेस के भीतर भी कम संघर्ष नहीं थे, जिसकी परिणति पार्टी के विभाजन के रूप में हुई थी। यही वही दौर था, जब सर्वोदय के भीतर जयप्रकाश नारायण और विनोबा भावे के बीच वैचारिक और व्यावहारिक बातों को लेकर मतभेद उभर रहे थे। 1967 में पश्चिम बंगाल के नक्सलबाड़ी में भड़की हिंसा एक नई चुनौती के रूप में उभरी थी। 1960 के दशक के अन्तिम वर्षों की चुनौतियों से उबरते हुए इन्दिरा ने 1972 में तय आम चुनाव को समय से पहले करवाने का फ़ैसला किया। इस चुनाव की पृष्ठभूमि में कांग्रेस के विभाजन के अलावा उनके दो अहम फ़ैसले थे, पहला था जुलाई, 1969 में किया गया 14 बैंकों का राष्ट्रीयकरण और दूसरा था, स्वतंत्रता मिलने के बाद पूर्व राजा-महाराजाओं को मिलने वाले प्रिवी पर्स की समाप्ति। हालाँकि प्रिवी पर्स से सम्बन्धित बिल राज्यसभा में एक वोट से गिर गया था।

कौटिल्य ने लिखा था, राजा को योग्य अमात्यों की सलाह पर ग़ौर करना चाहिए। इन्दिरा के फ़ैसलों में उनकी सलाहकार मंडली की छाया साफ़ दिखने लगी थी। उनकी सलाहकार मंडली में पी.एन. हक्सर, सुरेन्द्र मोहन कुमारमंगलम, सी. सुब्रमण्यम और पी.एन. धर जैसे दिग्गज शामिल थे। इन्दिरा ने 1971 का आम चुनाव *ग़रीबी हटाओ* के नारे पर लड़ा और कांग्रेस ने ज़बरदस्त जीत हासिल की। यह विडम्बना ही है कि इस सफल सियासी नारे के पाँच दशक बाद, ग़रीबी आज भी एक बड़ा मुद्दा है। कोविड-19 की महामारी ने इसे भयावह रूप में दिखाया, जिसका नतीजा 80 करोड़ लोगों को पाँच किलोग्राम राशन मुफ़्त दिए जाने के कार्यक्रम के रूप में सामने है। 1971 में ही बांग्ला मुक्ति-संघर्ष में पाकिस्तान के ख़िलाफ़ मिली जीत ने उनकी लोकप्रियता को शिखर पर पहुँचा दिया। हालाँकि इस बीच इन्दिरा सरकार प्रिवी पर्स का बिल पारित करवाने में सफल रही। उसने जल्द ही बैंकों के राष्ट्रीयकरण की तर्ज़ पर कोयले का राष्ट्रीयकरण कर दिया। कोयले की अहमियत क्या है, हम मई, 2022 में समझ सकते हैं, जब देश के कई राज्य कोयले की कमी के कारण बिजली

के अभूतपूर्व संकट से जूझ रहे हैं।

महज़ दो साल के भीतर ही 1973 में कुछ तो अन्तरराष्ट्रीय तेल संकट के कारण, और कुछ आन्तरिक कारणों से स्थितियाँ इन्दिरा के हाथ से बेकाबू होने लगीं। अहमदाबाद के एक इंजीनियरिंग कॉलेज के मेस के बेतहाशा बढ़ गए बिल को लेकर भड़के छात्र आन्दोलन की आग बिहार तक फैल गई। देखते-ही-देखते छात्रों का आन्दोलन जयप्रकाश नारायण (जेपी) और मोरारजी देसाई के नेतृत्व में जन आन्दोलन में बदल गया। जेपी ने इस आन्दोलन में अब तक हाशिये पर चल रहे 'राष्ट्रीय स्वयंसेवक संघ' (आरएसएस) का साथ लेने से गुरेज़ नहीं किया। आने वाले पृष्ठों में हम देखेंगे कि जेपी आरएसएस को अपने 'हिन्दू राष्ट्र' के मुद्दे को छोड़ने के लिए अन्त तक राज़ी नहीं कर सके।

जून, 1975 में इलाहाबाद हाईकोर्ट से आए एक फ़ैसले ने देश की सियासत को उलट-पुलटकर रख दिया। इस फ़ैसले ने इन्दिरा गांधी के 1971 के रायबरेली से निर्वाचन को अवैधानिक क़रार दिया। इन्दिरा के ख़िलाफ़ पहले से आन्दोलनरत जेपी और विपक्षी दलों को बड़ा मुद्दा मिल गया। इन्दिरा और विपक्ष के टकराव की परिणति 26 जून, 1975 को आपातकाल लगाए जाने के रूप में सामने आई, जिसने नागरिक आज़ादी को सीख़चों में डाल दिया। आपातकाल का वह दौर किसी भी सरकार के लिए सबक की तरह होना चाहिए। ऐसे समय जब यूएपीए (ग़ैरक़ानूनी गतिविधियाँ रोकथाम अधिनियम), अंग्रेज़ों के ज़माने के राजद्रोह या देशद्रोह से सम्बन्धित कड़े क़ानून 124 ए और सीएए (नागरिकता संशोधन अधिनियम) को लेकर सड़क से लेकर संसद और न्यायपालिका तक में बहस हो रही है, सत्तर के दशक के उन वर्षों में लौटकर देखना समीचीन होगा।

सत्तर के दशक ने इन्दिरा के छोटे बेटे संजय गांधी का उभार देखा और यह भी कि कैसे आबादी को नियंत्रित करने वाला अन्यथा सुचारु रूप से चल रहा परिवार नियोजन कार्यक्रम ज़बरिया नसबन्दी के कारण एक भयावह मानवीय त्रासदी में बदल गया। एक बार फिर परिवार नियोजन का मुद्दा न केवल केन्द्र में है बल्कि इसे एक साम्प्रदायिक रंग देने की कोशिश भी देखी जा सकती है।

इन पाँच विषयों तक किताब को सीमित रखने को आप मेरी सीमा कह सकते हैं वरना सत्तर के दशक की ऐसी अनेक घटनाएँ हैं, जिनके ज़िक्र

के बिना यह दशक अधूरा रहेगा। इनमें बांग्लादेश युद्ध (1971), जंगल बचाने के लिए शुरू किया गया 'चिपको आन्दोलन' (1973), असम में भड़का छात्र आन्दोलन, सिक्किम का भारत में विलय (1975), पहला परमाणु परीक्षण (1974) और आर्यभट्ट (1975) के रूप में अन्तरिक्ष में भारत के पहले उपग्रह का प्रक्षेपण शामिल हैं।

इतिहास की मेरी सीमित समझ कहती है कि इतिहास को देश-काल के सन्दर्भों के साथ देखना चाहिए। मैंने इस किताब में यही कोशिश की है। इसमें कुछ त्रुटि रह गई हो, तो इसके लिए मैं ज़िम्मेदार हूँ।

यह किताब आप तक पहुँचाने के लिए मैं राजकमल प्रकाशन के प्रबन्ध निदेशक अशोक महेश्वरी का विशेष रूप से आभारी हूँ। इस किताब को अपने बहुमूल्य सुझावों से इस रूप में प्रस्तुत करने के लिए राजकमल के सम्पादक सत्यानन्द निरुपम और उनके सहयोगियों का बहुत आभार। किताब लिखना सफ़र करने जैसा होता है, जिसमें बहुत से लोगों और संस्थाओं का सहयोग मिला। जाने-माने इतिहासकार रामचन्द्र गुहा के प्रति कृतज्ञता प्रकट करता हूँ, जिन्होंने मेरा हौसला बढ़ाया। नेहरू स्मारक संग्रहालय एवं पुस्तकालय सचमुच किताबों और स्रोतों का ख़ज़ाना है, जहाँ से मुझे काफ़ी मदद मिली। इस संस्था को क़ायम रहना चाहिए। इधर चुनाव आयोग ने अपनी वेबसाइट को काफ़ी बेहतर किया है, वहाँ से भी मुझे काफ़ी जानकारियाँ मिलीं। इन दोनों संस्थाओं का आभार। पूर्व केन्द्रीय मंत्रियों डॉ. कर्ण सिंह, डॉ. सुब्रमण्यम स्वामी और जयराम रमेश, अर्थशास्त्री ज्यां द्रेज, पूर्व कैबिनेट सचिव बी.के. चतुर्वेदी, समाज विज्ञानी प्रोफ़ेसर आनन्द कुमार, वरिष्ठ पत्रकार मार्क टली, नीलांजन मुखोपाध्याय, अजय बोस और श्रवण गर्ग का आभार, जिन्होंने अपने व्यस्त समय में मुझे बातचीत का वक़्त दिया या फिर मेरे प्रश्नों के ई-मेल या फ़ोन पर जवाब दिए। मैं विशेष रूप से चासनाला कोयला-खदान हादसे के चश्मदीद और इस हादसे से उपजी हताशा की वजह से वहाँ के जनसम्पर्क अधिकारी की नौकरी से इस्तीफ़ा देने वाले नब्बे वर्ष से ऊपर के हो चुके बनखंडी मिश्र जी का भी आभारी हूँ, जिन्होंने वीडियो कॉल के ज़रिये मुझसे लम्बी बात की।

वरिष्ठ पत्रकार शंकर अय्यर, उर्मिलेश, प्रदीप कुमार और रशीद किदवई के सुझाव मेरे बहुत काम आए। उन सबका आभार। किताब

की यात्रा में शुरू से मेरे साथ रहे वरिष्ठ साहित्यकार रामकुमार तिवारी, पत्रकारिता के प्राध्यापक मित्र पंकज नयन पांडेय, युवा पत्रकार मित्र अखिलेश श्रीवास्तव और रघुवीरशरण रिछारिया को कैसे भूल सकता हूँ? और अन्त में, मेरी दोनों बेटियों, अपूर्वा और अदिति के साथ ही जीवनसाथी प्रतिमा के धैर्य के बिना यह किताब पूरी नहीं हो सकती थी।

जुलाई, 2022 **—सुदीप ठाकुर**

ग़रीबी हटाओ

एक राजनीतिक नारे की दुर्गम यात्रा

अभी मेरा मकसद व्यापक रूप से यह दिखाना है, जैसा कि मैंने पहले कहा है, कि प्रशासन की मौजूदा व्यवस्था में भारत कई तरह से गम्भीर रूप से पीड़ित है और ग़रीबी में डूब रहा है। मेरी विनम्र राय में आज का यही प्रश्न है बल्कि सबसे गम्भीर प्रश्न है। मैं जो कुछ भी कह रहा हूँ उसे सुनने के बाद यह आपको तय करना है कि मैं सही हूँ या ग़लत, यदि मैं सही हूँ, तो मैं हमारे शासकों से इस सर्वाधिक गम्भीर बुराई को ख़त्म करने का आग्रह कर एक वफ़ादार प्रजा का कर्तव्य निभा रहा हूँगा। दूसरी ओर यदि मुझे ग़लत साबित कर दिया जाता है, तब मुझसे अधिक प्रसन्नता किसी और को नहीं होगी; और तब भी मैं वैसा ही कर्तव्य निभा रहा हूँगा क्योंकि इससे एक गम्भीर क़िस्म की ग़लत धारणा दूर होगी।[1]

ये पंक्तियाँ कोविड-19 की महामारी के दौर में किसी राजनेता ने नहीं कही हैं, न ही इनका सम्बन्ध अमेरिकी थिंक टैंक प्यू रिसर्च सेंटर से है, जिसका ताज़ा आकलन है कि इस महामारी के कारण भारत में 7.5 करोड़ ग़रीब बढ़ जाएँगे। 146 साल पहले वर्ष 1876 में दादाभाई नौरोजी ने ये पंक्तियाँ लिखी थीं और ये *पॉवर्टी इन इंडिया* नाम से लिखे गए उनके एक परचे का हिस्सा थीं, जिसे उन्होंने ईस्ट इंडिया एसोसिएशन की बॉम्बे ब्रांच के समक्ष पढ़ा था। बाद में उनका यह परचा 1901 में प्रकाशित उनकी महत्त्वपूर्ण किताब *पॉवर्टी एंड अन-ब्रिटिश रूल इन इंडिया* का हिस्सा बन गया।[2]

नौरोजी ने विश्लेषण किया था कि अंग्रेज़ी राज में किस तरह से भारत से होने वाली सारी कमाई ब्रिटेन भेज दी जाती है। वह पहले व्यक्ति थे, जिसने बताया कि देश में ग़रीबी के लिए आन्तरिक कारण नहीं बल्कि औपनिवेशिक शासन ज़िम्मेदार है, जो देश की सम्पदा और समृद्धि को कम कर रहा है। उन्होंने समुद्री यात्रा के दौरान प्रवासी मज़दूरों को दिए जाने वाले भोजन (चावल, आटा, घी, मटन, सब्ज़ियाँ, सरसों तेल, नमक इत्यादि) के सम्बन्ध में कलकत्ता के प्रवासन से जुड़े सरकारी चिकित्सा निरीक्षक सर्जन एस.बी. पैट्रीज़ द्वारा 26 मार्च, 1870 को जारी किए गए आदेश के ब्योरे भी दिए। देश के विभिन्न हिस्सों से प्रवासी मज़दूरों से सम्बन्धित ऐसे ब्योरों के आधार पर उन्होंने पाया कि प्रति व्यक्ति भोजन पर न्यूनतम सालाना ख़र्च 16 से 35 रुपये होता है यानी 1.3 रुपये मासिक से लेकर 2.91 रुपये मासिक तक। प्रशासनिक रिपोर्ट में तम्बाकू, चूल्हा जलाने वाली लकड़ियाँ और मसालों का ज़िक्र भी था, लेकिन उन्होंने अपने आकलन में उन्हें छोड़ दिया। हालाँकि दादाभाई नौरोजी ने अपने अध्ययन में ग़रीबी रेखा का ज़िक्र नहीं किया था, लेकिन बाद में उनके इस निष्कर्ष को ग़रीबी रेखा माना गया।[3]

भारत के सन्दर्भ में कहा जा सकता है कि यह ग़रीबी रेखा की पहली स्वीकृत परिभाषा थी।

गुजरात के नवसारी में एक पारसी परिवार में पैदा हुए दादा भाई नौरोजी ने 1866 में ईस्ट इंडिया एसोसिएशन की स्थापना की थी। माना जाता है कि उनके इस संगठन ने अखिल भारतीय कांग्रेस की स्थापना की राह दिखाई। वैसे नौरोजी ख़ुद अखिल भारतीय कांग्रेस के संस्थापकों में शामिल थे। वह 1892 से 1895 के दौरान लिबरल पार्टी से ब्रिटिश संसद के सदस्य भी रहे। 1893 में कांग्रेस अध्यक्ष के रूप में नौरोजी ने भारतीय लोगों की ग़रीबी को 'सबसे बड़ा सवाल' क़रार दिया। उनके तुरन्त बाद कांग्रेस अध्यक्ष की ज़िम्मेदारी सँभालने वाले अल्फ्रेड वेब ने नौरोजी के विचारों से इत्तफ़ाक़ रखते हुए कहा था, "भारत के हालात पर विचार करें, तो उसकी ग़रीबी से अधिक मर्मभेदी कुछ भी नहीं है।"[4]

कहने की ज़रूरत नहीं कि भारत की स्वतंत्रता के संघर्ष में ग़रीबी का मुद्दा अन्तर्निहित था। 1915 में दक्षिण अफ्रीका से लौटने और स्वतंत्रता आन्दोलन की कमान सँभालने के बाद मोहनदास करमचन्द गांधी ने एक साधारण-सी धोती को पहनावे के रूप में अपनाया था। वह अपने आपमें इस बात का प्रतीक था

कि इस संघर्ष में गांधी ख़ुद को समाज के अन्तिम व्यक्ति से जुड़ा देखना और दिखाना चाहते थे। गांधी का ग़रीबों के प्रति कैसा समर्पण था, इस पर अब अलग से लिखने की ज़रूरत नहीं है।

वास्तविकता यह है कि 15 अगस्त, 1947 को स्वतंत्रता मिलने के समय देश की आबादी 34.5 करोड़ के क़रीब थी और क़रीब 80 फ़ीसदी आबादी यानी क़रीब 25 करोड़ लोग ग़रीब थे। ये ऐसे लोग थे, जो दो वक़्त का भोजन भी नहीं जुटा पाते थे। उस वक़्त देश अपने लोगों को अन्न उपलब्ध कराने के मामले में आत्मनिर्भर नहीं था। आज़ादी मिलने से ठीक पहले 1943 के बंगाल के भयावह अकाल ने देश की अर्थव्यवस्था की रीढ़ तोड़ दी थी। आकलन है कि उस अकाल में 20 लाख से अधिक लोगों की मौत हो गई थी। आज़ादी के बाद देश की प्राथमिकता अपने लोगों को अन्न, स्वास्थ्य तथा शिक्षा जैसी ज़रूरी चीज़ें मुहैया कराने की तो थी ही, लेकिन विभाजन से उपजी विकट सामाजिक-राजनीतिक-आर्थिक परिस्थितियों से निपटने की भी ज़रूरत थी। ज़ाहिर है, जवाहरलाल नेहरू की पहली सरकार के समक्ष चुनौतियाँ कम नहीं थीं।

लोगों को सस्ता अनाज मुहैया कराने के मामले में नेहरू की सरकार ने दूसरे विश्वयुद्ध के समय अंग्रेज़ों द्वारा शुरू की गई सार्वजनिक वितरण प्रणाली (पब्लिक डिस्ट्रिब्यूशन सिस्टम—पीडीएस) को ही जारी रखा। दूसरे विश्वयुद्ध के समय अंग्रेज़ सरकार ने भारत में राशनिंग के ज़रिये खाद्यान्न मुहैया कराने के लिए सार्वजनिक वितरण प्रणाली शुरू की थी। इसके तहत चिह्नित शहरों और क़स्बों में पात्र परिवारों को राशन कार्ड के ज़रिये गेहूँ या चावल देने की व्यवस्था शुरू की गई। इस व्यवस्था की शुरुआत 1939 में बॉम्बे से की गई थी और 1946 तक 771 शहर और क़स्बे इसके दायरे में आ गए। 1942 में (ब्रिटिश) भारत सरकार के अधीन खाद्य विभाग की स्थापना की गई थी। युद्ध की समाप्ति पर भारत ने राशनिंग व्यवस्था ख़त्म कर दी, लेकिन युद्ध से उपजी परिस्थितियों में वैश्विक स्तर पर खाद्यान्न की बढ़ी क़ीमतों के कारण 1950 में राशनिंग व्यवस्था को फिर से शुरू किया गया।[5]

1942 के गांधी जी के आह्वान पर हुए 'अंग्रेज़ो भारत छोड़ो' अभियान के बाद जब यह तक़रीबन साफ़ दिख रहा था कि देश को जल्द ही औपनिवेशिक शासन से मुक्ति मिल जाएगी, उसी दौरान 1944 में बॉम्बे के कुछ प्रभावशाली उद्योगपतियों के छोटे-से समूह ने स्वतंत्रता के बाद भारत के आर्थिक विकास को

लेकर एक ख़ाका पेश किया था, जिसे 'बॉम्बे प्लान' कहा गया। उसमें ग़रीबी रेखा के लिए नए मानक सुझाते हुए सलाह दी गई थी कि जो लोग सालाना 75 रुपये से कम कमाते हैं, उन्हें ग़रीब माना जाए। इससे कुछ साल पहले कांग्रेस अध्यक्ष सुभाषचन्द्र बोस की पहल पर जवाहरलाल नेहरू की अध्यक्षता में गठित 'राष्ट्रीय योजना समिति' ने 1938 में जीवनयापन की न्यूनतम ज़रूरत का निर्धारण करते हुए एक ग़रीबी रेखा सुझाई थी, जिसके मुताबिक़ सालाना 15 से 20 रुपये प्रति व्यक्ति आय को ग़रीबी रेखा का पैमाना माना गया।[6]

आज़ादी मिलने के अगले दो दशकों में ग़रीबी से लड़ाई सरकारी नीतियों का हिस्सा बन गई। व्यवस्थित रूप में ग़रीबी का निर्धारण करने के लिए 'योजना आयोग' ने 1962 में जाने-माने अर्थशास्त्रियों के एक कार्यबल की नियुक्ति की। इस कार्यबल ने 1960-61 के मूल्य के आधार पर ग्रामीण क्षेत्र में रोज़ाना 20 रुपये ख़र्च कर सकने और शहरी क्षेत्र में रोज़ाना 25 रुपये ख़र्च कर सकने के आधार पर ग़रीबी रेखा का निर्धारण किया। यानी यह माना गया कि उस समय ग्रामीण क्षेत्र में जो लोग रोज़ाना 20 रुपये से कम और शहरी क्षेत्र में रोज़ाना 25 रुपये से कम कमाते हैं, वे जीने के लिए बुनियादी सुविधाएँ नहीं जुटा पाते। ध्यान रहे, इसमें शिक्षा और स्वास्थ्य का ख़र्च शामिल नहीं था क्योंकि राज्य से यह अपेक्षित था कि यह वह उपलब्ध कराएगा।[7]

इस बीच, 1960 के दशक के दौरान देश ने दो प्रधानमंत्री खो दिए। 27 मई, 1964 को जवाहरलाल नेहरू का निधन हो गया और 11 जनवरी, 1966 को दूसरे प्रधानमंत्री लालबहादुर शास्त्री का। यह वह दशक था, जब देश में खाद्यान्न के मामले में आत्मनिर्भर होने के लिए हरित क्रान्ति के विचार को आगे बढ़ाया गया। शास्त्री की मौत के बाद नेहरू की बेटी और शास्त्री के मंत्रिमंडल में सूचना प्रसारण मंत्री रहीं इन्दिरा गांधी प्रधानमंत्री बनीं। राजनीतिक परिस्थितियों ने उन्हें इस मुकाम तक पहुँचाया था। इन्दिरा जब प्रधानमंत्री बनीं, तो लगातार दो साल से मानसून के नाकाम होने से देश अकाल और खाद्यान्न की भीषण समस्या से जूझ रहा था। अकाल के मध्य इन्दिरा गांधी ने खाद्य मंत्री सी. सुब्रमण्यम की सलाह पर खाद्यान्न समस्या से निपटने के लिए एक बड़े कार्यक्रम की घोषणा की। इन्दिरा ख़ुद कृषि के बारे में कम जानती थीं। तय किया गया कि वह खाद्य मंत्री सुब्रमण्यम के साथ प्रत्येक राज्य का दौरा करेंगी और ज़मीनी स्तर पर इस समस्या का समाधान तलाशेंगी।[8]

बाद में सुब्रमण्यम ने इस दौरे से सम्बन्धित ब्योरे कुछ इस तरह से दिए थे :

"हम अक्सर राज्यों के दौरे में विमान में अपने साथ वैज्ञानिकों और विशेषज्ञों को ले जाते थे। एक-दो घंटे की विमान यात्रा के दौरान ये लोग प्रधानमंत्री को सम्बन्धित राज्य की समस्याओं की जानकारियाँ देते थे। वह ध्यान से उनकी बातें सुनती थीं, उनसे प्रश्न करती थीं और विशेषज्ञों द्वारा सुझाए गए समाधान पर ग़ौर करती थीं। इस तरह जब हम उस राज्य में पहुँचते थे, तो उनके पास काफ़ी जानकारियाँ होती थीं और फिर वह मुख्यमंत्री और कृषि मंत्री तथा राज्य सरकार के सचिवों के साथ विमर्श शुरू कर देती थीं। इससे लगता था कि वह राज्य की समस्या को बख़ूबी समझ चुकी हैं। इससे मुख्यमंत्री भी प्रभावित हो जाते थे।"[9]

वैसे, इससे पहले लालबहादुर शास्त्री की सरकार के समय ग़रीबी और खाद्यान्न संकट पर मन्थन चल ही रहा था। शास्त्री मंत्रिमंडल में कृषि एवं खाद्य मंत्री रहते सी. सुब्रमण्यम की पहल पर सुप्रसिद्ध कृषि विशेषज्ञ और हरित क्रान्ति के जनक नोर्मन बोरलॉग भारत आ चुके थे। इसमें कृषि वैज्ञानिक एम. स्वामीनाथन की अहम भूमिका थी। इन्दिरा सरकार को भरोसा हो गया कि अगले तीन साल में वह हरित क्रान्ति के ज़रिये देश को खाद्यान्न के मामले में आत्मनिर्भर बना लेंगी।

दरअसल, पीएल-480 स्कीम के तहत अमेरिका से आने वाले लाल गेहूँ ने इस दिशा में सोचने को मजबूर किया था। दूसरे विश्वयुद्ध के बाद अमेरिका ने मदद के नाम पर वैश्विक व्यवस्था को नियंत्रित करने के लिए एक क़ानून पीएल-480 (पब्लिक लॉ-480) पेश किया था। एग्रीकल्चर ट्रेड डेवलपमेंट एंड असिस्टेंट ऐक्ट नामक इस क़ानून पर 1954 में अमेरिकी राष्ट्रपति ड्वाइट डेविड आइज़नहावर ने दस्तख़त किए थे। इसे फ़ूड फ़ॉर पीस, यानी शान्ति के लिए खाद्यान्न कहा गया। 1954 से 4 मई, 1960 के दौरान भारत ने पीएल-480 के तहत अमेरिका के साथ पाँच समझौते किए। इनके तहत अमेरिका से गेहूँ और चावल भारत भेजा गया। पाँचवें समझौते के तहत तय किया गया कि पीएल-480 के तहत अमेरिका से मिलने वाली आधी मदद अनुदान के रूप में होगी और आधी दीर्घकालीन क़र्ज़ के रूप में, जिसका भुगतान रुपये में हो सकेगा।[10]

अकाल और खाद्यान्न संकट से जूझ रहे भारत को उस समय अमेरिका

की इस मदद की ज़रूरत थी, मगर आगे चलकर अमेरिका की यह मदद छलावा साबित हुई। अमेरिका ने इसकी आड़ में भारत पर अपनी शर्तें थोपने की कोशिश की। अमेरिका ने मौक़ा चुना लालबहादुर शास्त्री की अन्त्येष्टि का। इसमें शामिल होने के लिए अमेरिका के उपराष्ट्रपति हबर्ट हम्फ्रे भारत आए थे। हम्फ्रे ने प्रधानमंत्री इन्दिरा गांधी से मुलाक़ात की और उन्हें यह सन्देश देने की कोशिश की कि वियतनाम में चल रहे युद्ध में भारत को उत्तरी वियतनाम का समर्थन नहीं करना चाहिए। अमेरिकी राष्ट्रपति लिंडन जॉनसन ने हम्फ्रे के हाथों यह सन्देश भी भेजा था कि इन्दिरा गांधी को जितनी जल्द हो सके, अमेरिका के प्रवास पर आना चाहिए।[11]

असल में शास्त्री ने वियतनाम में अमेरिकी युद्ध को 'ऐक्ट ऑफ़ अग्रेशन'—हमले की कार्रवाई—क़रार दिया था। उनके इस बयान से अमेरिकी राष्ट्रपति लिंडन जॉनसन बौखला गए थे। प्रतिक्रिया में अमेरिका ने भारत को भेजे जाने वाले अनाज की आपूर्ति रोक दी थी। इसके कई दशक बाद सुब्रमण्यम ने कृषि नीति विशेषज्ञ देविन्दर शर्मा को बताया था, "एक समय देश में सिर्फ़ सात दिन का अनाज रह गया था।" इसकी तस्दीक देविन्दर शर्मा ने मुझसे हुई बातचीत में भी की। वह कहते हैं, "हालत यह हो गई थी कि सुब्रमण्यम नज़र रख रहे थे कि अमेरिका से खाद्यान्न लेकर आ रहे जहाज़ कहाँ तक पहुँचे हैं?"[12]

यह तब की बात है, जब पाकिस्तान से भारत का युद्ध चल ही रहा था। युद्ध और खाद्यान्न की कमी से उपजे संकट के दौरान ही शास्त्री ने पूरे देश से सप्ताह में एक दिन उपवास रखने की अपील की थी। उसी दौरान उन्होंने जवानों और किसानों की अहमियत को समझते हुए नारा दिया था—*जय जवान, जय किसान*।

शास्त्री की मौत के ढाई महीने बाद इन्दिरा गांधी 27 मार्च, 1966 को पाँच दिन की आधिकारिक यात्रा पर अमेरिका पहुँचीं। उनकी इस यात्रा को अमेरिका में किस तरह से देखा जा रहा था, इसका अन्दाज़ा इस बात से लगाया जा सकता है कि वहाँ के एक अख़बार ने सुर्ख़ियाँ बनाईं—'न्यू इंडियन लीडर कम्स बेगिंग'—नई भारतीय नेता भीख माँगने आई।[13]

हालाँकि 48 वर्षीय इन्दिरा ख़ुद अपनी अमेरिका यात्रा को लेकर काफ़ी सजग थीं। इन्दिरा गांधी के साथ बहुचर्चित मुलाक़ात के बाद अमेरिकी राष्ट्रपति जॉनसन ने दोनों देशों के प्रतिनिधियों की मौजूदगी में कहा, "सज्जनो, प्रधानमंत्री के साथ मेरी बहुत अच्छी बात हुई है और मैंने उनसे कहा है कि आर्थिक नीति

के सम्बन्ध में वह विश्वबैंक से मशविरा कर सकती हैं और हम बैंक के प्रयास का पूरी तरह से समर्थन करेंगे।"[14]

इन्दिरा की यह अमेरिका यात्रा बेहद विकट परिस्थितियों में हुई थी। अनाज का भंडार ख़त्म हो रहा था और खाद्यान्न आयात करने के लिए देश के पास पर्याप्त विदेशी मुद्रा भी नहीं थी। उनकी यात्रा के दौरान हुए समझौतों में सबसे अहम खाद्य सुरक्षा से सम्बन्धित समझौता ही था। दरअसल, अमेरिका ने 1965 के युद्ध के दौरान भारत और पाकिस्तान को दी जाने वाली खाद्यान्न सम्बन्धी मदद रोक दी थी। जॉनसन ने भारत को 30 लाख टन अनाज और 90 लाख डॉलर की आर्थिक मदद देने का वादा किया।[15]

अमेरिकी सत्ता प्रतिष्ठान के एक वर्ग में इन्दिरा की यात्रा को लेकर संशय के बावजूद उनकी अमेरिका यात्रा के समापन पर 30 मार्च, 1966 को जारी संयुक्त बयान में प्रत्यक्ष तौर पर किसी तरह की तल्ख़ी नज़र नहीं आई। संयुक्त बयान में कहा गया, "राष्ट्रपति और प्रधानमंत्री ने भारत द्वारा अपने लोगों की बेहतरी के लिए किए जा रहे प्रयासों पर भी विचार किया। प्रधानमंत्री गांधी ने आर्थिक विकास के लिए भारत द्वारा दी जा रही उच्च प्राथमिकता पर ज़ोर दिया। राष्ट्रपति जॉनसन ने प्रधानमंत्री गांधी को अमेरिकी जनता और सरकार की गहरी प्रतिबद्धता के प्रति आश्वस्त किया कि वे अपने लोगों का जीवन स्तर उठाने के लिए संसदीय लोकतंत्र के दायरे में भारत द्वारा किए जा रहे भारी प्रयासों में मदद कर रहे अन्तरराष्ट्रीय प्रयासों, विशेष रूप से अन्तरराष्ट्रीय बैंक द्वारा विकास और पुनर्निर्माण के लिए किए जा रहे प्रयासों में भागीदार होंगे।"[16]

संयुक्त बयान में उल्लेख किया गया कि राष्ट्रपति और प्रधानमंत्री ने भारत में पिछले साल आए अप्रत्याशित अकाल के मद्देनज़र खाद्यान्न की आपात ज़रूरत पर विचार किया। दोनों नेताओं ने सहमति जताई कि इसे अलग-थलग करके नहीं, बल्कि खाद्यान्न की कमी के वैश्विक संकट के रूप में देखा जाएगा।[17]

संयुक्त बयान में यह भी उल्लेख किया गया कि प्रधानमंत्री ने हर क्षेत्र में अध्ययन के लिए राष्ट्रपति द्वारा भारत-अमेरिका फ़ाउंडेशन की स्थापना के प्रस्ताव का स्वागत भी किया।[18]

इन्दिरा गांधी की जीवनीकार पुपुल जयकर ने इसके पीछे की कुछ और कहानी बताई। उन्होंने लिखा कि इस समझौते पर ऐन आख़िर में इन्दिरा गांधी ने हस्ताक्षर नहीं किए। उन्होंने ऐसा उनके प्रतिनिधिमंडल में शामिल परमेश्वर

नारायण हक्सर यानी पी.एन. हक्सर की सलाह पर किया था जो तब लन्दन में उपउच्चायुक्त थे। हक्सर ने उन्हें सलाह दी कि यह फ़ाउंडेशन अमेरिकी अकादमिकों के भारत की शिक्षा प्रणाली में प्रवेश करने का जरिया बन जाएगा।[19]

बेशक जॉनसन ने इसे कोई मुद्दा नहीं बनाया। दरअसल, अमेरिकी सत्ता प्रतिष्ठान के एक वर्ग को दूसरी वजह से आपत्ति थी। जैसा कि ऊपर उल्लेख किया गया है वहाँ इस बात पर आपत्ति थी कि एक ओर तो भारत अमेरिका से मदद चाहता है, दूसरी ओर वियतनाम युद्ध में अमेरिका की विदेश नीति पर हमले भी करता है।[20]

खाद्यान्न और आर्थिक मदद की बहाली के वादे के साथ इन्दिरा भारत लौट तो आईं, लेकिन इस यात्रा में उन्हें क्या क़ीमत चुकानी पड़ी, यह भी जल्द ही सामने आ गया। 1 मई, 1966 को भारत लौटने के मुश्किल से महीने भर बाद 6 जून, 1966 को इन्दिरा गांधी ने डॉलर के मुक़ाबले रुपये के अवमूल्यन का ऐलान कर दिया। रुपये के मूल्य में 36.5 फ़ीसदी की कमी की गई थी।[21]

इसका मतलब यह हुआ कि तब एक डॉलर पाँच रुपये से बढ़कर सात रुपये का हो गया।

रास्ता तलाशतीं इन्दिरा

रुपये का अवमूल्यन करने के क़दम ने कांग्रेस के भीतर ही इन्दिरा गांधी को अलग-थलग कर दिया। कांग्रेस अध्यक्ष के. कामराज इन्दिरा के इस क़दम से बेहद क्षुब्ध थे। कामराज ने तो यहाँ तक कहा, "इन्दिरा को प्रधानमंत्री बनवाकर मैंने भूल की थी।"[22]

प्रधानमंत्री बनने के सालभर के भीतर ही इन्दिरा को जनवरी, 1967 में चौथे आम चुनाव का सामना करना पड़ा, जिसमें कांग्रेस ने फिर से बहुमत हासिल कर लिया। पता नहीं इन्दिरा ने ख़ुद के बारे में कभी यह कहा था या नहीं कि उन्हें इतिहास किस रूप में याद रखे, लेकिन 1967 के बाद नीतिगत रूप से देश जिस तरह से आगे बढ़ा, उसने भारत के राजनीतिक इतिहास में इन्दिरा गांधी की जगह हमेशा के लिए सुनिश्चित कर दी।

1967 के चुनाव के आते-आते कांग्रेस के भीतर स्पष्ट तौर पर दो खेमे बन चुके थे। एक ओर थे, कामराज और मोरारजी देसाई जैसे दिग्गज जिन्हें 'सिंडिकेट' कहा जाने लगा था तो दूसरी ओर, इन्दिरा और उनके समर्थक।

1967 के चुनाव में सिंडिकेट को तगड़ा झटका लगा था। ख़ुद कामराज तमिलनाडु की विरुदुनगर विधानसभा सीट से द्रमुक के महज़ 28 साल के छात्र नेता पी. श्रीनिवासन से चुनाव हार गए। यह व्यक्तिगत रूप से कामराज के लिए बड़ा झटका था। उस आम चुनाव में सबसे चर्चित मुक़ाबलों में से एक दक्षिण मुम्बई की सीट पर हुआ था, जहाँ सिंडिकेट खेमे के कांग्रेस के दिग्गज एस.के. पाटील को युवा समाजवादी नेता जार्ज फ़र्नांडीस ने पराजित किया था।

इन्दिरा गांधी ने 13 मार्च, 1967 को दूसरी बार प्रधानमंत्री के रूप में शपथ ली। चुनाव में मिली पराजय के बावजूद कामराज पार्टी में एकता के नाम पर मोरारजी देसाई को इन्दिरा के मंत्रिमंडल में उपप्रधानमंत्री और वित्त मंत्री बनवाने में सफल हो गए।[23] मगर इन्दिरा ने कामराज या देसाई से मशविरा किए बिना वाई.बी. चव्हाण को गृह मंत्री और जगजीवन राम को कृषि मंत्री के रूप में नियुक्त कर जता दिया कि वह उनके दबाव में काम नहीं करेंगी।[24]

चौथे आम चुनाव में बहुमत हासिल कर लेने के बावजूद कांग्रेस के प्रभुत्व को धक्का लगा था। इस चुनाव में विपक्षी दल कई प्रान्तों में संयुक्त विधायक दल (संविद) सरकार बनाने में सफल हो गए थे। सत्ता में वापसी के बावजूद इन्दिरा को दोहरे मोर्चे पर लड़ना पड़ रहा था। खाद्यान्न संकट और रुपये के अवमूल्यन के कारण उन पर अमेरिका के दबाव में काम करने के आरोप लग ही रहे थे। दूसरी ओर कांग्रेस के दिग्गजों से भी उनका टकराव बढ़ने लगा, क्योंकि उन्हें लगने लगा कि वह उनके नियंत्रण से बाहर हो गई हैं। इससे बाहर निकलने के लिए इन्दिरा ने जो रास्ता चुना, उसने अगले दो-तीन सालों में कांग्रेस ही नहीं सरकार और देश की दिशा ही बदल दी।

इन्दिरा ने दो-तीन महीने के भीतर ही प्रधानमंत्री कार्यालय में बदलाव की शुरुआत की और 6 मई, 1967 को प्रिंसिपल सेक्रेटरी के रूप में लक्ष्मीकान्त झा की जगह पी.एन. हक्सर की नियुक्ति कर दी। कश्मीरी पंडित हक्सर भारतीय विदेश सेवा के अधिकारी के रूप में नेहरू की सरकार में तो काम कर ही चुके थे, लन्दन में पढ़ाई के दौरान इन्दिरा और उनके पति फ़िरोज़ के कभी पारिवारिक मित्र भी रहे थे।

यह वाक़ई एक बड़ा फ़ैसला था, क्योंकि लक्ष्मीकान्त झा जहाँ दक्षिणपंथी रुझान के माने जाते थे, वहीं पी.एन. हक्सर वामपंथी।

सियासत में तात्कालिक सन्दर्भों का महत्त्व होता है और दशकों बाद जब कहानियाँ सुनाई जाती हैं, तो सन्दर्भ के साथ कथानक भी बदल जाते हैं। दरअसल, हक्सर की नियुक्ति को लेकर भी ऐसा कहा जा सकता है। टी.एन. कौल और इन्द्र कुमार गुजराल ने अलग-अलग मौक़ों पर हक्सर की नियुक्ति का श्रेय लिया था। बताया यह गया कि रुपये के अवमूल्यन के बाद इन्दिरा का विश्वास लक्ष्मीकान्त झा से डगमगा गया, क्योंकि इस क़दम से उनकी राजनीतिक प्रतिष्ठा को आँच पहुँची थी।[25]

इससे यह भी पता चलता है कि पी.एन. हक्सर का क्या महत्त्व था और कैसे दिल्ली में सत्ता के समीकरण बदल रहे थे? आख़िर साल भर पहले ही दिग्गज समाजवादी और पंडित जवाहरलाल नेहरू के मुखर विरोधी रहे राममनोहर लोहिया ने इन्दिरा गांधी को संसद के भीतर ही बहस के दौरान 'गूँगी गुड़िया' क़रार दिया था।[26]

चुनाव जीतकर दूसरी बार प्रधानमंत्री बनने के बाद इन्दिरा उस छवि से बाहर निकल आईं। इसकी झलक मिली जून, 1967 में नई दिल्ली में हुए अखिल भारतीय कांग्रेस के अधिवेशन में, जिसमें पार्टी ने दस सूत्री आर्थिक कार्यक्रम को मंज़ूरी दी।

जरा इन दस सूत्रों पर ग़ौर कीजिए :

1. बैंकिंग संस्थानों का सामाजिक नियंत्रण।
2. जनरल इंश्योरेंस का राष्ट्रीयकरण।
3. निर्यात और आयात कारोबार में स्टेट ट्रेडिंग की शुरुआत।
4. खाद्यान्न की सरकारी ख़रीद।
5. प्रसंस्करण और विनिर्माण उद्योगों में सहकारिता का विस्तार।
6. एकाधिकार आयोग की रिपोर्ट के मद्देनज़र आर्थिक शक्ति के एकाधिकार को ख़त्म करने के लिए प्रभावी क़दम।
7. लोगों की न्यूनतम ज़रूरतों का प्रावधान।
8. शहरी भूमि की क़ीमतों में अनैतिक वृद्धि पर नियंत्रण।
9. ग्रामीण रोज़गार कार्यक्रम की योजना और भूमि सुधारों पर जल्द अमल।
10. पूर्व शासकों (राजा-महाराजाओं) को मिल रहे विशेषाधिकारों का ख़ात्मा, जो कि लोकतंत्र की अवधारणा से मेल नहीं खाते।

इसे तैयार करने में अन्य लोगों के अलावा हक्सर की भी अहम भूमिका थी।[27]

इसके पाँच दशक बाद नवम्बर, 2017 में पूर्व वित्त मंत्री पी. चिदम्बरम ने इनके बारे में लिखा, "इनमें से कई बिन्दु आज की उदार बाज़ारवादी अर्थव्यवस्था के अनुरूप भले न हों, लेकिन मैं यह मानता हूँ कि उस समय आर्थिक और राजनीतिक, दोनों ही रूपों में ये कार्यक्रम न्यायसंगत थे। इनमें से कुछ बिन्दु तो आज भी प्रासंगिक हैं—न्यूनतम ज़रूरतों का प्रावधान, ग्रामीण रोज़गार कार्यक्रम और भूमि सुधार। ग़रीब, जो कि राजनीतिक दलों की चेतना की परिधि में होते हैं, उन्हें एजेंडे पर लाया गया था और एजेंडे के केन्द्र में रखा गया।"[28]

इन दस सूत्रों ने देश में बड़े नीतिगत बदलाव की झलक दिखा दी थी। ये दस सूत्र दरअसल समाजवाद का नया रोडमैप थे। जल्द ही इसका असर भी दिखने लगा। इन्दिरा गांधी ने आज़ादी की बीसवीं वर्षगाँठ पर 15 अगस्त, 1967 को लाल क़िले की प्राचीर से दूसरी बार देश को सम्बोधित करते हुए इन दस सूत्रों का ज़िक्र तो नहीं किया, लेकिन स्पष्ट संकेत दिए कि वह अब किस दिशा में देश को ले जाना चाहती हैं।

इन्दिरा ने कहा, "समाजवाद क्या है? समाजवाद की एक सरल परिभाषा तो यही है कि ग़रीबी ख़त्म होनी चाहिए; पिछड़े लोगों को—चाहे वे हरिजन हों, आदिवासी हों या पहाड़ में रहने वाले लोग हों—उनके पास विकास करने का समान अवसर होना चाहिए और राष्ट्रीय संसाधनों का समान वितरण होना चाहिए। यही हमारा समाजवाद है और यही हमारा लक्ष्य है। हम इस लक्ष्य को जल्द हासिल करना चाहते हैं।"[29]

इस दिशा में इन्दिरा ने एक बड़ा क़दम उठाया 19 जुलाई, 1969 की रात 8.30 बजे रेडियो पर विशेष प्रसारण के ज़रिये निजी क्षेत्र के 14 बैंकों का राष्ट्रीयकरण करने की घोषणा के रूप में। इससे तीन दिन पहले उन्होंने उपप्रधानमंत्री मोरारजी देसाई से वित्त प्रभार लेकर ख़ुद के पास रख लिया था। हालाँकि उन्हें मंत्रिमंडल से हटाया नहीं गया था, लेकिन इससे क्षुब्ध होकर देसाई ने इस्तीफ़ा दे दिया। उसी दौरान कांग्रेस के युवा तुर्क कहे जाने वाले चन्द्रशेखर ने मोरारजी देसाई के बेटे कान्ति के ख़िलाफ़ भ्रष्टाचार के आरोप लगाए थे। उनका यह भी आरोप था कि वित्त मंत्री ने क़ायदों को ताक पर रखकर एक बड़े औद्योगिक घराने के लिए लाइसेंस जारी किए हैं।[30]

निजी बैंकों के राष्ट्रीयकरण का फ़ैसला एक अध्यादेश के रूप में आया।

देसाई और सिंडिकेट के लिए यह खुली चुनौती थी। इन्दिरा का तीर निशाने पर लगा था। बैंकों के राष्ट्रीयकरण की घोषणा होते ही दिल्ली की सड़कों पर ऑटो रिक्शा वालों से लेकर कामगार तक नाच-गाकर जश्न मनाने लगे थे। वरिष्ठ पत्रकार इन्दर मल्होत्रा इसके चश्मदीद थे। मल्होत्रा ने इस घटना के चार दशक बाद लिखा, "इनमें से शायद ही कभी कोई किसी बैंक के दरवाज़े तक गया हो और लगता नहीं था कि भविष्य में कभी जाएगा, लेकिन ये सब ख़ुश थे क्योंकि ग़रीबों के लिए कुछ किया गया था और अमीरों को उनकी औक़ात बताई गई।"[31]

कांग्रेस उस समय भारी उथल-पुथल से गुज़र रही थी। बैंकों के राष्ट्रीयकरण की घोषणा से क़रीब डेढ़ महीने पहले 3 मई, 1969 को राष्ट्रपति डॉ. ज़ाकिर हुसैन की असमय मौत हो गई थी। उनकी मौत से उपजी परिस्थितियों ने दोनों खेमों को ज़ोर आज़माइश का एक और मौक़ा दे दिया था। ज़ाकिर हुसैन की मौत के बाद उपराष्ट्रपति वराहगिरि वेंकट गिरि अन्तरिम राष्ट्रपति बन गए थे। 1968 में कामराज की जगह कांग्रेस अध्यक्ष बन चुके एस. निजलिंगप्पा और पार्टी के अन्य वरिष्ठ नेताओं ने अगले राष्ट्रपति के रूप में लोकसभा अध्यक्ष नीलम संजीव रेड्डी का नाम आगे बढ़ाया। जुलाई के पहले हफ़्ते में अखिल भारतीय कांग्रेस समिति की बेंगलुरु में हुई बैठक में रेड्डी के नाम पर मुहर भी लग गई, लेकिन इन्दिरा ने राष्ट्रपति चुनाव से ऐन पहले वी.वी. गिरि का समर्थन किया। मतदान से ऐन पहले इन्दिरा ने अन्तरात्मा की आवाज़ पर वोट करने की अपील जारी कर कांग्रेस की आधिकारिक लाइन लाँघ दी और इस तरह 20 अगस्त, 1969 को वी.वी. गिरि नए राष्ट्रपति चुन लिए गए। इसके साथ ही कांग्रेस में विभाजन भी तय हो गया। कामराज ने 12 नवम्बर, 1969 को प्रधानमंत्री इन्दिरा गांधी को ही पार्टी से निष्कासित कर दिया। इससे कांग्रेस स्पष्ट तौर पर दो भागों में बँट गई। कामराज की अगुआई वाले सिंडिकेट को नया नाम मिला—संगठन कांग्रेस। इन्दिरा की अगुआई वाले खेमे को कांग्रेस (आई) कहा गया।

इन्दिरा गांधी कांग्रेस के विभाजन के बाद कम्यूनिस्ट पार्टी की मदद से सरकार बचाने में सफल तो हो गईं, लेकिन उनके पास पहले जैसा बहुमत नहीं रहा। इसके बावजूद वह समाजवाद के रास्ते से पीछे नहीं हटीं। इस बीच नोरमन बोरलॉग, एम. स्वामीनाथन और एस. सुब्रमण्यम द्वारा हरित क्रान्ति के लिए उठाए गए क़दमों का असर दिखना शुरू हो चुका था।

बैंकों के राष्ट्रीयकरण के बाद इन्दिरा ने एक और बड़ा क़दम उठाया—राजा-महाराजाओं को 15 अगस्त, 1947 में रियासतों के सम्मिलन के बाद से मिलने वाली विशेष सुविधाएँ ख़त्म कर दी। इसे प्रिवी पर्स कहा जाता था। 1967 के दस सूत्री कार्यक्रम में यह भी शामिल था। 1970 के ग्रीष्मकालीन सत्र के आख़िरी दिन 18 मई, 1970 को गृह मंत्री वाई.बी. चव्हाण ने राजा-महाराजाओं के प्रिवी पर्स को ख़त्म करने से सम्बन्धित संविधान संशोधन विधेयक पेश किया। इसके अगले सत्र में 2 सितम्बर, 1970 को यह विधेयक लोकसभा में तो दो-तिहाई बहुमत से पारित हो गया, लेकिन राज्यसभा में यह विधेयक महज़ एक मत से गिर गया। यह इन्दिरा के लिए बड़ी हार थी, लेकिन उन्होंने राष्ट्रपति के आदेश के ज़रिये प्रिवी पर्स को ख़त्म कर दिया। उनके इस क़दम को पूर्व महाराजाओं ने सुप्रीम कोर्ट में चुनौती दी, जिसने 11 दिसम्बर, 1970 को राष्ट्रपति के आदेश को मनमाना बताकर ख़ारिज कर दिया।[32]

प्रिवी पर्स पर सुप्रीम कोर्ट का यह फ़ैसला इन्दिरा के लिए झटके से कम नहीं था। इन्दिरा को महसूस हुआ कि वाम दलों के समर्थन से चल रही सरकार अधिक दिनों तक टिक नहीं पाएगी, क्योंकि उनके ख़िलाफ़ इकट्ठा हो रही ताक़तें आने वाले महीनों में और मज़बूत ही होंगी।[33]

इन्दिरा इतनी दूर चली आई थीं कि वहाँ से लौटना उनके लिए सम्भव नहीं था।

25 दिसम्बर, 1970 को उन्होंने अपने प्रिंसिपल सेक्रेटरी हक्सर को पत्र भेजकर जानना चाहा :

1. लोकसभा को विधिपूर्वक कब भंग किया जा सकता है?
2. लोकसभा के भंग होने के बाद सांसद जिन आवासों में रह रहे हैं, उनका क्या होगा?
3. क्या प्रधानमंत्री इस्तीफ़ा दे सकती हैं और क्या कार्यवाहक सरकार काम कर सकती है?[34]

इसके अगले 48 घंटे के भीतर इन्दिरा ने ऐसा निर्णय ले लिया, जिसकी कल्पना उनके विरोधियों ने भी शायद नहीं की थी। रविवार, 27 दिसम्बर की शाम छह बजे मंत्रिमंडल की बैठक के बाद राष्ट्रपति वी.वी. गिरि के पास लोकसभा भंग करने की सिफ़ारिश भेज दी गई। इस निर्णय तक पहुँचने के लिए इन्दिरा को उनके चार क़रीबियों—सी. सुब्रमण्यम, सिद्धार्थ शंकर रे, मोहन

कुमारमंगलम और बेशक हक्सर, ने राजी किया था।[35]

सामान्य तौर पर लोकसभा के अगले चुनाव फरवरी, 1972 में तय थे। इन्दिरा ने क़रीब साल भर पहले चुनाव करवाने का फ़ैसला कर बड़ा दाँव चला था। उनके ख़िलाफ़ ख़ासतौर से कांग्रेस संगठन, भारतीय जनसंघ और स्वतंत्र पार्टी थीं, जो आर्थिक नीतियों के मामले में कमोबेश एक पाले में थीं। इन्दिरा ने उनसे लड़ने के लिए 1967 के दस सूत्री आर्थिक कार्यक्रम को मुद्दा बनाया। यों अब तक हुए चार लोकसभा चुनावों में कांग्रेस और विपक्षी दल ग़रीबों-वंचितों की बात करते रहे थे, लेकिन पहली बार इस चुनाव में एक नारा केन्द्रीय मुद्दा बन गया और यह नारा था—*ग़रीबी हटाओ*।

यह विपक्षी दलों के *इन्दिरा हटाओ* नारे की काट था। इन्दिरा अपनी चुनावी सभाओं में कहती थीं, *वो कहते हैं इन्दिरा हटाओ, मैं कहती हूँ ग़रीबी हटाओ*।

ऐसे समय, जब देश ग़रीबी और खाद्यान्न संकट से जूझ रहा हो, इस नारे की व्यापकता समझी जा सकती है। पूर्व केन्द्रीय मंत्री और *इंटरवाइंड लाइव्स : पी.एन. हक्सर एंड इन्दिरा गांधी* के लेखक जयराम रमेश से मैंने जब पूछा कि इन्दिरा गांधी ने आख़िर इस नारे को क्यों चुना था, तो ई-मेल से भेजे जवाब में उन्होंने बताया, 'यह सामाजिक-आर्थिक एजेंडा था, जिसके आधार पर उन्होंने समय से पहले चुनाव कराने का फ़ैसला किया था। बैंकों के राष्ट्रीयकरण और प्रिवी पर्स को लेकर आए प्रतिकूल फ़ैसलों ने उन्हें इसके लिए मजबूर किया था।'[36]

निश्चित रूप से *ग़रीबी हटाओ* नारे पर अन्तिम मुहर ख़ुद इन्दिरा ने लगाई थी, लेकिन यहाँ तक पहुँचने से पहले काफ़ी मन्थन हुआ था। कांग्रेस के विभाजन के बाद अखिल भारतीय कांग्रेस समिति द्वारा शुरू की गई साप्ताहिक पत्रिका *सोशलिस्ट इंडिया* के 21 जुलाई, 1973 के अंक में प्रकाशित सी. सुब्रमण्यम की किताब *इंडिया ऑफ़ माई ड्रीम्स* की समीक्षा में लेखक ने लिखा, "1969 में बॉम्बे में हुए कांग्रेस सम्मेलन में पार्टी के कार्यकारी अध्यक्ष सी. सुब्रमण्यम ने अपने विदाई भाषण में ग़रीबी के उन्मूलन को लेकर कार्यक्रमों का ख़ाका खींचा, ताकि लाखों ग्रामीण बेरोज़गारों को रोज़गार दिया जा सके। कहा जाता है कि उन्होंने ही *ग़रीबी हटाओ* या *क्विट पॉवर्टी* का नारा दिया।"

ध्यान रहे, केन्द्रीय राजनीति में आने से पहले सी. सुब्रमण्यम मद्रास में के. कामराज सरकार में खाद्य, वित्त और शिक्षा जैसे अहम मंत्रालय सँभाल

चुके थे। कामराज ने 1956 में मद्रास में स्कूली बच्चों के पोषण के लिए सबसे पहले मध्याह्न भोजन योजना शुरू की थी।

जयराम रमेश भी इत्तफ़ाक़ रखते हैं कि *ग़रीबी हटाओ* के नारे के पीछे सुब्रमण्यम की भूमिका हो सकती है। हालाँकि ख़ासतौर से हिन्दी पट्टी में यह माना जाता रहा है कि *ग़रीबी हटाओ* नारे के विचार को चाहे जिसने भी आगे किया हो, इसे शब्द हिन्दी के सुपरिचित कवि और कांग्रेस नेता श्रीकान्त वर्मा ने दिए थे। जयराम रमेश ने ई-मेल से भेजे मेरे सवालों के जवाब में लिखा, "इस निष्कर्ष तक पहुँचना तो असम्भव है कि इस नारे का लेखक कौन है? दो सम्भावित नाम हैं, श्रीकान्त वर्मा और सम्भवत: ख़ुद संजय गांधी (हालाँकि इसका कोई प्रमाण नहीं है)। सी. सुब्रमण्यम ने सुझाव दिया था कि उन्हें (इन्दिरा गांधी को) *क्विट इंडिया* (भारत छोड़ो) की तर्ज़ पर *क्विट पॉवर्टी* के नारे पर चुनाव लड़ना चाहिए। *ग़रीबी हटाओ* सामान्य तौर पर *क्विट पावर्टी* का अनुवाद ही है।"[37]

ग़रीबी हटाओ का नारा उस समय एक सशक्त राजनीतिक बयान की तरह था और देश की 50 फ़ीसदी से अधिक जनता उससे सीधे इत्तफ़ाक़ रखती थी। यह बेहद कारगर साबित हुआ। मार्च, 1971 में हुए लोकसभा चुनाव में भारतीय राष्ट्रीय कांग्रेस ने 352 सीटों के साथ दो-तिहाई बहुमत हासिल कर लिया। यह इन्दिरा की बड़ी जीत थी। भारतीय राष्ट्रीय कांग्रेस (संगठन) महज़ 16 सीटें ही जीत सकी।

कैलोरी के पैमाने पर ग़रीबी

1971 में जब यह आम चुनाव हुआ था, भारत की आबादी 56.79 करोड़ थी और देश की 50 फ़ीसदी से अधिक आबादी ग़रीबी रेखा के नीचे गुज़र-बसर करने को मजबूर थी। इसी दौरान दो अर्थशास्त्रियों वी. एम. दांडेकर और एन. रथ ने पोषण को आधार मानते हुए कैलोरी की खपत के आधार पर ग़रीबी का आकलन कर विमर्श को बदल दिया। 1971 में इन दोनों ने तर्क दिया कि ग़रीबी रेखा का निर्धारण ग्रामीण और शहरी दोनों ही क्षेत्रों में 2,250 कैलोरी रोज़ाना की ज़रूरत पर होने वाले ख़र्च के आधार पर होना चाहिए। उन्होंने अपने इस फ़ॉर्मूले के आधार पर पाया कि ग्रामीण क्षेत्र की एक-तिहाई आबादी और शहरी क्षेत्र की आधी आबादी को कैलोरी के आधार पर पर्याप्त भोजन नहीं मिलता।[38]

राष्ट्रीय नमूना सर्वेक्षण संगठन—नेशनल सैम्पल सर्वे ऑर्गनाइजेशन—(एनएसएसओ)—के 1960-61 के घरेलू ख़र्च और रोज़ की भोजन की ज़रूरत के आधार पर उन्होंने ग्रामीण क्षेत्र के लिए प्रति व्यक्ति 170.80 रुपये सालाना यानी 14.20 रुपये मासिक न्यूनतम आय तथा शहरी क्षेत्र के लिए प्रति व्यक्ति 271.70 रुपये सालाना और 22.60 रुपये मासिक न्यूनतम आय का सुझाव दिया। इस तरह उन्होंने निष्कर्ष निकाला कि उस समय देश की 40 फ़ीसदी ग्रामीण आबादी और शहरी क्षेत्र में 50 फ़ीसदी आबादी ग़रीबी रेखा के नीचे गुज़र-बसर कर रही थी। ग़रीबी इन आँकड़ों से सचमुच कहीं अधिक थी।

ग़रीबी हटाओ के नारे पर चुनाव जीत जाने के बावजूद इन्दिरा को आने वाले समय में कई प्रत्याशित और अप्रत्याशित चुनौतियों का सामना करना था। मगर इस जीत ने राजनीतिक तौर पर उन्हें बेहद मज़बूत कर दिया था। इस हद तक कि उनके छोटे बेटे संजय गांधी सत्ता का नया केन्द्र बनते जा रहे थे।

इन्दिरा गांधी तीसरी बार ऐसे समय प्रधानमंत्री बनी थीं, जब आर्थिक और राजनीतिक रूप से देश बेहद नाजुक हालात से गुज़र रहा था। 1971 के बांग्लामुक्ति संग्राम में मिली सफलता से इन्दिरा की लोकप्रियता चरम पर थी, लेकिन पूर्वी पाकिस्तान में हुए नरसंहार और फिर बांग्लादेश के निर्माण के बाद शरणार्थियों का अतिरिक्त दबाव था। देश के कई हिस्सों में सूखा और अकाल से स्थिति बिगड़ रही थी। इसका असर ज़रूरी चीज़ों की क़ीमतों पर पड़ रहा था। महँगाई बढ़ने लगी थी। अनाज तक की कालाबाज़ारी शुरू हो गई थी। इसका सर्वाधिक असर ग़रीबों पर पड़ रहा था। इसका एहसास ख़ुद प्रधानमंत्री को भी था।

इन्दिरा गांधी ने स्वतंत्रता दिवस, 15 अगस्त, 1973 को लाल क़िले की प्राचीर से दिए भाषण में कहा, "हमारे यहाँ कुछ चीज़ों की कमी हो रही है। मूल्य तेज़ी से बढ़ रहे हैं। हम इस सच्चाई को छिपाना नहीं चाहते, लेकिन हमें यह समझने की कोशिश भी करनी चाहिए कि ये कमियाँ हुई कैसे हैं? आपको मालूम है कि पिछले दो वर्षों से हमारे यहाँ सूखा पड़ा है, विशेषतः महाराष्ट्र, गुजरात और राजस्थान में, लेकिन मैसूर में और कुछ अन्य स्थानों में भी अभूतपूर्व सूखे की स्थिति है। ऐसा सूखा पिछले 50 वर्षों में कभी नहीं देखा गया। लेकिन हमारी जनता हताश नहीं हुई है।"[39]

महज़ डेढ़ साल पहले *ग़रीबी हटाओ* के नारे पर दो-तिहाई बहुमत हासिल

करने वाली प्रधानमंत्री के ये शब्द उनकी बेबसी के साथ ही देश में बढ़ती अव्यवस्था को भी दिखा रहे थे जबकि उनकी सरकार ने खाद्यान्न की थोक ख़रीदी अपने हाथ में ले ली थी। यानी खाद्यान्न संकट के लिए सीधे तौर पर वही ज़िम्मेदार थीं।

इस बीच, अक्तूबर 1973 में जब अरब के तेल उत्पादक देशों के संगठन—ऑर्गनाइज़ेशन ऑफ़ अरब पेट्रोलियम एक्सपोर्टिंग कंट्रीज़ (ओएपीएसी)—ने उत्पादन घटाकर इस्राइल के साथ चल रहे युद्ध के चलते इस्राइल का समर्थन करने वाले देशों की आपूर्ति में कटौती की, तो कच्चे तेल के दाम 300 फ़ीसदी तक बढ़ गए। अन्तरराष्ट्रीय बाज़ार में कच्चे तेल के दाम 3 डॉलर से बढ़कर 12 डॉलर के क़रीब हो गए थे। पेट्रो उत्पादों के लिए आयात पर निर्भर भारत में इसका व्यापक रूप से असर पड़ा। पेट्रोल और डीजल के दाम बेतहाशा बढ़ गए। उस समय की रिपोर्टें बताती हैं कि दिल्ली और बम्बई जैसे शहरों में अनेक नौकरशाहों और उद्योगपतियों तक ने कार छोड़कर बसों से दफ़्तर जाना शुरू कर दिया था। मिट्टी तेल की राशनिंग शुरू कर दी गई थी। स्वाभाविक रूप से इसका सर्वाधिक असर ग़रीबों पर पड़ा। मिट्टी तेल या कैरोसीन ख़रीदने के लिए लम्बी लाइनें लगने लगी थीं। बैंगलोर सहित कई शहरों में अफ़रा-तफ़री मचने के बाद थानों से राशन का मिट्टी का तेल बेचने की व्यवस्था करनी पड़ी थी।[40]

बचपन की मेरी धुँधली स्मृतियों में छत्तीसगढ़ के छोटे-से क़स्बे बेमेतरा की याद दर्ज है, जब मैं ख़ुद अपने बड़े भाई सुबोध के साथ मिट्टी का तेल और राशन से मिलने वाली शक्कर के लिए राशन की दुकान के सामने घंटों लम्बी क़तार में खड़ा होता था।

और उलट गया नारा

तेल संकट अक्तूबर 1973 में शुरू हुआ था और महीने भर के अन्दर ही इसका असर दिखने लगा था। हालत यह हो गई कि नवम्बर 1973 से लेकर दिसम्बर, 1974 तक यानी क़रीब 13 महीने तक महँगाई की दर 20 फ़ीसदी से नीचे ही नहीं हुई। बल्कि जून 1974 से से तो अगले 4 महीने तक महँगाई की दर 30 फ़ीसदी से ऊपर चली गई थी। सितम्बर 1974 का महीना आम लोगों पर सबसे भारी पड़ा था, जब स्वतंत्र भारत के उस समय तक के इतिहास में महँगाई 33.3

फ़ीसदी के सर्वोच्च स्तर पर पहुँच गई थी![41]

1977 के आम चुनाव में इन्दिरा गांधी और कांग्रेस की पराजय के पीछे आपातकाल की ज़्यादतियों के साथ ही महँगाई भी एक बड़ा कारण थी। 1977 में चुनाव करवाने का फ़ैसला इन्दिरा ने ख़ुद ही लिया था, मगर तब तक हालात पूरी तरह बदल चुके थे। *ग़रीबी हटाओ* के नारे के साथ सत्ता में आईं इन्दिरा ने कल्पना भी नहीं की होगी कि उन्हें चुनाव में ऐसे नारों का भी सामना करना होगा—

यह देखो इन्दिरा का खेल,
खा गई राशन पी गई तेल।
रोज़ी-रोटी दे न सके जो,
वह सरकार निकम्मी है।
सरकार निकम्मी है,
वह सरकार बदलनी है।

इस चुनाव में समय ने तब मानो एक चक्र पूरा कर लिया, जब 24 मार्च, 1977 को 81 वर्षीय मोरारजी भाई देसाई ने जनता पार्टी की नई सरकार के प्रधानमंत्री के रूप में शपथ ली। स्वाभाविक तौर पर जनता पार्टी की सरकार से लोगों को काफ़ी उम्मीदें थीं, क्योंकि लम्बे संघर्ष के बाद यह पार्टी सत्ता में आई थी। जनता पार्टी प्रमुख ग़ैर कम्यूनिस्ट विपक्षी दलों—समाजवादी पार्टी, जनसंघ, संगठन कांग्रेस और भारतीय लोकदल—से मिलकर बनी थी। प्रधानमंत्री बनने के 143 दिन बाद 15 अगस्त, 1977 को मोरारजी भाई देसाई को लाल क़िले की प्राचीर से देश को सम्बोधित करने का मौक़ा मिला। जिन हालात में लोकसभा चुनाव हुए थे और जनता पार्टी की सरकार बनी थी, उनमें यह उम्मीद थी कि वह आपातकाल की ज़्यादतियों के साथ ही ग़रीबी और महँगाई को लेकर कुछ बड़ी घोषणाएँ करेंगे। मगर क़रीब 27 मिनट का उनका भाषण आम तौर पर औपचारिक और सैद्धान्तिक क़िस्म का था।

देसाई ने अपने भाषण की शुरुआत 30 साल पहले मिली स्वतंत्रता की पृष्ठभूमि से की। उन्होंने कहा, "30 सालों में हमने तरक़्क़ी की, लेकिन यह सब तक नहीं पहुँची, ख़ासकर 60-70 फ़ीसदी लोगों को इसका लाभ नहीं मिला।" इसके लिए उन्होंने किसी एक को दोष न देते हुए सबको दोषी माना। उन्होंने

कहा, "हम गांधी जी के रास्ते से भटक गए थे।"

उन्होंने आपातकाल की ज़्यादतियों का तो ज़िक्र किया, लेकिन इन्दिरा गांधी का नाम नहीं लिया।

उन्होंने कहा, "...देश की स्थिति कुछ सालों में बिगड़ी, लोकतंत्र ख़तरे में पड़ा। भय का वातावरण बना। इमरजेंसी ऐसे लादी गई, जो लादना नहीं चाहिए था। ग़लती करना उतना ग़लत नहीं है, जितना ग़लती पर क़ायम रहना और उसका बचाव करना और फिर से करते रहना। इमरजेंसी के दौरान जनता को काफ़ी कष्ट उठाना पड़ा। भय एकदम नहीं जाता...जनता पार्टी जनता के कहने से बनी है...सब घटक मिलकर ऐसा काम करें कि दस साल में हमारे लोग दुनिया में सबसे सुखी बन जाएँ। यह काम हम सबको करना है।"

देसाई ने ग़रीबी उन्मूलन या महँगाई कम करने को लेकर किसी कार्यक्रम की तो घोषणा नहीं की, मगर उन्होंने यह ज़रूर माना कि देहातों की ओर ध्यान देने की ज़रूरत है। उन्होंने परोक्ष रूप से बढ़ते शहरीकरण को ग़रीबी और बेकारी के लिए ज़िम्मेदार माना। उन्होंने आज से साढ़े चार दशक पहले जो कुछ कहा था, वह 2020-21 में कोरोना महामारी के कारण महानगरों से अपने गाँवों और घरों को लौटते करोड़ों प्रवासी मज़दूरों के रिवर्स पलायन के पूर्वाभास जैसा लगता है।

देश के चौथे प्रधानमंत्री के रूप में देसाई ने लाल क़िले की प्राचीर से कहा, "...हमारे देहातों को कम लक्ष्य किया गया है, नहीं किया गया, मैं ऐसा नहीं कहता। सबसे ज़्यादा लक्ष्य वहाँ देना चाहिए था, वह हम नहीं दे पाए। वो हमें देना है। देहातों में हमारी 80 फ़ीसदी जनता रहती है। वहाँ हमारी बेकारी, अल्प बेकारी काफ़ी है। वहाँ से लगभग भागकर शहरों में जाते हैं। शहरों में गन्दी बस्तियाँ बढ़ती हैं और गुनहगारी इसीलिए बढ़ती जाती है। कोई भी ऐसी बस्तियों में रहे, अच्छा नहीं रह सकता। मैं भी ऐसी बस्तियों में रहूँ अच्छा बन जाऊँ, तो मुझे फ़र्क़ नहीं पड़ता। इसीलिए ऐसी बस्तियों को बिलकुल ठीक कर देना है। मगर ऐसी बस्ती बने नहीं, इसीलिए देहातों को ऐसे हमें बनाना है, ऐसा उसका विकास करना है कि जिससे देहातों में से कोई शहर की तरफ़ न दौड़े, मगर शहरवासी तन्दुरुस्ती के लिए देहातों में जाएँ, ऐसी हवा हमें पैदा करनी है। इसीलिए बहुत बड़ा काम करना है। काम मुश्किल है, मुश्किल काम ही करने लायक है।..."[42]

मोरारजी देसाई जनता पार्टी के घटकों की खींचतान के कारण दो साल भी प्रधानमंत्री नहीं रह सके। पद से उनके हटने के बाद 28 जुलाई, 1979 को किसान नेता चौ. चरण सिंह प्रधानमंत्री ज़रूर बने, मगर महज़ 23 दिन बाद ही कांग्रेस के समर्थन वापस खींच लेने से उनकी सरकार भी गिर गई। हालाँकि वह अगला चुनाव होने तक प्रधानमंत्री बने रहे। मोरारजी देसाई और चरण सिंह की सरकारें प्रशासन और कार्यक्रम के स्तर पर कोई बड़ा बदलाव नहीं ला सकीं।

जनता पार्टी के अल्पकालिक शासन में ग़रीबी ख़त्म करने की दिशा में भले ही कोई उल्लेखनीय काम न हो सका, लेकिन 1979 में योजना आयोग द्वारा वाई.के. अलघ की अगुआई में गठित समिति ने अपनी रिपोर्ट में सुझाव दिया कि ग्रामीण और शहरी, दोनों ही क्षेत्रों में ग़रीबी का निर्धारण पोषण सम्बन्धी ज़रूरतों के आधार पर किया जाना चाहिए।

इस बीच, 1980 में इन्दिरा गांधी की सत्ता में वापसी इस बात का प्रमाण थी कि महज़ पौने तीन साल पहले उनकी छवि को जो धक्का लगा था, उससे वह उबर चुकी हैं। क़रीब नौ साल पहले *ग़रीबी हटाओ* के नारे पर भारी बहुमत से चुनाव जीतने वाली इन्दिरा और उनके सलाहकारों ने एक बार फिर ग़रीबी को केन्द्र में रखकर एक नया नारा गढ़ा और वह था—*आधी रोटी खाएँगे, इन्दिरा जी को लाएँगे।*

इन्दिरा सत्ता में लौट तो आईं, लेकिन 1980 के दशक के शुरुआती वर्षों में उनके समक्ष पंजाब का खालिस्तानी उग्रवाद एक बड़ी चुनौती बनकर सामने आ गया, जिसकी वजह से 31 अक्तूबर, 1984 को उनकी हत्या तक हो गई। जनता पार्टी के बिखरने से विपक्ष भी कमज़ोर पड़ गया था। इन्दिरा को सीधे तौर पर कोई राजनीतिक चुनौती नहीं थी। हालाँकि ग़रीबी से लड़ाई ख़त्म नहीं हुई। 1981 की जनगणना के मुताबिक़, भारत की आबादी 71.54 करोड़ हो चुकी थी और उस समय देश में 42.9 करोड़ लोग ग़रीबी रेखा के नीचे गुज़र-बसर कर रहे थे। यह देश की आबादी का साठ फ़ीसदी था।[43]

दो रुपये किलो का वादा

जहाँ तक *ग़रीबी हटाओ* के राजनीतिक नारे की बात है, तो इन्दिरा गांधी को राजनीतिक और नीतिगत, दोनों तरह से बड़ी चुनौती मिली 1982-83 में फ़िल्मों

से राजनीति में आए तेलुगू सुपर स्टार नन्दमुरी तारक रामाराव यानी एन.टी.आर. से। एन.टी.आर. ने 29 मार्च, 1982 को एक राजनीतिक पार्टी तेलुगू देशम पार्टी (टीडीपी) की स्थापना की। उनका लक्ष्य था, अगले वर्ष होने वाले विधानसभा चुनाव में कांग्रेस को आन्ध्र प्रदेश की सत्ता से बेदख़ल करना। उनके चुनाव प्रचार के लिए बाक़ायदा एक शेवरले वैन को रथ का रूप दिया गया और उसका नाम रखा गया, चैतन्य रथम। एन.टी.आर. ने अपने इस रथ से क़रीब 75 हज़ार किलोमीटर का सफ़र कर पूरे आन्ध्र का दौरा किया।[44]

वह कोई पारम्परिक राजनेता नहीं थे। मशहूर फ़िल्म सितारा होने के कारण उनकी लोकप्रियता तो वैसे भी सातवें आसमान पर थी। एन.टी. रामाराव ने वैसे तो यह चुनाव तेलुगू वारी आत्मगौरवम् यानी तेलुगू आत्मसम्मान के नाम पर लड़ा था, लेकिन उन्होंने यह वादा किया था कि सत्ता में आने पर उनकी सरकार ग़रीबों को उचित मूल्य की दुकानों से दो रुपये किलोग्राम की दर से हर महीने 25 किलोग्राम चावल देगी। तेलुगू देशम पार्टी ने 294 सदस्यीय विधानसभा की 202 सीटों पर जीत के साथ भारी बहुमत हासिल किया।

चुनावी वादे के मुताबिक़ सत्ता में आने के बाद एन.टी. रामाराव की सरकार ने ऐलान किया कि ऐसे परिवार दो रुपये प्रति किलोग्राम की दर से हर महीने 25 किलोग्राम चावल प्राप्त करने के हक़दार होंगे, जिनकी आय सालाना तीन हज़ार रुपये या उससे कम है और इसके लिए उन्हें हरे रंग का राशन कार्ड दिया जाएगा, मगर 14 अप्रैल, 1983 को तेलुगू नववर्ष (और आंबेडकर जयन्ती) पर जब यह योजना अस्तित्व में आई, तब तक आय की सीमा बढ़ाकर छह हज़ार रुपये सालाना कर दी गई थी। यानी हर महीने पाँच सौ रुपये तक कमाने वाले परिवार इसके दायरे में आ गए। इससे राज्य के प्रति 10 में से 7 परिवार हरे रंग के राशन कार्ड के पात्र हो गए और यह वाक़ई बड़ी संख्या थी।[45]

हालाँकि इसकी वजह से पड़ने वाले भारी-भरकम वित्तीय बोझ के कारण दो साल के भीतर ही उनकी सरकार के लिए इस योजना को चलाए रखना मुश्किल होने लगा। लेकिन राशन कार्ड के ज़रिये ग़रीबों को सस्ता अनाज तक़रीबन हर राजनीतिक दल के एजेंडे पर आ गया और अब इसके बिना किसी चुनाव की कल्पना ही नहीं की जा सकती।

नवम्बर, 2000 में मध्य प्रदेश से अलग होकर नए राज्य के रूप में अस्तित्व में आए छत्तीसगढ़ में डेढ़ दशक से अधिक समय तक मुख्यमंत्री रहे भाजपा

नेता डॉ. रमन सिंह को तो सस्ता चावल देने की उनकी योजना के कारण एक नया नाम ही मिल गया था—चाउर वाले बाबा। 2003 में हुए राज्य के पहले विधानसभा चुनाव में भाजपा को बहुमत मिलने पर पार्टी ने उन्हें मुख्यमंत्री चुना था। मुख्यमंत्री बनने के चार साल बाद 1 नवम्बर, 2007 को छत्तीसगढ़ के स्थापना दिवस के मौक़े पर रमन सिंह ने प्रदेश में ग़रीबी रेखा के नीचे गुज़र-बसर करने वाले 34 लाख परिवारों को हर महीने तीन रुपये प्रति किलोग्राम की दर से 35 किलोग्राम चावल देने की खाद्य सुरक्षा योजना का ऐलान किया।

1 जनवरी, 2008 से लागू होने वाली इस योजना के बारे में रमन सिंह ने दावा किया, "यह देश की सबसे अच्छी खाद्य सुरक्षा योजनाओं में से एक है। इससे प्रदेश की 65 फ़ीसदी आबादी इसके दायरे में आ जाएगी।"[46]

एक तरह से यह आधिकारिक तौर पर स्वीकारोक्ति भी थी कि छत्तीसगढ़ की 65 फ़ीसदी आबादी ग़रीबी रेखा के नीचे गुज़र-बसर करने को मजबूर है। छत्तीसगढ़ की प्राकृतिक सम्पदा का हवाला देकर प्रदेश के पहले मुख्यमंत्री दिवंगत अजीत जोगी अक्सर कहते थे, "अमीर धरती के ग़रीब लोग!"

नवम्बर, 2008 में जब छत्तीसगढ़ के विधानसभा चुनाव हुए, तो कांग्रेस को भी इस वादे के राजनीतिक लाभांश का महत्त्व समझ में आ गया था। उसने ग़रीबों को दो रुपये प्रति किलोग्राम की दर से चावल देने का वादा किया। इसके जवाब में डॉ. रमन सिंह एक क़दम और आगे बढ़ गए और उन्होंने अत्यन्त ग़रीब लोगों को राशन कार्ड से एक रुपये प्रति किलोग्राम की दर से चावल देने का वादा कर दिया।

प्रमुख धान उत्पादक प्रदेश होने के नाते ग़रीबों को सस्ता चावल देना कोई मुश्किल बात नहीं थी मगर नेशनल फ़ैमिली हेल्थ सर्वे (2005-06) की रिपोर्ट बताती है कि धान का सरप्लस उत्पादन करने वाले छत्तीसगढ़ में उस समय हर तीसरा पुरुष और हर दूसरी महिला तथा बच्चा कुपोषण का शिकार था। 33 फ़ीसदी आदिवासी आबादी वाले इस प्रदेश में इस वर्ग में स्थिति और भी ख़राब थी।[47]

ज़ाहिर है, सस्ता चावल सिर्फ़ एक राजनीतिक नारा नहीं, प्रदेश की बहुसंख्यक आबादी की ज़रूरत भी थी। इससे कुपोषण के ख़िलाफ़ लड़ाई को भी बल मिला। आन्ध्र प्रदेश और छत्तीसगढ़ के अलावा पश्चिम बंगाल, ओडिशा और झारखंड जैसे राज्यों में सार्वजनिक वितरण प्रणाली—पब्लिक डिस्ट्रिब्यूशन सिस्टम (पीडीएस)—के ज़रिये सस्ता चावल देने की योजना राजनीतिक तौर

पर भी कारगर साबित होती रही। लेकिन यदि राशन कार्ड का होना ही भूख से लड़ाई की गारंटी होता, तो ओडिशा का कालाहांडी कभी भुखमरी की वजह से सुर्ख़ियों में नहीं होता।

1996 में जब पश्चिमी ओडिशा भीषण अकाल और सूखे से जूझ रहा था, मैंने रिपोर्टिंग के दौरान ख़ुद देखा कि राशन कार्ड होने के बावजूद लोग भुखमरी से जूझ रहे थे। तब पश्चिमी ओडिशा के गाँव-गाँव में बदहाली साफ़ दिख रही थी। हज़ारों की संख्या में लोग पलायन कर रहे थे। 17 नवम्बर, 1996 की दोपहर में मैं कालाहांडी ज़िले के लांजीगढ़ ब्लॉक के किड़ींग गाँव की दुतिका के झोंपड़ीनुमा घर के सामने खड़ा था। इस महिला के पति श्रीबच्छा ने बेकारी और भुखमरी की हालत में तीन महीने पहले 15 अगस्त, 1996 को फाँसी लगा ली थी। जब मैं वहाँ पहुँचा था, दुतिका और उसके छह से आठ साल के दो बेटों के लिए घर में एक दाना भी नहीं था। उन्हें आँगनबाड़ी से कभी-कभार भात और दलिया मिल जाता था। हालाँकि सरकारी पैमाने पर दुतिका और उसके बेटे आँगनबाड़ी से राशन पाने के हक़दार नहीं थे। तब वहाँ आँगनबाड़ी से गर्भवती और प्रसूता महिलाओं तथा पाँच साल तक के बच्चों को ही दलिया और भात देने का प्रावधान था। उनके बच्चे यदि स्कूल नहीं जाते थे, तो दोपहर का भोजन भी उन्हें नहीं मिलता था। अलबत्ता स्कूल के शिक्षक कभी-कभार उन्हें भात दे देते थे। ओडिशा में तब तक ग़रीबी रेखा से नीचे के लोगों को राशन कार्ड पर दो रुपये प्रति किलोग्राम की दर से चावल देने के प्रावधान लागू हो चुके थे। दुतिका के पास भी राशन कार्ड था, लेकिन उसने कई महीनों से चावल नहीं लिया था![48]

ओडिशा के कालाहांडी क्षेत्र ने अकाल, सूखा, पलायन और भुखमरी का लम्बा दौर देखा है। कई दशकों तक कालांहाडी को राष्ट्रीय और यहाँ तक कि अन्तरराष्ट्रीय मीडिया में अकाल की वजह से ही जगह मिल पाती थी। 1970-80 के दशक में पश्चिमी ओडिशा में भुखमरी और बेकारी की वजह से अपने बच्चों को बेचने की दिल दहला देने वाली अनेक घटनाएँ सामने आईं। 1985 में खरियार ब्लॉक के अमलापल्ली गाँव की एक बेबस महिला फानस पुंजी की बेहद मार्मिक कहानी सुर्ख़ियों में थी। इस महिला ने अपने दो छोटे बच्चों को भुखमरी से बचाने के लिए अपने पति की 16 वर्षीय बहन को 40 रुपये में बेच दिया था! गाँवों में काम नहीं था और लोग 75 पैसे से लेकर 3.50 रुपये

रोज़ाना की दर से काम करने को मजबूर थे। प्रधानमंत्री राजीव गांधी तक को उस गाँव में आना पड़ा था।[49]

बाद के वर्षों में सस्ते चावल के साथ ही कई राज्यों ने सस्ता गेहूँ देने की योजनाएँ भी शुरू कीं। इसकी अपनी राजनीति होने के बावजूद इससे इनकार नहीं किया जा सकता कि इसे ग़रीबी और कुपोषण से निजात पाने के स्वीकार्य तरीक़े की तरह भी देखा गया, मगर अच्छे इरादे वाली इन योजनाओं की ख़ामियाँ भ्रष्टाचार के रूप में सामने आने लगीं। सरकार खाद्यान्न की ख़रीद के लिए जो धन ख़र्च करती थी, उसका एक-तिहाई हिस्सा ही राशन कार्ड से वितरित किए जाने वाले सस्ते अनाज पर ख़र्च हो रहा था। 2002-03 को ही देखें, तो सरकार ने कुल आवंटन का 66.5 फ़ीसदी हिस्सा किसानों से खाद्यान्न की ख़रीद, गोदामों में रख-रखाव, परिवहन, लागत, ब्याज आदि पर ख़र्च किया। सिर्फ़ 31.2 फ़ीसदी धन ही खाद्यान्न की क़ीमतों पर रियायत देने में ख़र्च हुआ था। और इसमें से भी बड़ा हिस्सा लीकेज या चोरी में चला गया और ग़रीबों को मिलने वाली खाद्य सब्सिडी एक रुपये में सिर्फ़ 13 पैसे रह गई![50]

योजना आयोग के सदस्य किरीट पारेख ने 1994 में उत्तर प्रदेश, बिहार, ओडिशा और मध्य प्रदेश का अध्ययन कर पाया कि 90 फ़ीसदी से अधिक आबादी तो पीडीएस यानी राशन की दुकानों से कोई अनाज ही नहीं ख़रीदती। जहाँ पीडीएस काम कर भी रहा था, तो वहाँ भ्रष्टाचार और लीकेज की शिकायतें आम थीं।[51]

किरीट पारेख के निष्कर्ष अतिरंजित हो सकते हैं, लेकिन पीडीएस में भ्रष्टाचार से कोई इनकार नहीं कर सकता। इसके बावजूद 1977-78 के 51.2 फ़ीसदी की तुलना में 1999-2000 के आते-आते आधिकारिक तौर पर ग़रीबी रेखा से नीचे रहने वालों की संख्या 26.1 फ़ीसदी बताई गई। योजना आयोग ने जुलाई, 1999 से जून 2000 के बीच के एनएसएसओ के पचपनवें दौर के आँकड़े के आधार पर यह आकलन किया था।[52]

ग़रीबी में यह गिरावट वाक़ई रेखांकित करने वाली थी, लेकिन इसका मतलब यह भी था कि उस समय भी 26 करोड़ लोग दो वक़्त का भोजन नहीं जुटा पा रहे थे और यह संख्या उस समय अमेरिका की आबादी 28 करोड़ (वर्ष 2000) से थोड़ी ही कम थी!

ग़रीबी @ 14.88 रुपये

यह वही दौर भी था, जब सितम्बर, 2000 में संयुक्त राष्ट्र ने अगले डेढ़ दशक में यानी 2015 तक सबसे ग़रीब लोगों के जीवन को बेहतर बनाने के लिए आठ लक्ष्य तय किए थे, जिन्हें मिलेनियम डेवलपमेंट गोल्स—सहस्राब्दी विकास लक्ष्य—कहा गया। इनमें पहला लक्ष्य ही था, भीषण ग़रीबी और भूख से मुक्ति। ठीक इसी समय देश में ग़रीबी रेखा की परिभाषा को लेकर नई बहस भी छिड़ गई थी। इस बहस को अर्थशास्त्रियों ने नया आयाम दिया। अगले एक दशक के दौरान ग़रीबी रेखा को लेकर कई परिभाषाएँ सामने आईं, जिनसे देश में ग़रीबी को आँकने का पैमाना बदलता रहा और ग़रीबों की संख्या भी कम-ज़्यादा होती रही।

योजना आयोग ने 2005 में ग़रीबी के आकलन के तरीक़ों की समीक्षा के लिए जाने-माने अर्थशास्त्री और राष्ट्रीय सांख्यिकी आयोग के पूर्व प्रमुख सुरेश तेन्दुलकर की अध्यक्षता में विशेषज्ञों की एक समिति बनाई। तेन्दुलकर यूपीए सरकार के दौरान 2004 से 2008 के बीच प्रधानमंत्री मनमोहन सिंह की आर्थिक सलाहकार परिषद के सदस्य थे और 2008 से 2009 तक वह इसके अध्यक्ष भी रहे। सुरेश तेन्दुलकर समिति ने ख़र्च करने की क्षमता को ग़रीबी को आँकने का पैमाना बनाया। समिति ने नवम्बर, 2009 में अपनी रिपोर्ट पेश की तो ग़रीबी को लेकर एक नई परिभाषा सामने थी, जिसमें स्वास्थ्य और शिक्षा पर निजी तौर पर किए जाने वाले ख़र्च को भी ग़रीबी के आकलन का आधार बनाया गया था। इससे पहले तक कल्याणकारी राज्य की अवधारणा के चलते यह माना जाता रहा कि शिक्षा और स्वास्थ्य तो राज्य की ज़िम्मेदारी है। यह शिक्षा और स्वास्थ्य के क्षेत्र में सरकार की सीमा को भी दिखाता है, मगर उसने ग़रीबी के पैमाने के लिए जो राशि निर्धारित की, वह चौंकाने वाली थी। उसने 2004-05 के मूल्य के आधार पर निर्धारित किया कि ग्रामीण क्षेत्र में 446.68 रुपये से कम और शहरी क्षेत्र में 578.8 रुपये से कम प्रति माह कमाने वाले ग़रीब हैं।[53]

इसका मतलब था कि ग्रामीण क्षेत्र में रोज़ाना प्रति व्यक्ति 14.88 रुपये और शहरी क्षेत्र में रोज़ाना प्रति व्यक्ति 19.29 रुपये से कम कमाने वाले परिवार ग़रीब माने गए। इसका यह मतलब भी था कि ग्रामीण और शहरी क्षेत्र में रोज़ाना क्रमश: 14.88 रुपये तथा 19.29 रुपये से अधिक कमाने वाला व्यक्ति ग़रीबी रेखा से ऊपर था!

योजना आयोग को सौंपी गई कुल 39 पेज की रिपोर्ट के इस फ़लसफ़े ने

ग़रीबी को लेकर एक नई बहस छेड़ दी। जिन दिनों राजधानी में यह रिपोर्ट पेश की गई थी, उन दिनों योजना आयोग के दफ़्तर से मुश्किल से डेढ़ किलोमीटर दूर कनॉट प्लेस में—जहाँ स्थित *इंडिया टुडे* के दफ़्तर में तब मैं काम करता था—स्थित मैकडोनॉल्ड के रेस्तरां में एक आलू-टिक्की बर्गर की क़ीमत 20 रुपये थी।

तेन्दुलकर समिति के आकलन के मुताबिक़, ग़रीबी की इस नई रेखा के आधार पर 2004-05 में ग्रामीण भारत की 41 फ़ीसदी आबादी या 32 करोड़ लोग ग़रीबी रेखा से नीचे थे। इसी तरह से शहरी क्षेत्र में 27.5 फ़ीसदी आबादी या 8.71 करोड़ लोग ग़रीबी रेखा से नीचे जीवनयापन कर रहे थे। यानी उस समय कुल 37.2 फ़ीसदी आबादी या क़रीब 40 करोड़ लोग ग़रीबी रेखा के नीचे जीवनयापन कर रहे थे।[54]

तेन्दुलकर समिति ने अपना आकलन उसी पर्चेज़िंग पॉवर पैरिटी (पीपीपी) यानी क्रय-शक्ति समता से सम्बन्धित अन्तरराष्ट्रीय विनिमय के सिद्धान्त के आधार पर किया था, जिसके आधार पर विश्वबैंक ने 2005 में रोज़ाना 1.25 डॉलर से कम कमाने वाले को ग़रीबी रेखा से नीचे माना। 2021 में यह बढ़कर 1.99 डॉलर रोज़ाना हो गया।

तेन्दुलकर समिति ने जो तरीक़ा अपनाया था, उसके आधार पर 2009-10 में ग्रामीण क्षेत्र में मासिक 672.8 रुपये यानी रोज़ाना 22.42 रुपये और शहरी क्षेत्र में मासिक 859.6 रुपये यानी रोजाना 28.6 रुपये या उससे कम कमाने वाले व्यक्ति को ग़रीबी रेखा के नीचे माना गया। इस नए आकलन से 2009-10 में ग़रीबी रेखा से नीचे जीवनयापन करने वालों की संख्या घटकर 29.8 फ़ीसदी पर आ गई। यही नहीं, 2011-12 में यह और नीचे गिरकर 21.9 फ़ीसदी रह गई। तब तक यह माना गया कि शहरी क्षेत्र में जो लोग सामानों और सेवाओं पर रोज़ाना 33.33 रुपये तथा ग्रामीण क्षेत्र में 27.20 रुपये ख़र्च कर सकते हैं, वे ग़रीब नहीं हैं।

वास्तव में यह तस्वीर काफ़ी धुँधली थी। इसका एहसास ख़ुद योजना आयोग को भी था। तीखी आलोचनाओं के बीच योजना आयोग के उपाध्यक्ष मोंटेक सिंह अहलूवालिया ने इस नए आकलन से ख़ुद को अलग कर लिया और माना कि ग़रीबी के आकलन का तेन्दुलकर समिति का तरीक़ा अमूर्त है।[55]

इसके बाद योजना आयोग ने 2013 में प्रधानमंत्री की आर्थिक सलाहकार परिषद के पूर्व अध्यक्ष सी. रंगराजन की अध्यक्षता में एक नई समिति गठित कर दी। जुलाई 2014 में पेश की गई अपनी रिपोर्ट में इस समिति ने ग़रीबी

रेखा का निर्धारण करने के लिए पोषण, कपड़ा, आवास का किराया, परिवहन ख़र्च, शिक्षा के साथ ही ग़ैर खाद्य मदों पर ख़र्च को भी ध्यान में रखा। समिति ने सुझाव दिया कि ग्रामीण भारत में 27 रुपये रोज़ाना और शहरी भारत में 33 रुपये रोज़ाना से अधिक कमाने वालों को ग़रीबी रेखा से ऊपर माना जाए। इस तरह अब ग़रीबों का एक नया आँकड़ा सामने था और देश की कुल 29.5 फ़ीसदी आबादी ग़रीबी रेखा के दायरे में आ गई।

योजना आयोग से इतर ग्रामीण विकास मंत्रालय ने भी ग़रीबी रेखा के निर्धारण के लिए योजना आयोग के सदस्य नरेशचन्द्र सक्सेना की अध्यक्षता में एक समिति का गठन किया था। उसे ज़िम्मेदारी दी गई थी कि वह ग्यारहवीं पंचवर्षीय योजना के मद्देनज़र बीपीएल (ग़रीबी रेखा) के निर्धारण के लिए सुझाव दे। अगस्त, 2009 में सौंपी गई इस समिति की रिपोर्ट ने पोषण और बुनियादी ज़रूरतों से इतर एक अनूठा पैमाना सुझाया। इसके तहत जिन्हें अनिवार्य रूप से ग़रीबी के दायरे में रखा गया, वे थे : मान्यता प्राप्त आदिम जनजाति समूह; महादलित समूह (अनुसूचित जाति समूह); एकल महिला द्वारा संचालित परिवार; विकलांग जन पर आश्रित परिवार; नाबालिग द्वारा संचालित परिवार; भीख पर आश्रित परिवार; बेघर परिवार; ऐसा परिवार जिसका कोई सदस्य बँधुआ मज़दूर हो। और जिन्हें स्वतः ही ग़रीबी रेखा से बाहर माना गया वे थे : ऐसे परिवार जिनके पास ज़िले के प्रति परिवार कृषियोग्य भूमि के औसत से दोगुना ज़मीन हो; जिन परिवारों के पास जीप या एसयूवी जैसे तीन या चार पहिया वाहन हों; ऐसे परिवार जिनके पास ट्रैक्टर, पॉवर ट्रिलर, थ्रेसर या हार्वेस्टर जैसा कोई एक कृषि उपकरण हो; ऐसे परिवार जिनका कोई एक सदस्य दस हज़ार रुपये मासिक वेतन की ग़ैर सरकारी या निजी नौकरी में हो, या किसी ऐसी सरकारी नौकरी में हो, जिसमें पेंशन का लाभ जुड़ा हो और आयकरदाता परिवार।[56]

ज़ाहिर है, स्वतः ही ग़रीबी रेखा से बाहर माने जाने के पैमाने को लेकर तो कोई मुश्किल नहीं थी, लेकिन असल सवाल यही था कि किसे ग़रीब माना जाए?

खाद्य सुरक्षा और ग़रीबी का आधार

ग़रीबी अब भी शब्दों के संजाल और परिभाषाओं में ही उलझी हुई थी। इस सबके बीच, तमाम ख़ामियों के बावजूद सार्वजनिक वितरण प्रणाली (पीडीएस)

ग़रीबों के लिए बड़ा सहारा बनकर उभरी। इसे और पुख़्ता किया 10 सितम्बर, 2013 को अस्तित्व में आए राष्ट्रीय खाद्य सुरक्षा अधिनियम ने। इसने देश में पहली बार भोजन को सांविधानिक अधिकार के दायरे में ला दिया। इसके ज़रिये लक्षित सार्वजनिक वितरण प्रणाली (टीपीडीएस) के अन्तर्गत राज सहायता प्राप्त खाद्यान्न प्राप्त करने के लिए 75 फ़ीसदी ग्रामीण आबादी और 50 फ़ीसदी शहरी आबादी को शामिल किया गया। इसके तहत पात्र व्यक्ति को हर महीने तीन, दो और एक रुपये की दर से पाँच किलो चावल, गेहूँ और मोटा अनाज देने का प्रावधान किया गया। यही नहीं, इसमें यह भी कहा गया कि अन्त्योदय अन्न योजना परिवार, जिनमें निर्धनतम व्यक्ति शामिल हैं, वे 35 किलोग्राम खाद्यान्न प्रति परिवार प्रति माह प्राप्त करते रहेंगे। इसमें गर्भवती महिलाओं को छह महीने तक प्रति माह एक हज़ार रुपये देने का भी प्रावधान था।

दो-तिहाई यानी क़रीब 67 फ़ीसदी आबादी पीडीएस के दायरे में आ गई। इसके ज़रिये 82 करोड़ से अधिक लोगों को खाद्य सुरक्षा की सांविधानिक गारंटी मिल गई। ग़रीबी और भुखमरी के ख़िलाफ़ दुनिया की यह सबसे बड़ी खाद्य सुरक्षा थी। हालाँकि संसद के भीतर और उसके बाहर इसका कम विरोध नहीं हुआ था। अर्थशास्त्रियों के एक वर्ग का मानना था कि इससे देश की अर्थव्यवस्था पर बोझ पड़ेगा। ऐसा मानने वालों में सुरजीत भल्ला भी थे, जिन्होंने 6 जुलाई, 2013 को *इंडियन एक्सप्रेस* में छपे अपने लेख (मनमोनियाज एफ़एसबी : 3 परसेंट ऑफ़ जीडीपी) में खाद्य सुरक्षा विधेयक की तीख़ी आलोचना की। उन्होंने लिखा, "खाद्य सुरक्षा बिल कुछ और नहीं बल्कि खाद्यान्न की सार्वजनिक वितरण प्रणाली है, जिसे 1970 के दशक से सारी केन्द्र सरकारें संचालित करती आ रही हैं।"

वह यहीं नहीं रुके। उन्होंने इसकी तुलना महात्मा गांधी राष्ट्रीय ग्रामीण रोज़गार गारंटी अधिनियम (मनरेगा) से भी कर डाली और उसे भी एक और घोटाला बता डाला। उनका आकलन था कि इस भारी-भरकम योजना पर हर साल देश के सकल घरेलू उत्पाद (जीडीपी) पर तीन फ़ीसदी का बोझ आएगा।[57] यह अलग बात है कि मई, 2014 में नरेन्द्र मोदी के प्रधानमंत्री बनने के बाद वही भल्ला उनकी सलाहकार परिषद के सदस्य बनाए गए।

2013 के मानसून सत्र में लोकसभा में क़रीब नौ घंटे चली बहस के बाद खाद्य सुरक्षा विधेयक को पारित किया गया था। कुछ आपत्तियों के बावजूद विपक्ष

ने भी इसका समर्थन किया था। लोकसभा में इस विधेयक को पेश करते समय सरकार ने इस खाद्य सुरक्षा कार्यक्रम को इन्दिरा गांधी के नाम पर इन्दिराम्मा अन्न योजना करने का फ़ैसला कर लिया था। खाद्य सुरक्षा विधेयक व्यक्तिगत तौर पर तत्कालीन कांग्रेस अध्यक्ष सोनिया गांधी की पहल का नतीजा था, जिसे तैयार करने में उनकी अध्यक्षता वाली राष्ट्रीय सलाहकार परिषद (एनएसी) की अहम भूमिका थी। कांग्रेस इसे 1971 के इन्दिरा गांधी के राजनीतिक रूप से बेहद सफल रहे ग़रीबी हटाओ अभियान को पूरा करने के संकल्प के तौर पर पेश करना चाहती थी।[58]

पीडीएस से सस्ता अनाज देने की योजना राजनीतिक कारणों से शुरू से सरकारों की पसन्दीदा बनी हुई है। यह उनके लिए वोट हासिल करने का ज़रिया है। छत्तीसगढ़ के इस वाक़ये पर ग़ौर कीजिए :

ग्रामीण विकास मंत्रालय द्वारा ग़रीबी रेखा का निर्धारण करने का उचित तरीक़ा तलाशने के लिए गठित समिति के अध्यक्ष नरेशचन्द्र सक्सेना ने छत्तीसगढ़ में डॉ. रमन सिंह के शासन के समय सार्वजनिक वितरण प्रणाली की भारी सफलता पर राज्य के तत्कालीन मुख्य सचिव को बधाई दी, तो उन्हें दिलचस्प प्रतिक्रिया सुनने को मिली। मुख्य सचिव ने उन्हें बताया कि छत्तीसगढ़ के विभाग दो वर्गों में बँटे हुए हैं : वोट का विभाग और नोट का विभाग। पीडीएस और नरेगा (राष्ट्रीय ग्रामीण रोज़गार गारंटी ऐक्ट) पहले वर्ग में हैं, तो खदान विभाग दूसरे वर्ग में है, जो इन दोनों कल्याणकारी कार्यक्रमों के लिए राजस्व जुटाता है और सत्तारूढ़ दल के लिए 'टेबिल के नीचे से संसाधन!'[59]

जिन दिनों देश में खाद्य सुरक्षा क़ानून को लेकर बहस चल रही थी, उन्हीं दिनों पीडीएस से जुड़ी ख़ामियों और भ्रष्टाचार को ख़त्म करने को लेकर भी मन्थन चल रहा था। उन्हीं दिनों भुखमरी और ग़रीबी के साथ एक और शब्द विमर्श में बहुत आम हो गया और यह था—लाभार्थी। ग़रीब अब लाभार्थी हो गया। चिन्ता थी कि इस लाभार्थी तक अनाज और दूसरी सरकारी योजनाओं के लाभ कैसे पहुँचें? इस पर बहस हो सकती है कि लाभार्थी को राजनीतिक शब्द माना जाए या प्रशासनिक? मगर इसी से एक नई अवधारणा उपजी, जिसे हम आज आधार के नाम से जानते हैं!

अपने बेहद व्यापक और काफ़ी हद तक भयावह रूप में 12 अंकों का आधार आज हमारी पहचान बन गया है। यूपीए सरकार ने एक गजट

अधिसूचना के ज़रिये 28 जनवरी, 2009 में—यूनिक आइडेंटिफ़िकेशन अथॉरिटी (यूआईडीआई)—का गठन किया। इसे योजना आयोग से सम्बद्ध किया गया था। यह एक बेहद महत्त्वाकांक्षी परियोजना थी। इसके अगले कुछ महीने बाद यूपीए को लोकसभा चुनाव का सामना करना था, सो इस पर तब कोई ख़ास चर्चा नहीं हुई। 22 मई, 2009 को यूपीए की सत्ता में वापसी के ठीक एक महीने बाद 23 जून, 2009 को देश की प्रतिष्ठित बहुराष्ट्रीय सूचना प्रौद्योगिकी कम्पनी इंफ़ोसिस के सह संस्थापक नन्दन नीलेकणि को यूआईडीआई का चेयरमैन बनाया गया। उन्हें कैबिनेट मंत्री का दर्जा दिया गया। राजधानी दिल्ली में कनॉट प्लेस स्थित जीवन बीमा निगम की बहुमंज़िला इमारत के तीसरे तल में उनका दफ़्तर बनाया गया। अगले साल अक्तूबर के पहले हफ़्ते में उनके दफ़्तर में एक इंटरव्यू के लिए मैं नीलेकणि से मुख़ातिब था। सरकार के साथ काम करने का उनके लिए यह नया अनुभव था और उनके उत्साह में कोई कमी नहीं थी।

मैंने उनसे पूछा था, "पहले ही राशन कार्ड, वोटर आईडी कार्ड, मनरेगा जॉब कार्ड, पैन कार्ड जैसे कई तरह के पहचान-पत्र हैं। इसमें यूनिक क्या है?"

उनका जवाब था, "पहली बात यह 12 अंकों का एक नेशनल नम्बर है। आपको यह नम्बर कहीं से भी आवंटित हो, पूरे देश में लागू होगा। इसकी वैधता की ऑनलाइन पुष्टि की जा सकती है। एक तरह से यह आपकी चलित पहचान होगा। मान लीजिए, किसी व्यक्ति को छत्तीसगढ़ के किसी गाँव से नम्बर जारी होता है, तो वह केरल में अपनी पहचान बता सकता है।"

नीलेकणि ने इसे और स्पष्ट करते हुए कहा, "हम सिर्फ़ आइडेंटिफ़िकेशन वेरीफ़िकेशन कर रहे हैं। यदि पीडीएस का रिफ़ॉर्म कर उससे आधार नम्बर को जोड़ दिया जाए, तो निश्चित रूप से पुष्टि की जा सकती है कि सम्बन्धित व्यक्ति को राशन मिला या नहीं? पहचान की ऑनलाइन पुष्टि हो जाने के बाद तय हो जाएगा कि आपके हिस्से का अनाज किसी और को नहीं दिया जा सकता। इस तरह पूरी श्रृंखला बनती है।"[60]

नीलेकणि से लिए गए इस इंटरव्यू के तीन दिन पहले ही महाराष्ट्र के नन्दुरबार ज़िले के तेंभली गाँव में हुए एक कार्यक्रम में दिहाड़ी पर काम करने वाली श्रमिक रंजना सोनावाने को प्रधानमंत्री मनमोहन सिंह और यूपीए की अध्यक्ष सोनिया गांधी की मौजूदगी में 12 अंकों का पहला आधार नम्बर दिया गया था।

सरकारें अपने कल्याणकारी कार्यक्रमों और योजनाओं को शुरू करते

समय अक्सर राजनीतिक सन्देश देने से नहीं चूकतीं। आधार के नाम से जाने गए इस विशिष्ट पहचान के बृहत् अभियान की शुरुआत के लिए नन्दुरबार को चुनने के पीछे सम्भवत: एक वजह यह भी थी कि 10 साल पहले 1998 में सोनिया गांधी ने यहाँ एक विशाल रैली को सम्बोधित कर औपचारिक रूप से राजनीति में प्रवेश किया था।[61]

आधार को लेकर निजता के सवाल भी उठ रहे थे। यदि यूपीए के पहले कार्यकाल (2004-2009) के दौरान मनरेगा को ग़रीबी-उन्मूलन के बड़े नीतिगत क़दम के तौर पर देखा गया था, तो उसके दूसरे कार्यकाल (2009-2014) में ख़ुद कांग्रेस आधार और खाद्य सुरक्षा क़ानून को गेम चेंजर की तरह देख रही थी।

हालाँकि खाद्य सुरक्षा क़ानून के अस्तित्व में आने के पाँच महीने बाद मई, 2014 में हुए चुनाव में यूपीए को इनका कोई लाभ नहीं मिला। इस चुनाव में कांग्रेस दो अंकों में सिमट गई। टू-जी स्पेक्ट्रम और कोयला आवंटन से जुड़े घोटालों ने यूपीए सरकार को कठघरे में ला दिया था (विस्तार से उल्लेख अलग अध्याय में किया गया है)।

उसी दौरान लोकपाल की स्थापना को लेकर राजधानी दिल्ली में महाराष्ट्र के रालेगन सिद्धी से आए सामाजिक कार्यकर्ता अन्ना हज़ारे की अगुआई में हुए भ्रष्टाचार विरोधी आन्दोलन ने यूपीए सरकार की लोकप्रियता को न्यूनतम स्तर पर ला दिया था। इन सबके बीच प्रमुख विपक्षी पार्टी—भारतीय जनता पार्टी ने नरेन्द्र मोदी के रूप में एक ऐसे नेता को प्रधानमंत्री पद का उम्मीदवार घोषित किया था, जिन पर केन्द्रित उसी दौरान आई एक किताब से पता चला कि कभी उनके पिता की रेलवे स्टेशन के नज़दीक चाय की दुकान थी। यह अलग बात है कि मोदी तब तक डेढ़ दशक से अधिक समय तक गुजरात के मुख्यमंत्री रह चुके थे और शासन का एक ऐसा मॉडल खड़ा कर चुके थे, जिसे 'गुजरात मॉडल' कहा जाने लगा था। हिन्दुत्व के पैरोकार उन्हें हिन्दू हृदय सम्राट भी कहने लगे थे। 2002 के गुजरात के हिन्दू-मुस्लिम दंगों के कारण उनकी छवि पर आँच आई थी। अपने इस चुनाव-अभियान और उसके बाद भी मोदी ने ख़ुद यह बताने से गुरेज़ नहीं किया कि वह बचपन में रेलवे स्टेशन पर चाय बेचते थे।

दरअसल यह तब और बड़ा मुद्दा बन गया, जब कांग्रेस नेता मणिशंकर अय्यर ने चुनाव से कुछ महीने पहले दिल्ली में 17 जनवरी, 2014 को हुए

अखिल भारतीय कांग्रेस समिति के सम्मेलन में विवादास्पद बयान दिया, "मैं वादा करता हूँ कि 21वीं सदी में नरेन्द्र मोदी कभी भारत के प्रधानमंत्री नहीं बनेंगे...लेकिन यदि वह चाहें, तो यहाँ चाय बेच सकते हैं। हम उनके लिए जगह मुहैया कराएँगे।"[62]

असल में भाजपा से प्रधानमंत्री पद का उम्मीदवार घोषित किए जाने के बाद 27 अक्तूबर, 2013 को पटना के ऐतिहासिक गांधी मैदान में अपनी पहली रैली को सम्बोधित करते हुए नरेन्द्र मोदी ने कहा था, "कांग्रेस नेता नहीं जानते कि ग़रीबी और भूख क्या होती है।" मैं ट्रेनों में चाय बेचा करता था। मैं जानता हूँ कि ट्रेनों में चढ़ना और उससे अपनी आजीविका चलाना कितना मुश्किल होता है? यहाँ तक कि रेल मंत्री को भी ट्रेनों में आने वाली समस्याओं का वैसा अनुभव नहीं है, जिनका कि मैंने सामना किया है।"[63]

यह अलग बात है कि इस भव्य रैली के लिए व्यापक तैयारियाँ की गई थीं। गांधी मैदान में चारों ओर विशालकाय एलईडी स्क्रीन लगाई गई थीं। अत्याधुनिक साउंड सिस्टम लगाए गए थे और कुल मिलाकर मंच ऐसा लग रहा था, मानो किसी सुपरस्टार के रॉक कंसर्ट के लिए सजाया गया हो।"[64]

यह अकारण नहीं है कि मोदी की तुलना अक्सर इन्दिरा गांधी की कार्यशैली से होती है, मगर मोदी की सार्वजनिक, ख़ासतौर तौर से राजनीतिक या चुनावी रैलियों में उपस्थिति जितनी भव्य ढंग से होती है, इन्दिरा गांधी उससे एकदम उलट ढंग से प्रस्तुत होती थीं। इन्दिरा अमूमन राजनीतिक सभाओं और चुनावी रैलियों में खादी की साधारण साड़ियों में नज़र आती थीं। हालाँकि बाद की इन्दिरा की ऐसी छवियाँ 1966 में प्रधानमंत्री के रूप में उनकी पहली अमेरिका-यात्रा से एकदम उलट थीं, जब वहाँ वह अपने भाषणों और अपने कपड़ों को लेकर बहुत सावधानी बरत रही थीं। वहाँ (अमेरिका) के हर कार्यक्रम के लिए उनकी साड़ी-ब्लाउज़, उनके जूते और उनके हैंडबैग का चयन क़रीने से किया गया था।[65]

2014 के पूरे चुनाव-अभियान के दौरान मोदी किसी रॉक स्टार की तरह प्रचार कर रहे थे और अपने अतीत का ज़िक्र करना नहीं भूलते थे।

वरिष्ठ पत्रकार नीलांजन मुखोपाध्याय की किताब *नरेन्द्र मोदी : द मैन, द टाइम* के आने के बाद ही भाजपा की चुनावी मशीनरी ने मोदी के बचपन में रेलवे स्टेशन पर चाय बेचने के वाक़ये को व्यापक रूप से प्रचारित किया

था। इस सन्दर्भ में मैंने जब मई 2021 में नीलांजन मुखोपाध्याय से बात की तब उन्होंने दिलचस्प जानकारी दी। नीलांजन ने अपनी किताब में वास्तव में जो लिखा था और मुझसे बातचीत में उन्होंने जो कहा, उससे स्थितियाँ भले न बदलें, लेकिन उससे यह ज़रूर पता चलता है कि अपने देश में किस तरह तथ्यों पर राजनीतिक आख्यान हावी हो जाते हैं और कैसे चुनावी विमर्श की दिशा को मोड़ देते हैं?

नीलांजन ने मुझसे कहा, "मैंने अपनी किताब में स्पष्ट लिखा है कि यह जो परिवार था (मोदी का परिवार), उनके पिताजी एक छोटे व्यवस्थित ट्रेडर थे और उनकी एक दुकान थी, जो स्टेशन के बाहर थी। आप कह सकते हैं परचून की छोटी दुकान। वहाँ वह चाय भी बना लेते थे, क्योंकि वह बाज़ार का इलाक़ा था और कुछ लोग आते-जाते रहते थे, कुछ गप-शप भी हो जाती थी और बैठकर चाय भी पी लेते थे। तब पचास या साठ के दशक में बडनगर में, बल्कि जब मैं 2012 में वहाँ गया था, तब भी वहाँ मीटर गेज लाइन मेहसाणा से लेकर तरंगा हिल जो कि एक छोटा-सा टूरिस्ट सेंटर है, तक जुड़ी हुई थी। वहाँ तक एक ट्रेन जाती थी और वापस आती थी। आप अन्दाज़ा लगा लीजिए कि मोदी जब बड़े हो रहे थे, तब उस छोटे-से स्टेशन में कितनी चाय बिकती थी, जहाँ पर ट्रेन मुश्किल से पाँच, सात, दस मिनट रुकती थी। वह उनके पिताजी के व्यवसाय का एक छोटा-सा हिस्सा था। तब मोदी स्कूल में पढ़ते थे। स्कूल से छुट्टी के बाद वह पिताजी के पास दुकान आ जाते थे।"

नीलांजन यह भी कहते हैं कि "2013 से पहले मोदी ने कभी अपनी ग़रीबी या लोअर मिडिल क्लास पृष्ठभूमि को भुनाने की कोशिश नहीं की थी।"[66]

1971 में इन्दिरा गांधी की चुनावी सफलता के पाँच दशक बाद उनका ग़रीबी हटाओ का उनका नारा परोक्ष-अपरोक्ष रूप से चुनावी राजनीति का हिस्सा बन गया। इन पाँच दशकों में ग़रीबी रेखा की परिभाषाएँ बदलती रहीं, पर 1970 के दशक के उन शुरुआती वर्षों के बाद ग़रीबों की स्थिति में वास्तव में क्या बड़ा बदलाव आया है? यह एक सापेक्ष सवाल है, लेकिन इसका एक सार्वभौमिक जवाब यह हो सकता है कि चाहे जो भी बदला हो, असमानता ख़त्म होने के बजाय बढ़ी है। जैसा कि जाने-माने अर्थशास्त्री ज्यां द्रेज कहते हैं, "मुझे लगता है कि आर्थिक अर्थों में उनकी ज़िन्दगी कुछ हद तक बेहतर हुई है, लेकिन इसकी गति अत्यन्त धीमी है। उदाहरण के लिए, वास्तविक पारिश्रमिक

में वृद्धि हुई है, लेकिन यह दो फ़ीसदी सालाना के क़रीब है, जबकि देश की प्रति व्यक्ति जीडीपी कहीं अधिक तेज़ी से बढ़ी है। सामाजिक विकास भी बहुत धीमा रहा है। उदाहरण के लिए सार्वजनिक सेवाओं की निराशाजनक गुणवत्ता और सघन रूप से व्याप्त असमानताओं में देखा जा सकता है।"

मेरे सवालों के ई-मेल से भेजे जवाब में ज्यां द्रेज ने लिखा, "मैं 1979 में भारत आया—इस नारे (ग़रीबी हटाओ) के प्रभाव को देखने में तब तक बहुत देर हो चुकी थी!" हालाँकि यह बताने की ज़रूरत नहीं है कि पिछले चार-पाँच दशकों में भारत की ग़रीबी का जिन लोगों ने ज़मीनी स्तर पर अध्ययन किया है और देश की नीतियों के निर्धारण में जिन्होंने अहम भूमिका निभाई है, उनमें ज्यां द्रेज की क्या जगह है? वह कहते हैं, "ग़रीबी रेखा कुछ और नहीं, बल्कि ग़रीबी का स्तर और रुझानों का आकलन करने का एक पारम्परिक मानदंड है। एकल, सर्व-उद्देशीय ग़रीबी रेखा जैसी कोई चीज़ नहीं होती। ग़रीबी रेखा का निर्धारण कैसे किया जाए, यह सन्दर्भ और उद्देश्य पर निर्भर करता है।"[67]

ज्यां द्रेज से जब मई, 2021 के दूसरे हफ़्ते में मेरा संवाद हो ही रहा था कि देश में कोविड-19 की दूसरी लहर ने भयावह स्थिति पैदा कर दी। इसका सर्वाधिक प्रभाव ग़रीबों पर ही पड़ा। केन्द्र और राज्य सरकारों ने सार्वजनिक वितरण प्रणाली के ज़रिये उन्हें अनाज देने की व्यवस्था कर रखी थी, लेकिन चुनौती जितनी बड़ी थी, उसके आगे यह नाकाफ़ी थी। मध्य मार्च, 2020 में देश में कोरोना वायरस के संक्रमण के मामले बढ़ने शुरू हुए थे। उसी दौरान 24 मार्च, 2020 को महज़ चार घंटे के नोटिस पर प्रधानमंत्री नरेन्द्र मोदी ने राष्ट्रव्यापी लॉकडाउन लागू करने की घोषणा की थी।[68]

इसके बाद दिल्ली-एनसीआर, मुम्बई, बेंगलुरु, अहमदाबाद से लेकर देश के विभिन्न हिस्सों से करोड़ों प्रवासी मज़दूरों को बेहद विकट और पीड़ादायक परिस्थितियों में घर लौटते देखा गया। रेल, हवाई और सड़क परिवहन बन्द होने के बावजूद ये प्रवासी मज़दूर अपनी ज़िन्दगी जोखिम में डालकर जो भी साधन मिला, उससे या फिर पैदल ही हज़ार-डेढ़ हज़ार किलोमीटर दूर स्थित अपने गाँवों की ओर निकल पड़े थे। इसे विभाजन के समय हुए पलायन के बाद दूसरी सबसे बड़ी मानवीय त्रासदी के रूप में देखा गया। मई, 2020 के दौरान जब प्रवासी मज़दूरों की घर वापसी थम नहीं रही थी, आधुनिक भारत के जाने-माने इतिहासकार रामचन्द्र गुहा ने एक इंटरव्यू में कहा, "यह

विभाजन जैसा बुरा नहीं है, क्योंकि उस समय भीषण साम्प्रदायिक हिंसा भी हुई थी। इसके बावजूद विभाजन के बाद यह भारत की सबसे बड़ी मानव निर्मित त्रासदी है।"[69]

लॉकडाउन ख़त्म होने और कोरोना की पहली लहर कमज़ोर होने और दूसरी लहर का कहर शुरू होने से पहले जब गाँव की ओर लौट चुके प्रवासी मज़दूरों की शहरों में वापसी हुई, तो उनमें से ढेर सारे लोगों को एक नई चुनौती का सामना करना पड़ा। लॉकडाउन की वजह से पाँच महीने तक राशन की निकासी न करने के कारण उनके राशन कार्ड रद्द कर दिए गए![70]

प्रवासी मज़दूरों के साथ यह एक बड़ी समस्या रही है कि वे कैसे राशन कार्ड बनाएँ या फिर राशन कार्ड से अनाज की निकासी कैसे करें? यदि वे जिन शहरों में रहते हैं, वहाँ राशन कार्ड बनवाना चाहते हैं, तो उन्हें अपना पता और पहचान बताने में अड़चन आती है। बहुतों के नाम उनके गाँव में बने राशन कार्ड में दर्ज होते हैं। इसका समाधान निकालने के लिए 2018 में एक देश एक राशन कार्ड के विचार पर काम शुरू हुआ। वित्त मंत्रालय की 11 मार्च, 2021 को जारी की गई एक विज्ञप्ति बताती है कि उस दिन तक देश के 17 राज्यों में एक देश, एक राशन कार्ड प्रणाली लागू हो चुकी थी, मगर ज़रूरतमन्दों तक राशन का अनाज न पहुँचने की चुनौती का एक दूसरा पहलू भी है और वह है, राशन कार्ड को अनिवार्य रूप से आधार से जोड़ा जाना।

दिल्ली में बनी योजनाएँ और कार्यक्रम ज़मीनी स्तर पर कैसे दम तोड़ देते हैं, यह झारखंड के सिमडेगा ज़िले के जलडेगा प्रखंड के कारीमाटी गाँव की कोयली देवी से बेहतर कौन बता सकता? 28 सितम्बर को उनकी 11 साल की बेटी सन्तोषी कुमारी ने भूख से दम तोड़ दिया था। स्थानीय प्रशासन का कहना था कि उसकी मौत मलेरिया से हुई। अख़बारों और वेब पोर्टलों पर कोयली देवी के हवाले से जो ख़बरें आईं, उनके मुताबिक़ उनकी बेटी ने पिछले आठ दिनों से कुछ नहीं खाया था। उसे स्कूल से मिलने वाला मध्याह्न भोजन भी नहीं मिला, क्योंकि दुर्गा पूजा की छुट्टियों के कारण स्कूल बन्द था।[71]

इन ख़बरों को पढ़ते हुए मुझे कालाहांडी के किडिंग गाँव की दुतिका की याद आई गई, जैसा मैंने ऊपर ज़िक्र किया है कि नवम्बर, 1996 में उनके बच्चों को स्कूल के शिक्षक की मेहरबानी से मिलने वाला मध्याह्न भोजन मिलना बन्द हो गया था, क्योंकि उस वक़्त अकाल और सूखा से जूझते पश्चिमी ओडिशा

के उस स्कूल में धान कटाई की छुट्टियाँ लग गई थीं!

हम सन्तोषी कुमारी की कहानी पर आते हैं। सम्भव है कि यह कभी पता न चले कि उसकी मौत सचमुच भूख से हुई थी, लेकिन यह सच है कि उसके परिवार को राशन की दुकान से पिछले कई महीनों से अनाज नहीं मिला था। वजह क्या थी? आधार से लिंक नहीं होने के कारण उनका राशन कार्ड रद्द कर दिया गया था। सन्तोषी कुमारी का मामला अब सुप्रीम कोर्ट में है। उसकी माँ और बहन के साथ मिलकर कुछ सामाजिक कार्यकर्ताओं ने सर्वोच्च अदालत का दरवाज़ा खटखटाया था। सन्तोषी कुमारी की माँ कोयली देवी और उसकी बहन की ओर से सुप्रीम कोर्ट में दायर याचिका कहती है, "इस दलित परिवार के पास राशन कार्ड और आधार कार्ड, दोनों ही थे, लेकिन दोनों को जोड़ा नहीं गया था। इसलिए उनका राशन कार्ड रद्द कर दिया गया था और परिवार से नए राशन कार्ड के लिए आवेदन देने के लिए कहा गया था। उन्होंने तुरन्त ही आवेदन भी कर दिया, लेकिन उन्हें आधार से लिंक के साथ नया राशन कार्ड नहीं मिल पाया था। परिवार को मार्च, 2017 से राशन की आपूर्ति बन्द कर दी गई थी और इसकी वजह से परिवार की 11 साल की बच्ची सन्तोषी की भूख से मौत हो गई।"[72]

उनकी याचिका ने मानो बर्र के छत्ते में हाथ डाल दिया। कोरोना की दूसरी लहर के बीच सन्तोषी कुमारी की माँ की याचिका पर सुनवाई के दौरान यह बेहद चिन्ताजनक तथ्य सामने आया कि 2013 से 2016 के दौरान पूरे देश में तीन करोड़ से अधिक राशन कार्ड कथित तौर पर आधार से लिंक न होने के कारण रद्द कर दिए गए। इस पर सुप्रीम कोर्ट ने केन्द्र और राज्य सरकारों से जवाब माँगा और जानना चाहा कि उन्होंने खाद्य सुरक्षा अधिनियम, 2013 के खंड 14,15 और 16 के तहत शिकायत निवारण तंत्र को अमल में लाने के लिए क्या किया?[73]

ज्यां द्रेज कहते हैं, "मैं तो सुझाव देना चाहूँगा कि ग्रामीण क्षेत्रों में (शहरी क्षेत्रों में नहीं) सार्वजनिक वितरण प्रणाली (पीडीएस) को सार्वभौमिक किया जाए और पहचान के लिए आधार आधारित बॉयोमेट्रिक सिस्टम की जगह सरल-सी स्मार्ट कार्ड प्रणाली लाई जाए।"[74]

सम्भव है कि सरकारों के पास राशन कार्ड रद्द करने के अपने तर्क हों। सरकारें अपने तर्कों से यह करतब करती रही हैं, लेकिन यह याचिका दिखाती है कि कैसे व्यवस्था के भीतर निहित स्वार्थ अपने लिए रास्ता बनाते

हैं? यह सचमुच पीड़ादायक है कि आज़ादी मिलने के सात दशकों बाद भी इस देश के ग़रीबों को अपना सांविधानिक अधिकार हासिल करने के लिए अपनी पहचान बताने की ज़रूरत पड़ती है और इसके लिए भी उन्हें ख़ासी मशक़्क़त करनी पड़ती है।

निश्चय ही, महामारी के दौर में केन्द्र और राज्य की सरकारों ने ग़रीबों और वंचितों के लिए सस्ते या फिर मुफ़्त अनाज की व्यवस्था की। केन्द्र सरकार ने 80 करोड़ लोगों को अप्रैल से नवम्बर 2020 के दौरान प्रधानमंत्री ग़रीब कल्याण अन्न योजना के तहत पाँच किलोग्राम मुफ़्त राशन देने का प्रावधान किया। इसके बाद कोरोना संक्रमण की दूसरी लहर के दौरान मई-जून, 2021 में दो महीने के लिए यह योजना फिर शुरू की गई।[75]

यदि हम 80 करोड़ का यह आँकड़ा ही देखें, तो यह देश की आबादी का क़रीब 58 फ़ीसदी होता है। यह आँकड़ा देश के नीति-नियन्ताओं के लिए चिन्ता का कारण होना चाहिए। यह दिखाता है कि देश की बड़ी आबादी को भूख और ग़रीबी से लड़ाई अभी ख़त्म नहीं हुई है। केन्द्र और राज्य की सरकारों ने ग़रीबों और वंचितों के लिए भले ही मुफ़्त या सस्ते अनाज की व्यवस्था की हो, लेकिन महामारी ने दिखाया है कि किस तरह से इस मुश्किल समय में भी ग़रीबों और अमीरों के बीच की खाई बढ़ती गई है। ग़ैर लाभकारी संगठन ऑक्सफ़ेम की रिपोर्ट बताती है कि इसी दौरान देश के शीर्ष अरबपतियों की सम्पत्ति 35 फ़ीसदी बढ़ गई।

ऑक्सफ़ेम ने विश्व आर्थिक मंच के दावोस में जनवरी 2021 में हुए सम्मेलन के दौरान भारत पर केन्द्रित एक रिपोर्ट जारी की। इस रिपोर्ट का शीर्षक ही अपने आपमें बहुत कुछ कह जाता है—द *इनइक्वालिटी वायरस, दावोस इंडिया सप्लीमेंट, 2021*। इस रिपोर्ट की शुरुआत संयुक्त राष्ट्र के महासचिव एंटोनियो गुटेरेस की इन पंक्तियों से होती है, "कोविड-19 की महामारी ने बढ़ती असमानता को रेखांकित करने में महत्त्वपूर्ण भूमिका निभाई है। इसने इस मिथक को तोड़ा है कि हम सब एक नाव में सवार हैं। हम सब जब एक समुद्र में बह रहे हैं, यह स्पष्ट है कि कुछ लोग सुपरयाट्स में सवार हैं, जबकि बाक़ी लोग बहते हुए मलबे से चिपटे हुए हैं।"

संयुक्त राष्ट्र और उसके महासचिव की भूमिका को लेकर बहस हो सकती है, मगर गुटेरेस ने जो कुछ कहा, उससे इनकार करना मुश्किल है। ऑक्सफ़ेम

की यह रिपोर्ट बताती है कि 25 मार्च, 2020 को महामारी के कारण लगाए गए देशव्यापी लॉकडाउन के दौरान देश के शीर्ष सौ अरबपतियों की सम्पत्ति में 12,97,822 करोड़ रुपये की वृद्धि हुई, जिससे भारत के 13.8 करोड़ ग़रीब लोगों में से प्रत्येक को 94,045 रुपये दिए जा सकते थे। यह रिपोर्ट दावा करती है कि महामारी के दौर में (ध्यान रहे, यह रिपोर्ट कोविड-19 की मार्च, 2021 में आई दूसरी लहर से पहले की है) भारत के अमीरों की सम्पत्ति में जो वृद्धि हुई, उस राशि से अनौपचारिक क्षेत्र के 40 करोड़ लोगों को कम-से-कम पाँच महीने तक के लिए ग़रीबी से बाहर रखा जा सकता था।[76] ग़रीबी के ख़िलाफ़ लड़ाई अब भी जारी है। जिसकी शुरुआत पाँच दशक पहले 1971 में *गरीबी हटाओ* नारे के रूप में हुई थी। ग़रीबी को अब असमानता के सन्दर्भ में देखने की ज़रूरत है। निस्सन्देह देश के करोड़ों ग़रीब लोगों के सामने दो वक़्त का भोजन जुटाना आज भी बेहद मुश्किल है, बावजूद इसके कि देश में अन्न का सरप्लस भंडार है और सरकारें बहुत सस्ते दाम या फिर मुफ़्त में भोजन उपलब्ध कराने का दावा करती हैं। कोरोना की महामारी ने दिखाया है कि स्वास्थ्य के ख़र्च के बिना ग़रीबी की कोई भी परिभाषा बेमानी होगी। शिक्षा के विस्तार के बावजूद ग़रीबी को बनाए रखने में शिक्षा की असमानता भी एक बड़ी वजह है। ग़रीबी और असमानता के लिए बढ़ती आबादी को दोष देना अपनी सांविधानिक जवाबदेही से बचने का बहाना ही है।

145 साल पहले दादाभाई नौरोजी ने औपनिवेशिक शासन में ग़रीबी का आकलन करते हुए कहा था कि देश में ग़रीबी के लिए आन्तरिक कारण नहीं, बल्कि औपनिवेशिक शासन ज़िम्मेदार है, जो देश की सम्पदा और समृद्धि को कम कर रहा है। आज जब हम देश की स्वतंत्रता की पचहत्तरवीं वर्षगाँठ मनाने के क़रीब हैं, क्या देश के नीति-नियन्ता दादाभाई नौरोजी की तरह ईमानदारी से ग़रीबी के असली कारणों को जानने की कोशिश करेंगे?

सन्दर्भ

1. Dadabhai Naoroji, Poverty of India, Poverty And Un-Britsh Rule in India, pp. 1-2, London, Swan Sonnenschein & Co, 1901
2. वही
3. T.N. Srinivason, Poverty Lines in India: Reflections after the Patna conference, Stanford Centre for International Developent Sept, 2007,

EPW, Vol. 42, Issue No. 41, 13 Oct, 2007; यह आलेख ने भी संकलित किया है, जो उनकी वेबसाइट पर उपलब्ध है।

4. A centenary history of the Indian National Congress : 1885-1985, Volume 1, p. 21
5. http://www.fao.org/3/x0172e/x0172e06.htm#P1406_137724), 8-11 August, 1994 Regional Expert Consultation, Fad-Un Bangkok, Thailand,
6. Dr. Seema Gaur Dr. N. Srinivasa Rao, Poverty Measurement in India: A Status Update, Ministry of Rural Development, Working Paper No. 1/2020, p. 22, Sept. 2020
7. India, Chronic Poverty Report, Indian Institute of Public Administration, 2011, Poverty Line Post Independent, p. 36; (Poverty Estimation In India, 5.8.2013 PRSINDIA https://www.prsindia.org/hi/theprsblog/poverty-estimation-india?, p. 20
8. Pupul Jaikar, Indira Gandhi, A Biography, p. 197
9. वही
10. The Economic Weekly, 4.9.1960
11. Pupul Jaikar, Indira Gandhi, A Biography, p. 188
12. Devinder Sharma, 8.9.2017, https://yourstory.com/2017/09/agrarian-crisis-india-at-70/amp; देविन्दर शर्मा से इस बारे में लेखक की बातचीत
13. Ramchandra Guha,India After Gandhi, p. 409
14. Pupul Jaikar, Indira Gandhi, A Biography, p. 188
15. Sagarika Ghosh,Indira India's Most Powerful Prime Minister, p. 95
16. Ministery of External Affairs, Press Relation Section, 30.3.1966, PIB Archive
17. वही
18. वही
19. Pupul Jaikar, Indira Gandhi, A Biography, p. 191
20. Ramchandra Guha, India After Gandhi, p. 409
21. वही, पृ. 410
22. Pupul Jaikar, Indira Gandhi, A Biography, p. 197
23. Gyan Prakash, Emergency Chronical Indira Gandhi & Democracy's Turning Point, p. 135
24. Sagarika Ghosh,Indira India's Most Powerful Prime Minister, p. 103
25. Jairam Ramesh, Intertwined Lives: P.N. Haksar and Indira Gandhi, pp. 86-87
26. Pupul Jaikar,Indira Gandhi, A Biography, p. 188

27. Jairam Ramesh,Intertwined Lives: P.N. Haksar and Indira Gandhi, pp. 106, 137
28. P. Chidambaram, Across the aisle: She put the poor on the agenda, 26.11.2017, Indian Express
29. 15 अगस्त, 1967 को लाल क़िले से दिया गया प्रधानमंत्री का भाषण, पीआईबी, आर्काइव से
30. Ramchandra Guha, India After Gandhi, 436
31. Run Over the Banks, Inder Malhotra, Indian Express, 10.7.2009
32. Ramchandra Guha, India After Gandhi, p. 441; Jairam Ramesh, Intertwined Lives : P.N. Haksar and Indira Gandhi, p. 185
33. Pupul Jaikar, Indira Gandhi, A Biography, p. 216
34. Jairam Ramesh, Intertwined Lives: P.N. Haksar and Indira Gandhi, p. 186
35. Jairam Ramesh, Intertwined Lives: P.N. Haksar and Indira Gandhi, p. 187
36. जयराम रमेश से ई-मेल के ज़रिये लेखक द्वारा लिया गया इंटरव्यू
37. वही
38. India, Chronic Poverty Report, Indian Institute of Public Administration, 2011, Poverty Line Post Independent, p. 14 http://www.chronicpoverty.org/uploads/publication_files/India%20Chronic%20Poverty%20Report.pdf
39. इन्दिरा गांधी, चुने हुए भाषण और लेख, 1972-1977, खंड तीन, पृ. 41, प्रकाशन विभाग, सूचना और प्रसारण मंत्रालय
40. India, Slow to Grasp Oil Crisis, Now Fears Severe, Economic Loss, 20 Jan, 1974, New York Times
41. Kaushik Basu Understanding Inflation and Controlling IT Institute of Applied Manpower Research, Planning Commission, Government of India, p. 4; लोकसभा सदस्यों को लोकसभा सचिवालय द्वारा मूल्यवृद्धि/मुद्रास्फीति को लेकर दिए गए नोट के आधार पर, लोकसभा की आर्काइव से
42. 15 अगस्त, 1977 को लाल क़िले की प्राचीर से दिए गए प्रधानमंत्री मोरारजी देसाई के भाषण के अंश, प्रसार भारती के आर्काइव से
43. https://www.indiaspend.com/indias-unchanging-statistic-400-million-poor-over-30-years
44. The original ratham, The Hindu, 17.4.2009
45. Andhra Pradesh finds it difficult to supply rice under NTR popular Rs. 2 a kg. rice scheme, India Today, 15.11.1986
46. 2 नवम्बर, 2007 को जारी यूनएआई की ख़बर

47. New recipe for election success, Hindustan Times, 10.12.2008
48. सुदीप ठाकुर, पति फाँसी पर झूल गया था, बीवी-बच्चे भूखे मर रहे हैं, 18 नवम्बर, 1996, देशबन्धु, रायपुर
49. Orissa: Drought, famine force women in Kalahandi to abandon and sell their children, India Today, 31.7.1985; Kalahandi: Exercise In Futility, India Today, 31.01.1986
50. Shankar Aiyar, Public distribution system turns out to be an abject failure, multi-crore rupee scam, October 3, 2005, India Today
51. वही
52. Economic Survey 2003-04, Poverty, p. 204
53. Report of the Expert Group To Review The Methodology For Estimation of Poverty, Government of India, Planning Commission, Nov. 2009
54. 37.2% of India is in poverty by criterion of consumption, Indian Express, 9 Dec., 2009
55. Poverty Line Low, Need to Revisit Methodology: Ahluwalia, Outlook, 29.7.2013
56. Report of the Expert Group to advice the Ministry of Rural Devlopment on the Methodolgy for conducting the Below Poverty Line (BPL) Census for 11th Five Year Plan, August, 2009
57. Manmonia's FSB: 3% of GDP, Sujjeet Bhalla, 6.7.2013, Indian Express https://indianexpress.com/article/opinion/columns/manmonias-fsb-3-of-gdp/
58. Government finalises new name 'Indiramma Anna Yojana' for PDS, 29 Oct., 2013, (PTI)
59. Naresh Chandra Saxena, What Ails The IAS And Why It Fails To Deliver, An Insider's View, p. 96
60. सुदीप ठाकुर, इस पहचान में जान है, 3 अक्तूबर, 2010, अमर उजाला
61. Ranjna Sonwane is Now 12 DigiT.N.o, The Times of India, 30.09.2010
62. Modi can never become PM, can sell tea: Mani Shankar Aiyar, 17 Jan., 2014 Indian Express
63. Narendra Modi rocks Patna, record crowd at Hunkar rally, 27 October, 2013, India Today
64. वही
65. Pupul Jaikar, p. 189
66. *नरेन्द्र मोदी, द मैन, द टाइम* के लेखक और वरिष्ठ पत्रकार नीलांजन मुखोपाध्याय से लेखक की बातचीत

67. ज्यां द्रेज द्वारा लेखक को ई-मेल से भेजे गए जवाब
68. PM Modi announces 21-day lockdown as COVID-19 toll touches 12 , The Hindu 25 March, 2020, https://www.thehindu.com/news/national/pm-announces-21-day-lockdown-as-covid-19-toll-touches-10/article31156691.ece
69. Migrant woes 'greatest manmade tragedy' in India since Partition: Ramchandra Guha The Hindu 24 May, 2020 https://www.thehindu.com/news/national/migrant-woes-greatest-manmade-tragedy-in-india-since-partition-ramchandra-guha/article31663219.ece
70. Poor migrant workers return to Mumbai, find ration card suspended, 26.4.2021, The Times of India
71. Denied food because she did not have Aadhaar-linked ration card, Jharkhand girl dies of starvation, 16.10.2017, scroll.in https://scroll.in/article/854225/denied-food-because-she-did-not-have-aadhaar-linked-ration-card-jharkhand-girl-dies-of-starvation
72. सन्तोषी कुमारी की माँ कोयली देवी तथा अन्य लोगों की ओर से सुप्रीम कोर्ट में दायर याचिका
73. Supreme Court Notice to Centre, states on plea on ration card cancellation, 18 March Indian Express
74. ज्यां द्रेज से लेखक का ई-मेल पर संवाद
75. मई-जून महीने में देश के 80 करोड़ लोगों को फिर मिलेगा पाँच किलो ज़्यादा मुफ़्त राशन https://www.gaonconnection.com/desh/second-wave-of-corona-rural-india-fever-cough-cold-cases-rise-treatment-with-the-help-of-medical-store-49111?infinitescroll=1
76. The Inequality Virus Davos India Supplement 2021, Oxfam India

प्रिवी पर्स

राजशाही का ख़ात्मा और लोकतंत्र की जाज़िम

वह सिर्फ़ 19 बरस के थे, मगर थे तो राजा ही। लिहाज़ा, वह यह आशंका दूर कर लेना चाहते थे कि विलय के बाद उनकी रियासत और ख़ुद उनकी हैसियत क्या रह जाएगी? वह जानना चाहते थे कि उड़ीसा प्रान्त (अब ओडिशा) में उनकी रियासत के विलय के बाद क्या वह विधानसभा का चुनाव लड़ सकेंगे? यह उड़ीसा की एक छोटी-सी रियासत रणपुर के युवा राजा ब्रजेन्द्र चन्द्र सिंहदेव ब्रजेन्द्र नरेन्द्र महापात्र अर्थात बी.सी.एस.डी.बी.एन. महापात्र थे और उनके सामने थे, उनसे उम्र में क़रीब चार गुना बड़े और स्वतंत्र भारत के पहले क़द्दावर उपप्रधानमंत्री और रियासत मामलों के मंत्री सरदार वल्लभभाई पटेल। उड़ीसा की रियासतों के विलय के सिलसिले में राज्य की तत्कालीन राजधानी कटक पहुँचे सरदार पटेल ने रणपुर के इस युवा राजा की जिज्ञासा को शान्त करते हुए कहा कि उड़ीसा का नागरिक होने के नाते उन्हें इसका पूरा अधिकार होगा। वह यहीं नहीं रुके, उन्होंने ब्रजेन्द्र चन्द्र सिंहदेव से कहा, "सँकरे कुएँ में छलाँग लगाने के बजाय वह चाहें, तो समन्दर में भी गोता लगा सकते हैं!"[1]

इससे एक दिन पहले ही 13 दिसम्बर, 1947 को सरदार पटेल कटक पहुँचे थे। उड़ीसा में तब छोटी-बड़ी 26 रियासतें थीं, जिन्हें देश की बाक़ी रियासतों की तरह वर्ष 1945-46 की राजस्व प्राप्तियों के आधार पर ए, बी और सी श्रेणियों में बाँटा गया था। राजस्व-प्राप्ति के आधार पर ही राजाओं को विलय के एवज़ में दी जाने वाली सुविधाएँ और भत्ते वग़ैरह तय होने थे। राजाओं को दिया जाने वाला यह भत्ता कुछ उसी तरह का था, जो उन्हें ब्रिटिश साम्राज्यवाद

की अधीनता स्वीकार करने के बाद मिल रहा था। यह भत्ता प्रिवी पर्स (बाद में जिसे शासकों की निजी थैली भी कहा गया) कहलाता था।

उड़ीसा के प्रधानमंत्री हरेकृष्ण मेहताब को एहसास था कि बड़ी रियासतों के विलय में अड़चन आ सकती है। दरअसल, इन रियासतों के राजा प्राविंस के बजाय सीधे केन्द्र के अधीन रहकर अपना स्वतंत्र अस्तित्व बनाए रखना चाहते थे। मेहताब चाहते थे कि ख़ुद सरदार पटेल कटक आएँ और इस मसले को निपटाएँ, मगर सरदार के सचिव वी.पी. मेनन को लग रहा था कि इसमें जोखिम हो सकता है। मेनन चाहते थे कि पहले वह ख़ुद वहाँ जाएँ और यदि वह विलय में नाकाम रहते हैं, तब मंत्री महोदय को वहाँ आना चाहिए, क्योंकि यदि दोनों एक साथ गए और दोनों नाकाम हो गए तो सन्देश ग़लत जाएगा। आख़िर में सरदार पटेल ने तय किया कि वह और मेनन एक साथ ही जाएँगे। इस तरह सरदार पटेल अपने सचिव वी.पी. मेनन और कुछ अन्य अधिकारियों के साथ 13 दिसम्बर को दिल्ली से विमान से कटक पहुँच गए। वहाँ पहुँचने के तुरन्त बाद सरदार पटेल और मेनन ने उड़ीसा के गवर्नर, प्रधानमंत्री और अन्य मंत्रियों के साथ लम्बी वार्ता की और तय किया कि ए, बी और सी, तीनों ही श्रेणियों की रियासतों के विलय के लिए एक ही तरीक़ा अपनाया जाएगा। रात में ही राजाओं के साथ होने वाली बैठकों में रखे जाने वाले मेमोरेंडम की छपाई करवाई गई। अगले दिन सुबह दस बजे से 'बी' और 'सी' श्रेणी की रियासतों के 12 शासकों के साथ बैठक शुरू हुई।[2]

बैठक में रणपुर के राजा ब्रजेन्द्र चन्द्र सिंहदेव ब्रजेन्द्र नरेन्द्र महापात्र अपनी माँ रणपुर रियासत की राजमाता बसन्तमंजरी देवी के साथ उपस्थित हुए थे।[3]

वैसे नवम्बर, 1947 में ही सरदार पटेल का कटक और नागपुर जाने का कार्यक्रम तय हो गया था। इसके मुताबिक़ उन्हें 13 दिसम्बर को कटक पहुँचकर अगले दिन यानी 14 दिसम्बर को उड़ीसा के राजाओं से मिलकर उनकी रियासतों के विलय की मंज़ूरी लेनी थी, तो नागपुर में छत्तीसगढ़ के राजाओं से। उन्हें 15 दिसम्बर को कटक से नागपुर जाना था। उससे पहले कटक में उनका कार्यक्रम काफ़ी व्यस्त था।

14 दिसम्बर की सुबह बैठक की कार्रवाई शुरू करते हुए सरदार पटेल ने राजाओं से कहा, "उड़ीसा के शासकों और यहाँ के लोगों की सुरक्षा को ख़तरा है। हालात ऐसे हैं कि तुरन्त हल निकालने की ज़रूरत है।" फिर उन्होंने

कहा कि वह ख़ुद कटक इसलिए आए हैं, ताकि शासकों को दोस्ताना सलाह दे सकें। वह कोई पुराने शासकों या विदेशी ताक़त के प्रतिनिधि बनकर नहीं आए हैं, बल्कि परिवार के एक सदस्य के रूप में आए हैं। उन्होंने शासकों को विलय की सलाह दी और आश्वासन दिया कि इसके बदले में भारत सरकार उन्हें विशेषाधिकार और उनके सम्मान की गारंटी देती है।[4]

दरअसल 15 अगस्त, 1947 से ठीक पहले अधिकांश राजाओं ने विलय से सम्बन्धित समझौते पर हस्ताक्षर तो कर दिए थे, लेकिन उन्हें तब भी भ्रम था कि 'इंस्ट्रूमेंट ऑफ़ एक्सेशन' ब्रिटिश राज के साथ किए गए पूर्व के समझौते की तरह है और रक्षा, विदेश मामले तथा संचार जैसे मामले ही केन्द्र के पास होंगे और उन्हें बाक़ी मामलों में पूरी स्वायत्तता होगी।[5]

पर स्वतंत्र भारत की सरकार ऐसे किसी भ्रम में नहीं थी। सरदार रियासतों का पूर्ण विलय चाहते थे।

महाराजाओं, राजाओं या नवाबों को विलय के लिए राज़ी करना आसान नहीं था। ख़ुद सरदार पटेल ने क़रीब एक साल बाद 4 नवम्बर, 1948 को नागपुर में राज्य सलाहकार बोर्ड की बैठक में कटक की उस यात्रा को याद करते हुए बताया था कि कैसे कुछ रियासतों के राजा अन्त तक विलय के समझौते पर हस्ताक्षर के लिए तैयार नहीं हुए थे और कैसे उन्होंने 15 दिसम्बर को नागपुर रवाना होने से पहले रेलवे स्टेशन पहुँचने के बाद भी आख़िरी प्रयास जारी रखा। सरदार ने कहा, "मैं जब ट्रेन में इन्तज़ार कर रहा था, उस समय मेरे सचिव (वी.पी. मेनन) राजाओं के साथ ही थे। राजाओं ने विलय के समझौते पर हस्ताक्षर किए और फिर समझौता-पत्र मेरे पास भेजे गए।"[6]

हुआ कुछ यूँ था कि उड़ीसा की 'बी' और 'सी' श्रेणी की रियासतों के विलय को अन्तिम रूप देने के बाद 14 दिसम्बर, 1947 को दोपहर में ए श्रेणी की रियासतों के राजाओं के साथ बैठक शुरू हुई। कई घंटों की बातचीत के बाद उड़ीसा की बोध, ढेंकानाल, गंगपुर, कालाहांडी, पटना, सरायकेला और सोनपुर जैसी रियासतों के राजाओं ने विलय के समझौते पर हस्ताक्षर तो कर दिए थे, लेकिन जैसा कि वी.पी. मेनन ने बाद में लिखा, "काट-छाँट और संशोधनों के कारण समझौता पत्र ऐसे लग रहे थे, जैसे प्रूफ रीडर ने कॉपी में काट-छाँट कर रखी हो।"

आगे वह लिखते हैं, "पिछली रात दस बजे से लेकर 15 दिसम्बर की

सुबह नौ बजे तक शासक और मैं लगातार समझौतों पर काम करते रहे। उस समय सरदार अपनी टीम के अन्य लोगों के साथ रेलवे स्टेशन पर मेरा इन्तज़ार कर रहे थे। क़रीब दो घंटे बाद ही मैं वहाँ पहुँच सका। मैंने जब उन्हें 'ए' श्रेणी की रियासतों के विलय के समझौते सौंपे तो वह बहुत ख़ुश हुए। वहीं मुझे हरेकृष्ण मेहताब ने स्मृति-चिह्न के रूप में चाँदी का सिगरेट का एक डिब्बा दिया।...इसके बाद हम भुवनेश्वर के लिए रवाना हुए, जहाँ से हमें नागपुर के लिए विमान पकड़ना था।"[7]

नरेन्द्र मंडल और प्रजा मंडल

1945-46 के समय घटना-क्रम इतनी तेज़ी से घट रहे थे कि कोई ठीक से अन्दाज़ा भी नहीं लगा सकता था कि अंग्रेज़ किस हाल में भारत को छोड़कर जाएँगे? तय दिख रहे देश के विभाजन की तस्वीर साफ़ नहीं थी। विभाजन के बाद जो पाकिस्तान बनेगा, वह कैसा होगा और उसमें कौन-कौन से हिस्से शामिल होंगे? शेष बचे भारत की स्थिति कैसी होगी? रियासतों का क्या होगा—इन सवालों के ठीक-ठीक जवाब शायद किसी के पास नहीं थे। हैरत नहीं, ऐसे ही माहौल में लन्दन में बैठे ब्रिटिश प्रधानमंत्री विंस्टन चर्चिल ने तो भारत के तीन टुकड़े—पाकिस्तान, हिन्दुस्तान और प्रिंसिस्तान—करने की सलाह तक दे दी थी।[8]

ऐसे ही माहौल में 24 मार्च, 1946 को लन्दन से कैबिनेट मिशन दिल्ली पहुँचा था, जिसे सत्ता हस्तान्तरण की रूपरेखा को अन्तिम रूप देना था। कैबिनेट मिशन तीन सदस्यीय एक समिति थी, जिसमें लॉर्ड पैथिक लारेंस (विदेश मंत्री, भारत सम्बन्धी मामले), सर स्टेफ़र्ड क्रिप्स (व्यापार बोर्ड के सचिव) और ए.वी. एलेक्ज़ेंडर (एडमिरैलिटी के प्रथम लॉर्ड) शामिल थे। भारत आने के बाद कैबिनेट मिशन ने दो प्रमुख पक्ष कांग्रेस और मुस्लिम लीग के नेताओं के साथ ही विभिन्न रियासतों के शासकों से मुलाक़ात और वार्ता शुरू की। कैबिनेट मिशन के सामने पाँच सौ से अधिक बिखरी हुई रियासतों के शासकों के भविष्य को लेकर किसी सहमति तक पहुँचने की एक बड़ी चुनौती थी। वैसे रियासतों को आम तौर पर ब्रिटिश राज का हिमायती ही माना जाता था। ब्रिटिश राज ने राजाओं से सीधे संवाद के लिए 1920 में चैम्बर ऑफ़ प्रिंसेस की स्थापना कर रखी थी, जिसे नरेन्द्र मंडल भी कहा जाता था। इसके पहले चांसलर या प्रमुख बीकानेर के महाराजा गंगासिंह थे। इसी के साथ राजा ने

एक पॉलिटिकल डिपार्टमेंट भी बना रखा था, जो कि चैम्बर ऑफ़ प्रिसेंस और लन्दन में बैठी सरकार के बीच संवाद का जरिया था।

इधर, विभाजन को लेकर कांग्रेस के भीतर काफ़ी उथल-पुथल थी। महात्मा गांधी, जवाहरलाल नेहरू, सरदार वल्लभभाई पटेल से लेकर जे.बी. कृपलानी तथा मौलाना आज़ाद जैसे दिग्गज अपने-अपने ढंग से विभाजन को टालने की कोशिश कर चुके थे। तत्कालीन परिस्थितियों में विभाजन के अलावा शायद कोई और विकल्प बचा ही नहीं था। दरअसल, इतिहास में कुछ घटनाओं की निष्पत्तियाँ तय होती हैं, जिन्हें टालना मुश्किल होता है और देश का विभाजन भी ऐसी ही घटना थी। उस दौर में कई घटना-क्रम एक साथ चल रहे थे। कैबिनेट मिशन ने संविधान-सभा के गठन का सुझाव दिया था, जिस पर मन्थन शुरू हो गया था। कांग्रेस में स्थगित अध्यक्ष के चुनाव का मसला महात्मा गांधी के हस्तक्षेप से सुलझाया जा चुका था। देश जब आज़ादी की ओर बढ़ रहा था, जवाहरलाल नेहरू कांग्रेस के अध्यक्ष बन चुके थे और इसी हैसियत से वाइसरॉय लॉर्ड वेवेल ने 22 जुलाई, 1946 को उन्हें पत्र भेजकर भारत की अन्तरिम सरकार के गठन के लिए आमंत्रित किया।[9]

इसके बाद 2 सितम्बर, 1946 को नेहरू ने सरकार का गठन किया। वैसे वाइसरॉय होने के नाते लॉर्ड वेवेल इस अन्तरिम सरकार के प्रमुख थे और नेहरू कार्यकारी परिषद के उपाध्यक्ष बनाए गए, हालाँकि उनका यह पद प्रधानमंत्री जैसा ही था। उनके बाद पटेल थे, जिन्हें गृह मंत्रालय जैसी अहम ज़िम्मेदारी दी गई थी।

गृह मंत्री बनने के बाद सरदार पटेल ने अपनी पसन्द के कुछ अधिकारियों की तैनाती की। इनमें एक दक्षिण भारतीय वपल पनगुन्नी मेनन यानी वी.पी. मेनन भी थे, भविष्य में जिनका नाम सरदार पटेल के साथ हमेशा के लिए जुड़ जाना था। मेनन तब अंग्रेज़ी राज में रिफ़ॉर्म्स कमिश्नर थे। अन्तरिम सरकार अंग्रेज़ी राज के साथ सत्ता हस्तान्तरण पर काम कर ही रही थी, कि विभाजन के अन्देशे में देश में कई जगह साम्प्रदायिक तनाव भी फैल गया था। इसी दौरान कैबिनेट मिशन की योजना के मुताबिक़ संविधान-सभा के चुनाव भी हो गए। संविधान-सभा में रियासतों के प्रतिनिधियों की उपस्थिति का ख़ास मतलब था। आज हम भारत को जिस रूप में देख पा रहे हैं, वह दरअसल पाँच सौ से अधिक रियासतों के एकीकरण के लिए की गई लम्बी क़वायद का नतीजा है।

अंग्रेज़ी राज के साथ स्वतंत्रता और विभाजन को लेकर चल रही बातचीत

और संविधान-सभा में स्वतंत्र भारत के सांविधानिक ढाँचे को लेकर हो रहे विमर्श के बीच अनेक राजाओं को लग रहा था कि वे अपना स्वतंत्र अस्तित्व बनाए रख सकते हैं। यही वजह है कि 9 दिसम्बर, 1946 को जब संविधान-सभा की पहली बैठक हुई, तो क़रीब आधी सीटें ख़ाली ही थीं। मुस्लिम लीग के सदस्य इस बैठक से दूर रहे। उनके अलावा रियासतों के शासकों के लिए आरक्षित रखी गई 93 सीटें भी ख़ाली थीं क्योंकि राजा-महाराजा अंग्रेज़ी राज के ख़ात्मे के बाद अपना स्वतंत्र अस्तित्व बनाए रखना चाहते थे।[10]

इस बीच, 22 मार्च, 1947 को नए वाइसरॉय लॉर्ड माउंटबेटन भारत पहुँच गए। माउंटबेटन की सबसे बड़ी ज़िम्मेदारी यही थी कि वह जितनी जल्दी हो सके, हिज़ मेजेस्टी गवर्नमेंट यानी अंग्रेज़ी राज के निर्णय के मुताबिक़ भारतीयों को सत्ता हस्तान्तरित करें।[11]

इस सिलसिले में उन्होंने अप्रैल के पहले हफ़्ते में रियासतों के शासकों की आम सभा बुलाई। हालाँकि इसमें उन्हें कुछ ख़ास सफलता नहीं मिली। अनेक राजा संविधान-सभा में शामिल होने को तैयार ही नहीं थे। इसके कुछ दिन बाद, 18 अप्रैल को ऑल इंडिया स्टेट्स पीपुल्स कॉन्फ्रेंस के अध्यक्ष जवाहरलाल नेहरू ने राजाओं और नवाबों को दो टूक सन्देश दिया कि जो भी रियासत संविधान-सभा में शामिल नहीं होगी, उसके साथ देश शत्रु राज्य की तरह बर्ताव करेगा।[12]

यह ऑल इंडिया स्टेट्स पीपुल्स कॉन्फ्रेंस दरअसल रियासतों की जनता का मंच था, जिसे राजाओं की सभा नरेन्द्र मंडल की तर्ज़ पर प्रजा मंडल भी कहा जाता था। इसकी पहली बैठक 1927 में हुई थी और उसे कांग्रेस का पूरा समर्थन हासिल था। इसी पृष्ठभूमि में 'गवर्नमेंट ऑफ़ इंडिया ऐक्ट, 1935' के तहत 1937 में प्रान्तीय एसेम्बलियों के चुनाव हुए थे, जिनमें छह प्रान्तों में कांग्रेस को विजय मिली थी और दो प्रान्तों, असम तथा नॉर्थ-वेस्ट फ्रंटियर प्राविंस में कुछ निर्दलीयों के समर्थन से वह सरकार बनाने में सफल हो गई थी। प्रान्तीय चुनाव में कांग्रेस को मिली भारी सफलता का असर स्टेट्स (रियासतों) में भी हुआ और वहाँ भी नागरिक-आज़ादी और जवाबदेह सरकार की नियुक्ति के लिए आन्दोलन तेज़ हो गए। मैसूर, त्रावणकोर, कश्मीर, हैदराबाद, जयपुर, राजकोट और उड़ीसा की कई रियासतों में उपद्रव होने लगे। उड़ीसा के रणपुर में तो पॉलिटिकल एजेंट की हत्या तक कर दी गई। वही रणपुर, जहाँ के युवा

राजा ब्रजेन्द्र सिंह सरदार पटेल से मुख़ातिब थे।[13]

नेहरू के सन्देश के बाद 28 अप्रैल, 1947 को बड़ौदा, बीकानेर, कोचीन, जयपुर, जोधपुर, पटियाला और रीवा रियासतों के प्रतिनिधियों ने संविधान-सभा में अपनी सीटें सँभाल लीं।[14] इतिहासकार रामचन्द्र गुहा अपनी किताब *इंडिया आफ़्टर गांधी* में लिखते हैं कि "प्रिंसेज़ यानी राजा नेहरू को पसन्द नहीं करते थे, यहाँ तक कि उनसे डरते भी थे। सौभाग्य से कांग्रेस ने रियासतों की समस्या को सुलझाने की ज़िम्मेदारी व्यावहारिक प्रशासक सरदार वल्लभभाई पटेल को सौंपी।"[15]

सरदार ने सँभाली कमान

27 जून, 1947 को अन्तरिम सरकार में रियासतों के एकीकरण के लिए रियासत विभाग की स्थापना की गई। सरदार पटेल को इस विभाग की ज़िम्मेदारी सौंपी गई। सरदार पटेल ने अपने विश्वसनीय सहायक वी.पी. मेनन को इस विभाग का सचिव नियुक्त कर दिया।[16]

इससे पहले जून के तीसरे हफ़्ते में कांग्रेस कार्यसमिति ने माउटंबेटन द्वारा प्रस्तावित विभाजन के प्रस्ताव को मंज़ूरी दे दी थी। माउंटबेटन ने सभी पक्षों से बात करने के बाद जो प्रस्ताव तैयार किया था, उसे लन्दन में बैठी अंग्रेज़ सरकार ने 'इंडियन इंडिपेंडेंस ऐक्ट, 1947' के ज़रिये 3 जून, 1947 को मंज़ूरी दे दी थी। इसमें ब्रिटिश भारत के विभाजन को अन्तिम रूप दे दिया गया था। रियासतों को यह अधिकार दिया गया था कि वे भौगोलिक स्थितियों और लोगों की इच्छाओं के अनुरूप भारत या पाकिस्तान में रह सकती हैं।

माउंटबेटन-प्रस्ताव को मंज़ूर करने के लिए अखिल भारतीय कांग्रेस की दिल्ली में बैठक हुई। इस प्रस्ताव को मंज़ूरी भारी मन से दी गई थी। यह प्रस्ताव 157 के मुक़ाबले 27 मतों से पारित हुआ था। 32 सदस्य तटस्थ थे। इसके क़रीब दो दशक बाद नरहर विष्णु गाडगिल (एन.वी. गाडगिल) ने इस बैठक के बारे में लिखा, "कांग्रेस के मेरे चालीस साल के जीवन में शोक प्रस्तावों को छोड़कर यही एकमात्र ऐसा प्रस्ताव था, जिसे मौन के साथ स्वीकार किया गया।"[17]

विभाजन के प्रस्ताव के पारित होने से पहले ही सरदार पटेल ने रियासतों के विलय पर काम शुरू कर दिया था। वह रियासतों के राजाओं, महाराजाओं और नवाबों से अपने 1, औरंगज़ेब रोड स्थित आवास पर दोपहर के भोजन

पर मिलने लगे थे। सरदार पटेल अंग्रेज़ों के भारत छोड़ने से पहले रियासतों का मसला पूरी तरह से निपटा लेना चाहते थे। उन्होंने माउंटबेटन के सामने भी अपने इरादे ज़ाहिर कर दिए थे। इसे लेकर सरदार पटेल और माउंटबेटन के बीच दिलचस्प संवाद भी हुआ :

रियासतों के मसले को लेकर माउंटबेटन से हुई मुलाक़ात में सरदार पटेल ने कहा, "आप मुझे ऐप्पल (सेब) की पूरी टोकरी देंगे, तभी मुझे आपका प्रस्ताव मंज़ूर होगा।"

लॉर्ड माउंटबेटन ने पूछा, "क्या मतलब?"

सरदार पटेल—"मैं तो पूरे 565 ऐप्पल से भरी टोकरी लूँगा। यदि दो-तीन ऐप्पल्स भी कम हुए तो सौदा रद्द।"

लॉर्ड माउंटबेटन—"मैं पूरी तरह स्वीकार नहीं कर सकता, लेकिन मैं अपनी तरफ़ से पूरी कोशिश करूँगा। और यदि मैं आपको 560 ऐप्पल दूँ तो?"

सरदार पटेल—"हाँ, मैं विचार कर सकता हूँ।"[18]

सरदार पटेल ने राजाओं से दो टूक कह दिया था कि वे विलय के प्रस्ताव को स्वीकार कर लें और समझौते पर हस्ताक्षर करें वरना 15 अगस्त के बाद वह उनके साथ कड़ाई से पेश आएँगे।

वास्तव में सरदार पटेल के लिए तीन ऐप्पल चुनौतीपूर्ण हो रहे थे और ये थे—कश्मीर, हैदराबाद और जूनागढ़ जिन्हें हासिल करने में अन्ततः वह सफल रहे।

सरदार पटेल और वी.पी. मेनन यह महसूस कर रहे थे कि चूँकि शासक विलय के साथ हमेशा के लिए अपनी रियासत का स्वतंत्र अस्तित्व ख़त्म कर रहे हैं, इसलिए बदले में उन्हें कुछ दिया जाना चाहिए। तय किया गया कि रियासतों के आकार और उनके राजस्व के आधार पर उन्हें प्रिवी पर्स दिया जाएगा, साथ ही कुछ अन्य सुविधाएँ भी। सरदार पटेल ने महसूस किया कि प्रिवी पर्स को कर-मुक्त होना चाहिए, महल सहित उनकी निजी सम्पत्ति उनके पास ही रहे, गद्दी पर उत्तराधिकार सुनिश्चित हो, शासक, उसकी पत्नी, उसकी माँ और उसके वारिसों के विशेषाधिकार सुरक्षित रहें।[19]

प्रिवी पर्स और राजाओं को दी जाने वाली सुविधाओं पर संविधान-सभा में भी काफ़ी मशक़्क़त चल रही थी। देखते-ही-देखते 15 अगस्त, 1947 भी नज़दीक आ गया और अन्ततः विभाजन के साथ ही भारत स्वतंत्र हो गया। विभाजन के समय प्रिंसली स्टेट्स भारत के दो बटे पाँच हिस्से तक फैले थे और

वहाँ तब की 28 फ़ीसदी आबादी रहती थी। कुछ रियासतें आकार में इंग्लैंड या फ्रांस जितनी बड़ी थीं, तो कुछ एक वर्ग मील से भी कम में सिमटी हुई थीं।[20]

वास्तविकता यह है कि स्वतंत्रता-प्राप्ति के समय तक रियासतों के विलय की प्रक्रिया पूरी नहीं हुई थी। इसके पूरा होने में स्वतंत्रता मिलने के बाद डेढ़ साल से अधिक का वक़्त लगा।

राजाओं-महाराजाओं के लिए अपनी रियासतों के विलय का फ़ैसला आसान नहीं था। आम तौर पर राजा, महाराजा और नवाब जैसा जीवन जी रहे थे, उसे छोड़ने को वे तैयार नहीं थे, मगर आज़ादी मिलने के बाद धीरे-धीरे उनमें बदलाव भी आया और वे हक़ीक़त से रू-ब-रू भी हुए। नई परिस्थितियों में उनमें से अनेक राजाओं ने अपने लिए नई राह भी चुनी। मसलन, मंडी के राजा और कच्छ के महाराजाओं को विदेशों में राजदूत नियुक्त किया गया तो कुछ राजा विदेश मंत्रालय से जुड़ गए। कुछ राजाओं के बेटे या वे ख़ुद सेना में लेफ़्टिनेंट जैसे पद से जुड़ गए।[21]

रणपुर के राजा ने लगाया गोता

मगर ऐसे राजाओं की संख्या कहीं अधिक थी, जिन्होंने 'समन्दर में गोता लगाना' पसन्द किया, जैसा कि 14 दिसम्बर, 1947 की उस सुबह कटक में सरदार पटेल ने रणपुर के युवा राजा से कहा था। मसलन, बीकानेर के महाराजा कर्णी सिंह और डूंगरपुर के महाराजा लक्ष्मण सिंह लोकसभा का चुनाव जीतने में सफल हुए। ये तो सिर्फ़ चन्द नाम हैं, ऐसे अनेक राजा थे।[22]

और रणपुर के राजा ब्रजेन्द्र चन्द्र सिंहदेव ब्रजेन्द्र नरेन्द्र महापात्र का क्या हुआ? जब उन्होंने सरदार पटेल से पूछा था कि क्या वह विलय के बाद विधानसभा चुनाव लड़ सकेंगे? जैसा कि ऊपर लिखा गया है, सरदार ने उनसे कहा था कि वह कुएँ में छलाँग लगाने के बजाय समन्दर में गोता लगा सकते हैं। सरदार का आशय क्या था? अन्दाज़ा लगाया जा सकता है, शायद वह यह कहना चाहते थे कि राजा-महाराजा विधानसभा चुनाव ही नहीं, लोकसभा का चुनाव भी लड़ सकते हैं, और मंत्री-मुख्यमंत्री इत्यादि भी बन सकते हैं।

रणपुर के राजा के लिए यह मौक़ा आया 1967 में, जब उन्होंने कांग्रेस के टिकट पर रणपुर से विधानसभा का चुनाव जीता। स्वतंत्रता-प्राप्ति और रियासत के विलय के बाद वह भारतीय वायुसेना से जुड़ गए थे। वह बेहद शानदार

पायलट थे और इसीलिए उन्हें देश के प्रथम राष्ट्रपति डॉ. राजेन्द्र प्रसाद का एडीसी भी नियुक्त किया गया था। वह रायपुर स्थित राजकुमार कॉलेज के प्रबन्ध समिति के अध्यक्ष भी रहे। रायपुर में राजकुमार कॉलेज की स्थापना की ही गई थी छत्तीसगढ़ और उड़ीसा सहित विदर्भ के राजाओं, ज़मींदारों के बच्चों की शिक्षा के लिए। ख़ुद राजा ब्रजेन्द्र चन्द्र सिंहदेव की पढ़ाई भी यहीं से हुई थी। 22 अक्तूबर, 1928 को पैदा हुए राजा ब्रजेन्द्र सिंहदेव की फरवरी, 1980 में मौत हो गई।[23]

रियासतें सौंपने की क़ीमत

निस्सन्देह बड़ी संख्या में राजा-महाराजाओं ने रियासतों के विलय के बाद राजनीति में क़दम रखा, क्योंकि इसके ज़रिये वे विधानसभा और लोकसभा में पहुँच सकते थे और इस तरह अपने क्षेत्र में उनका प्रभाव बना रहता। इसकी दूसरी वजह यह भी थी कि राजा-महाराजा होने के कारण अपने क्षेत्र में उनका प्रभाव था ही, ऐसे में राजनीति उनके लिए आसान थी। स्वतंत्रता-प्राप्ति और संविधान को स्वीकार कर लेने के बाद हालाँकि उनकी हैसियत किसी भी अन्य भारतीय नागरिक जैसी ही हो गई थी, लेकिन संविधान में विशेष प्रावधान के ज़रिये उनके विशेषाधिकार और प्रिवी पर्स सुरक्षित किए गए। संविधान-सभा में इसे लेकर काफ़ी मशक़्क़त हुई और उसके आधार पर संविधान में अनुच्छेद 291, अनुच्छेद 363 और 366 (22) के ज़रिये रियासतों के शासकों को विलय के एवज़ में दिए जाने वाले प्रिवी पर्स तथा अन्य सुविधाओं के प्रावधान किए गए।

12 अक्तूबर, 1949 को सरदार पटेल ने संविधान-सभा में लम्बा भाषण दिया था। इसमें उन्होंने बताया था कि रियासतों के एकीकरण का काम पूरा हो गया है। उन्होंने संविधान-सभा को याद दिलाया कि कांग्रेस ने 1930 के दशक में ही रियासतों को भारतीय संघ में मिलाने का इरादा स्पष्ट कर दिया था। सरदार ने कहा, “1938 में गुजरात के हरिपुरा में हुए कांग्रेस के अधिवेशन में एक प्रस्ताव पारित किया गया था, जिसमें कहा गया था, कांग्रेस रियासतों में भी शेष भारत जैसी राजनीतिक, सामाजिक और आर्थिक स्वतंत्रता चाहती है और रियासतों को भारत का अभिन्न अंग मानती है, जिन्हें अलग नहीं किया जा सकता। पूर्ण स्वराज या पूर्ण स्वतंत्रता जो कि कांग्रेस का उद्‌देश्य है, राज्यों सहित पूरे भारत के लिए है, स्वतंत्रता-प्राप्ति के साथ भारत की अखंडता और

एकता को उसी तरह से बनाए रखा जाना चाहिए जैसा कि इसे अधीनता में बनाए रखा गया है।"[24]

उस समय नेताजी सुभाषचन्द्र बोस कांग्रेस के अध्यक्ष थे। सरदार पटेल ने संविधान-सभा को बताया कि राजाओं को दिए जाने वाले प्रिवी पर्स की राशि सालाना साढ़े चार करोड़ रुपये से अधिक नहीं होगी।

संविधान-सभा में विमर्श के बाद विरासतों के विलय के एवज़ में राजाओं के लिए प्रिवी पर्स का क़ानूनी प्रावधान कर दिया गया। तय फ़ॉर्मूले के मुताबिक़ 11 बड़ी रियासतों, ग्वालियर, इन्दौर, पटियाला, बड़ौदा, जयपुर, जोधपुर, बीकानेर, त्रावणकोर, भोपाल, मैसूर और हैदराबाद के लिए प्रिवी पर्स 10 लाख रुपये सालाना से अधिक तय हुआ। इसमें सर्वाधिक 43 लाख रुपये (हैदराबाद की मुद्रा में 50 लाख रुपये) हैदराबाद के लिए तय हुआ। 91 पूर्व शासकों को एक लाख रुपये या उससे अधिक दिया जाना तय हुआ। इनमें से 47 को एक लाख रुपये से अधिक और दो लाख से कम; 31 को दो लाख या उससे अधिक और पाँच लाख रुपये से कम और 13 शासकों के लिए पाँच लाख से अधिक और 10 लाख रुपये से कम की राशि तय की गई। 56 शासकों के लिए 50 हज़ार रुपये से अधिक और एक लाख रुपये से कम की राशि तय हुई और बचे 396 शासकों के लिए सालाना अधिकतम 50 हज़ार रुपये से कम की राशि तय की गई। सौराष्ट्र के कटोड़िया के शासक को सालाना 192 रुपये तय हुए, तो विंध्य के ग़ैर सलामी वाली रियासतों के शासकों के लिए सालाना सात सौ रुपये तय किए गए! संसद में बाक़ायदा इसे लेकर एक श्वेत पत्र भी प्रस्तुत किया गया, जिसके मुताबिक़ प्रिवी पर्स की राशि 5.8 करोड़ रुपये हो चुकी थी।[25]

कुछ छोटी रियासतों के लिए जो राशि तय की गई थी, उसे देखते हुए आज कहा जा सकता है कि यह वाक़ई बहुत कम थी। यह भी अन्दाज़ा लगाया जा सकता है कि उन राजाओं की हैसियत क्या रही होगी? दूसरी ओर ऐसी बड़ी रियासतें थीं, जिनके राजाओं के पास अकूत सम्पत्तियाँ थीं और वे सब उनके पास ही रहीं। 1952 में पहले आम चुनाव के आने तक रियासतों की विलय प्रक्रिया तक़रीबन सम्पन्न हो चुकी थी और जैसा कि ऊपर ज़िक्र आया, राजा-महाराजा नई परिस्थितियों में ढलने लगे थे। हालाँकि उनकी शानो-शौक़त में कोई कमी नहीं आई थी। अनेक राजाओं ने लोकसभा, राज्यसभा और विधानसभाओं के

रास्ते राजनीति में क़दम रखा था। धीरे-धीरे सब कुछ सामान्य-सा लगने लगा था।

पूर्व राजाओं को मिली नई पार्टी

1959 में एक नई राजनीतिक पार्टी के गठन के साथ ही एक बार फिर राजा-महाराजाओं की ओर देश का ध्यान गया। यह कांग्रेस के विभाजन से बनी स्वतंत्र पार्टी थी। सी. राजगोपालाचारी इसके संस्थापक थे और इसमें मीनू मसानी, एन.जी. रंगा, दर्शन सिंह फेरुमान और के.एम. मुंशी जैसे दिग्गज भी शामिल थे। इन सबके अलावा इसमें एक और दिग्गज थे और वह थे वी.पी. मेनन, रियासतों के विलय में उनकी भूमिका के लिए जिनका नाम हमेशा के लिए सरदार पटेल के साथ इतिहास में जुड़ चुका था। 4 जून को मद्रास में हुई एक बैठक में स्वतंत्र पार्टी की स्थापना हुई, जिसमें वी.पी. मेनन और ज़मींदार तथा मैसूर हाईकोर्ट के वकील जिनराज हेगड़े को पार्टी का संयुक्त सचिव बनाया गया।[26]

7 जून, 1959 को मद्रास में हुई आम सभा में इस पार्टी को कांग्रेस के उदार विकल्प के तौर पर पेश किया गया था। बाज़ार आधारित अर्थव्यवस्था, लाइसेंस राज का ख़ात्मा जैसी उसकी नीतियों के कारण इसे पूँजीवाद समर्थक पार्टी भी कहा गया। यह यूँ तो हिन्दू-राष्ट्रवाद पर केन्द्रित जनसंघ से बिलकुल अलग पार्टी थी, लेकिन अपने मिज़ाज में यह दक्षिणपंथी थी।

स्वतंत्र पार्टी की स्थापना के बाद पूर्व रियासतों के शासकों, ज़मींदारों का ध्यान इसकी ओर गया, तो इस पार्टी की नज़र भी उन पर थी। यह रुझान दोनों ओर से था। पटियाला के पूर्व शासक के छोटे भाई राजा भलिन्दर सिंह और चाचा राजा महिशिन्द्र सिंह स्वतंत्र पार्टी से जुड़ने वाले शुरुआती राजाओं में थे। बिहार के रामगढ़ के राजा कामाख्या नारायण सिंह और कालाहांडी के महाराजा भी इस पार्टी की ओर आकर्षित हुए। उनके बाद राजस्थान के जैसलमेर, भरतपुर, डूंगरपुर, बाँसवाड़ा के पूर्व राजपूत शासक भी पार्टी से जुड़ते चले गए। उत्तर प्रदेश और मध्य प्रदेश की अनेक पूर्व रियासतों के शासकों ने भी स्वतंत्र पार्टी का हाथ थाम लिया। पार्टी को बड़ी ताक़त तब मिली, जब जनवरी, 1961 में जयपुर की महारानी गायत्री देवी इस पार्टी से जुड़ीं। स्वतंत्र पार्टी से उनके जुड़ने की घोषणा जागीरदार मान सिंह ने की, जो कि ख़ुद राम राज्य परिषद छोड़कर इस पार्टी से जुड़े थे।[27]

वैसे ख़ुद गायत्री देवी ने इसकी पूरी पृष्ठभूमि के बारे में विस्तार से लिखा है। वह लिखती हैं, "यह 1960 की बात है, जब मैंने आधिकारिक रूप से राजनीति में प्रवेश किया। इससे एक साल पहले मैं और जय माँ से मिलने के लिए बॉम्बे गए थे और वहीं हमने अपने दोस्तों से एक नई पार्टी का नाम सुना, जिसका नाम स्वतंत्र पार्टी बताया गया।" गायत्री देवी राजाजी से परिचित थीं। वह लिखती हैं, "उनसे मेरी पहली मुलाक़ात 1949 में हुई थी, जब वह भारत के गवर्नर जनरल के रूप में जयपुर आए थे।"[28]

कहा तो यह भी जाता था कि स्वतंत्र पार्टी की स्थापना में भी जयपुर राजघराने और महारानी की भूमिका थी। उनकी इस पार्टी और आम तौर पर राजनीति में उपस्थिति का क्या मतलब था, इसका एहसास हुआ 1962 के आम चुनाव में। यों इससे पहले 1957 के आम चुनाव में कांग्रेस की ओर से उन्हें पेशकश की जा चुकी थी। 1962 के आम चुनाव में स्वतंत्र पार्टी ने 18 सीटें जीतीं और वह 29 सीटें जीतने वाली भारतीय कम्यूनिस्ट पार्टी के बाद तीसरे नम्बर की पार्टी थी जबकि भारतीय जनसंघ को सिर्फ़ 14 सीटें मिली थीं।

स्वतंत्र पार्टी के 18 सांसदों में से अधिकांश राजा-महाराजा और उनके क़रीबी लोग थे। उत्तर प्रदेश से चुने गए इस पार्टी के चार सांसदों में से तीन राजा-महाराजा या ज़मींदार थे। राजस्थान से गायत्री देवी के अलावा दौसा के पूर्व शासक पृथ्वी राज स्वतंत्र पार्टी से विजयी हुए थे। वहीं गुजरात से स्वतंत्र पार्टी से चुनाव जीतने वाले तीन सांसदों में कच्छ के महाराजकुमार हिम्मतसिंह जी शामिल थे। सबसे दिलचस्प था बिहार (अविभाजित) का मामला, जहाँ स्वतंत्र पार्टी ने सर्वाधिक सात सीटें जीती थीं, जिनमें से तीन एक ही राजपरिवार के सदस्यों ने जीती थीं। इनमें रामगढ़ के कामाख्या नारायण सिंह की पत्नी ललिता राज्य लक्ष्मी औरंगाबाद से विजयी हुई थीं, उनके भाई बसन्त नारायण सिंह हज़ारीबाग (अब झारखंड में) से और बसन्त नारायण सिंह की पत्नी विजया राजे चतरा (अब झारखंड में) से विजयी हुई थीं। वास्तव में इस राज परिवार के सदस्य पहले आम चुनाव के समय से कई बार लोकसभा और विधानसभा के चुनाव जीत चुके थे। कामाख्या नारायण सिंह ने अपनी राजनीतिक पार्टी भी बनाई थी, जिसका नाम था जनता पार्टी ऑफ़ रामगढ़, जिसका बाद में स्वतंत्र पार्टी में विलय कर दिया गया था।[29]

1962 के चुनाव के बाद स्वतंत्र पार्टी को तब बड़ी ताक़त मिली, जब

उड़ीसा की क्षेत्रीय पार्टी गणतंत्र परिषद का उसमें औपचारिक रूप से विलय हो गया। 1950 में गणतंत्र पार्टी की स्थापना उड़ीसा की पूर्व रियासतों और बड़ी ज़मींदारियों के शासकों ने की थी। इसके संस्थापक उड़ीसा की पटना रियासत के महाराजा राजेन्द्र नारायण सिंहदेव थे। इसने पहले लोकसभा चुनाव में 6 सीटें और उड़ीसा विधानसभा की 31 सीटें जीती थीं। 1962 के लोकसभा चुनाव में उड़ीसा से गणतंत्र परिषद के 4 सदस्य चुनकर आए, जिनमें कालाहांडी के महाराजा प्रताप केसरी देव भी शामिल थे। यों तो जब स्वतंत्र पार्टी की स्थापना के समय से 1959 से ही गणतंत्र परिषद के इसमें विलय पर बात हो रही थी। 1962 का लोकसभा चुनाव इसने स्वतंत्र पार्टी की सहयोगी के रूप में ही लड़ा था।[30] बाद में इस पार्टी के विलय से स्वतंत्र पार्टी में पूर्व राजा-महाराजाओं की स्थिति और मज़बूत हो गई।

इस तरह भले ही स्वतंत्र पार्टी का गठन कांग्रेस के विकल्प के रूप में हुआ था, मगर वह एक तरह से पूर्व राजा-महाराजाओं की एक प्रतिनिधि पार्टी भी बन गई। इसका प्रभाव संसद और उसके बाहर भी नज़र आने लगा था। वास्तव में 1962 से 1967 के बीच की अवधि स्वतंत्रता-प्राप्ति के बाद देश के इतिहास में ऐसे कालखंड के रूप में दर्ज है, जिसने कई ऐसी घटनाओं को अंजाम दिया जिसके दूरगामी प्रभाव पड़े। इन 5 वर्षों में देश ने प्रथम प्रधानमंत्री जवाहरलाल नेहरू और द्वितीय प्रधानमंत्री लालबहादुर शास्त्री को खो दिया। शास्त्री के निधन के 13 दिन बाद 24 जनवरी, 1966 को इन्दिरा गांधी देश की नई प्रधानमंत्री बन गईं। प्रधानमंत्री बनने के एक साल बाद ही इन्दिरा गांधी को फ़रवरी-मार्च, 1967 में आम चुनाव का सामना करना पड़ा। (*ग़रीबी हटाओ* वाले अध्याय में हम विस्तार से देख चुके हैं) इस आम चुनाव में स्वतंत्र पार्टी 44 सीटों के साथ प्रमुख विपक्षी दल के रूप में उभरकर सामने आई। कांग्रेस केन्द्र की सत्ता में वापस तो लौटी, लेकिन लोकसभा के साथ ही हुए विधानसभा चुनावों में कई राज्यों में वह सत्ता से बेदख़ल हो गई।

प्रिवी पर्स बनाम ब्लड मनी

1967 इतिहास में ऐसे वर्ष के रूप में दर्ज है, जब इन्दिरा गांधी ने अपनी 'गूँगी गुड़िया' की छवि से बाहर निकलकर कई क्रान्तिकारी और कुछ हद तक असहज करने वाले निर्णय लिये। इन्दिरा के नेतृत्व में 25 जून, 1967

में नई दिल्ली में हुए अखिल भारतीय कांग्रेस के अधिवेशन में पार्टी ने जिस 10 सूत्री आर्थिक कार्यक्रम को मंज़ूरी दी थी, उसमें रियासतों के पूर्व शासकों (राजा-महाराजाओं) को मिल रहे विशेषाधिकारों को ख़त्म करने का संकल्प भी शामिल था, जिनके बारे में कहा गया कि यह लोकतंत्र की अवधारणा से मेल नहीं खाते। संसद में भी प्रिवी पर्स के ख़िलाफ़ आवाज़ उठने लगी थी।

भारतीय रियासतों के पूर्व शासकों के प्रिवी पर्स को ख़त्म करने के सम्बन्ध में 31 जुलाई, 1967 को उपसभापति वॉयलट अल्वा ने नियम 167 के तहत अल्पावधि बहस की मंज़ूरी दी। इस पर संसद में दिलचस्प बहस हुई। बहस की शुरुआत करते हुए कम्यूनिस्ट पार्टी के भूपेश गुप्ता ने कहा कि संविधान का जो मूल मसौदा तैयार किया गया था, उसमें पूर्व राजाओं को प्रिवी पर्स या विशेषाधिकार देने जैसा कोई प्रावधान नहीं था। डॉ. भीमराव आंबेडकर ने संविधान-सभा की बहस के दौरान 267ए संशोधन के रूप में इसे जोड़ा था। इसे बिना बहस के स्वीकार किया गया था। फिर आगे उन्होंने कहा, "देश के ताक़तवर गृह मंत्री सरदार वल्लभभाई पटेल, उनके सलाहकार वी.पी. मेनन और सी.सी. देसाई, सचिव गृह मंत्रालय और अब स्वतंत्र पार्टी की सदस्य जयपुर की महारानी गायत्री देवी जैसे लोगों की मेहरबानी से ये सब इस निष्कर्ष पर पहुँचे थे कि राजाओं या पूर्व शासकों को प्रिवी पर्स देना चाहिए और संविधान में इसका प्रावधान करना चाहिए।"

भूपेश गुप्ता ने कहा, "सरदार पटेल मुखर थे और उन्होंने स्पष्ट तौर पर कहा था, "... इन शासकों (राजाओं) की नुक़सान पहुँचाने और समस्या पैदा करने की क्षमता को देखते हुए हमें इस रक्तहीन क्रान्ति के लिए छोटी-सी क़ीमत, मैंने जानबूझकर छोटी कहा, चुकानी चाहिए।"

उन्होंने आगे कहा, बट द मनी दैट वाज़ पेड वाज़ ब्लड मनी टेकन आउट ऑफ़ द हंगरी पीपुल। (लेकिन जिस धन का भुगतान किया गया है, वह ग़रीबों के ख़ून का पैसा है।) अपने लम्बे भाषण में कम्यूनिस्ट पार्टी के सांसद भूपेश तर्क देते हैं कि 1966 में एक सौ करोड़ रुपये पूर्व राजाओं को दिए जा चुके हैं और यह कोई छोटी-सी क़ीमत नहीं है।[31]

भूपेश गुप्ता इसके बाद हैदराबाद के निज़ाम पर हमला करते हैं :

"जब आप विलय से सम्बन्धित समझौतों पर ग़ौर करेंगे, तो पाएँगे कि प्रिवी पर्स महान उद्देश्य के लिए दिए जा रहे हैं। क्या हैं ये उद्देश्य? मैं यहाँ हैदराबाद के निज़ाम के सम्बन्ध में श्वेत पत्र में जो लिखा है उसका उल्लेख कर रहा हूँ, "हैदराबाद के निज़ाम अमुक तारीख़ से अमुक तारीख़ तक...प्रिवी पर्स के रूप में सालाना कर-मुक्त 50 लाख रुपये हासिल करने के पात्र होंगे, जिससे निज़ाम और उनके परिवार, जिनमें उनके निजी सहायक भी शामिल हैं, उनके ख़र्च, आवासों के रखरखाव, शादियाँ और अन्य समारोह किए जा सकें।... इसके अतिरिक्त उन्हें आन्ध्र प्रदेश की सरकार से कुछ ज़मीन के एवज़ में 25 लाख रुपये मिलेंगे। तो क्या उनके हरम के रखरखाव की ज़िम्मेदारी भी हमारी है? क्या हमने अपने लोकतंत्र का निर्माण उनके हरम के लिए किया है?"

अपने भाषण के दौरान भूपेश गुप्ता ने जब कांग्रेस से जुड़े डॉ. कर्ण सिंह का ज़िक्र करते हुए दावा किया कि सरकार पर दबाव बनाने के लिए कांग्रेस से जुड़े पूर्व राजा और विपक्ष से जुड़े राजा आज एक हो गए हैं, तब लोकनाथ मिश्र ने कटाक्ष किया, "आप नहीं चाहेंगे कि इससे सरकार गिर जाए?"

अपना भाषण जारी रखते हुए भूपेश ने कहा, "मेरा यक़ीन इस बात में नहीं है कि प्रिवी पर्स के कारण कोई सरकार गिर जाए। मैं प्रिवी पर्स, राजमाता या राजा या महाराजा की राजनीति को पसन्द नहीं करता। मैं चाहूँगा कि सरकार लोकतांत्रिक ताक़तों के दबाव से गिरे।"

फिर उन्होंने यह भी याद दिलाया कि जयपुर के महाराजा को जो कुछ भी दिया गया है, उसमें शूटिंग लॉज, आउट हाउस, 83 एकड़ ग़ैर कृषि भूमि तथा उनके घोड़ों के लिए 19 हज़ार एकड़ हरी-भरी ज़मीन शामिल है। वह यह बताना भी नहीं भूले कि जब प्रथम प्रधानमंत्री जवाहरलाल नेहरू ने रक्षा-कोष में दान देने की अपील की तब राजा-महाराजाओं ने महज़ 20 लाख रुपये दिए थे।[32]

भूपेश गुप्ता के लम्बे भाषण के बाद गुजरात से चुनकर आए स्वतंत्र पार्टी के एक सांसद की बारी थी। यह सांसद थे, रियासतों के विलय की वजह से लौह पुरुष की उपाधि हासिल करने वाले सरदार वल्लभभाई पटेल के पुत्र डाह्या भाई पटेल। गुजरात से चुनकर आए डाह्या भाई पटेल ने भूपेश गुप्ता की राजनीतिक विचारधारा पर हमला करते हुए कहा, "मैडम सदन ने साम्यवाद की सन्धि के बारे में सुना और अंग्रेज़ी भाषा ने काफ़ी हद तक अपना महत्त्व

खो दिया या फिर कम्यूनिस्टों द्वारा इस्तेमाल किए जाने के कारण कुछ शब्दों ने नए अर्थ प्राप्त किए, फिर वह इम्मोरिलिटी (अनैतिकता) हो या डेमोक्रेसी (लोकतंत्र) हो या फिर सैंटिटी (पवित्रता)। मैं उम्मीद करता हूँ कि यह सदन या संसद जो कि अब भी लेनिन या स्टालिन को नहीं, बल्कि महात्मा गांधी को राष्ट्रपिता कहती है, सत्य को याद करेगी और उसके साथ खड़ी रहेगी..." भूपेश ने उन्हें टोका, "स्वतंत्र पार्टी के मुताबिक़ तो ग्वालियर की महारानी राजमाता (विजया राजे सिन्धिया) हैं?"[33]

डाह्या भाई ने अपना भाषण जारी रखते हुए कहा, "यह सबको पता है कि जब राजाओं के साथ समझौता हुआ तब संसद ने ही नहीं, बल्कि महात्मा गांधी ने भी स्पष्ट तौर पर कहा था कि एकीकरण, भारत की एकजुटता के लिए बहुत छोटी-सी क़ीमत चुकानी पड़ी है।"

इसके बाद उन्होंने कहा कि अशोक के बाद पहली बार यह देश एक प्रशासन के अधीन एकजुट हुआ है।

डाह्या भाई पटेल के भाषण के दौरान भूपेश उन्हें बीच-बीच में टोकते रहे। अपने लम्बे भाषण में डाह्या भाई ने सवाल किया, "यदि रियासतों का विलय नहीं होता, तब क्या हुआ होता? हैदराबाद ने हमारे लिए कितना सिर दर्द पैदा किया और कश्मीर कैसे आज भी सिर दर्द बना हुआ है?"

प्रिवी पर्स के सम्बन्ध में उच्च सदन में हुई इस चर्चा में जिन सदस्यों ने अपने विचार रखे, उनमें संयुक्त सोशलिस्ट पार्टी के राजनारायण भी थे। राजनारायण ने कहा, "मैडम, आपके ज़रिये मैं प्रधानमंत्री जी से कहता हूँ कि इस विषय पर आज ही यहाँ वोट हो जाए, क्योंकि मैं एबालिशन के पक्ष में हूँ...। एक मिनट के लिए भी प्रिवी पर्स का रहना या राजाओं के लिए सुख-सुविधाओं का रहना जनतंत्र के साथ अन्याय है।"[34]

उस वक़्त प्रधानमंत्री इन्दिरा गांधी थीं और राजनारायण के साथ उनकी राजनीतिक प्रतिद्वंद्विता की वह पटकथा लिखी जानी अभी बाक़ी थी, जिसने 1970 के दशक में देश की सियासत की दिशा ही मोड़ दी।

राज्यसभा में हुई चर्चा के क़रीब चार महीने बाद ही प्रिवी पर्स का मसला 15 नवम्बर, 1967 में लोकसभा में भी उठा। इस दिन लोकसभा अध्यक्ष नीलम संजीव रेड्डी ने सदस्यों को प्रश्नकाल में 'भूतपूर्व नरेशों की थैलियों की समाप्ति' से सम्बन्धित सवाल पूछने की इजाज़त दी। क़रीब पचीस सदस्यों ने सवाल

पूछे। गृहमंत्री यशवन्त राव चव्हाण ने सदन को बताया कि सरकार ने अभी इस बारे में अन्तिम निर्णय नहीं लिया है।[35]

कांग्रेस के भीतर एक बड़ा वर्ग प्रिवी पर्स के ख़िलाफ़ तैयार हो रहा था, लेकिन 1967-68 के दौरान राज्यसभा में भारतीय कम्यूनिस्ट पार्टी के भूपेश गुप्ता प्रिवी पर्स के ख़िलाफ़ सबसे मुखर थे। 1968 में उन्होंने प्रिवी पर्स की समाप्ति के लिए ग़ैरसरकारी विधेयक तक प्रस्तुत किया। इस पर 2 अगस्त, 1968 को राज्यसभा में काफ़ी तीखी बहस हुई और जिन सदस्यों ने इसमें हिस्सा लिया, उनमें कांग्रेस के युवा तुर्क चन्द्रशेखर भी थे।

चन्द्रेशखर ने भूपेश गुप्ता के प्रस्ताव का समर्थन करते हुए लम्बा भाषण दिया। बहस के दौरान जब एक सदस्य देवी सिंह ने सवाल उठाया कि यदि राजा बग़ावत कर देते तब क्या होता, चन्द्रशेखर ने इसका जवाब कुछ यूँ दिया :

"आज देवी सिंह जी ने प्रश्न पूछा कि अगर ये राजा भी बग़ावत कर देते तो क्या होता; वही होता जो ऐसे हर लोगों के साथ होता है, जो इतिहास का रुख़ नहीं पहचानते हैं, वही होता। जिस प्रकार अनेक राज-मुकुट, केवल हिन्दुस्तान में ही नहीं, बल्कि सारी दुनिया में एक-एक कर भूलुंठित हो रहे हैं, वही होता। रोज़ सुना जाता है कि एक या दूसरा शाह हवाई जहाज़ पकड़कर के दूसरे देशों में भागने को मजबूर होता है। तो देश की जनता इसके लिए मजबूर करती है। मुझे विश्वास है कि राजाओं ने बुद्धिमानी का काम उस समय किया और मुझे आशा है कि ये राजा फिर बुद्धिमानी का परिचय देंगे और इस प्रस्ताव को स्वीकार करेंगे, इन विशेषाधिकारों को समय रहते छोड़ देंगे और इस बात के लिए विवश नहीं करेंगे कि जनता और देश का इतिहास उनको इस बात के लिए मजबूर करे कि उनको इसकी तिलांजलि देनी पड़े।"[36]

प्रिवी पर्स को ख़त्म करने के लिए संविधान में संशोधन से सम्बन्धित यह विधेयक भारतीय कम्यूनिस्ट पार्टी के भूपेश गुप्ता ने ज़रूर पेश किया था, लेकिन ख़ुद इन्दिरा गांधी ने इसका मन बना लिया था। वह इस पर पी.एन. हक्सर के साथ मशविरा भी कर चुकी थीं।[37]

जून, 1967 में दिल्ली में हुए कांग्रेस के अधिवेशन में प्रिवी पर्स को ख़त्म करने से सम्बन्धित प्रस्ताव पारित भी हो चुका था। इस बीच, कांगेस के भीतर काफ़ी उथल-पुथल रही, जिसके फलस्वरूप पार्टी के पुराने दिग्गज यानी

सिंडिकेट के साथ इन्दिरा का टकराव बढ़ गया और पार्टी का विभाजन तक हो गया। इन्दिरा गांधी अब साहसिक फ़ैसले लेने से गुरेज़ नहीं कर रही थीं। 1969 में 14 बैंकों के राष्ट्रीयकरण का फ़ैसला इसकी सबसे बड़ी मिसाल है। इन्दिरा गांधी के अगले निशाने पर राजाओं को दिया जाने वाला प्रिवी पर्स था।

1 सितम्बर, 1970 को इससे सम्बन्धित संविधान संशोधन (चौबीसवाँ) विधेयक लोकसभा में पेश किया गया। इस विधेयक में राजाओं को उनकी रियासतों के विलय के एवज़ में दिए जाने वाले प्रिवी पर्स और अन्य सुविधाएँ देने के प्रावधान वाले अनुच्छेद 291 और अनुच्छेद 362 और अनुच्छेद 366 के खंड 22 को निष्प्रभावी करने का प्रावधान था। यह विधेयक ख़ुद इन्दिरा गांधी ने विपक्षी सदस्यों, ख़ासतौर से अटल बिहारी वाजपेयी और पीलू मोदी के हस्तक्षेप के बीच प्रस्तुत किया।

इन्दिरा ने कहा, "यह विधेयक देश में सामाजिक परिवर्तन की गति का प्रतिनिधित्व करता है। मैं राजाओं को आश्वस्त करना चाहती हूँ कि इसमें किसी के भी प्रति व्यक्तिगत शत्रुतापूर्ण बात नहीं है।" विपक्ष की ओर से बहस की शुरुआत की, इन्दिरा के कट्टर प्रतिद्वंद्वी मोरारजी देसाई ने। उन्होंने इस विधेयक के बहाने सरकार की नीयत पर सवाल उठाते हुए संविधान-सभा में दिए गए सरदार पटेल के भाषण का एक बड़ा अंश उद्धृत किया, जिसमें देश के पहले गृहमंत्री ने कहा था, "...उनसे शासन का अधिकार लेकर बदले में हम उन्हें (राजाओं) व्यावहारिक आधार पर प्रिवी पर्स और कुछ विशेषाधिकार की गारंटी दे सकते हैं।"[38]

बहस में हिस्सा लेते हुए जनसंघ के अटल बिहारी वाजपेयी ने सरकार पर तीखे हमले किए और राजाओं को दिए जाने वाले प्रिवी पर्स का बचाव किया। बहस के दौरान वाजपेयी ने कहा, "क्या 1967 में समाजवाद का अचानक रहस्योद्घाटन हो गया। क्या परिवर्तन की लहर 1967 में ही टकराई जब 9 राज्यों में सत्तारूढ़ कांग्रेस ध्वस्त हो गई और जनता ने कांग्रेस का परित्याग कर दिया?"[39]

वाजपेयी ने अपने भाषण में एक और बात कही, जिसका ख़ासतौर से ज़िक्र अब किया जा सकता है, जब 5 अगस्त, 2019 को केन्द्र की नरेन्द्र मोदी सरकार जम्मू-कश्मीर में अनुच्छेद 370 और 35 ए को निष्प्रभावी कर उसे दो केन्द्र शासित क्षेत्रों, जम्मू और कश्मीर तथा लद्दाख में बदल चुकी है।

वाजपेयी ने कहा, "आज जम्मू-कश्मीर का भारत में विलय भी एक राजा के इंस्ट्रूमेंट ऑफ़ एक्सेशन पर दस्तख़त के कारण हुआ, क्या उसे भुलाया जा सकता है?'[40]

वाजपेयी के बाद जौनपुर से चुनकर आए कांग्रेस के राजदेव सिंह ने दिलचस्प बात कही। उन्होंने कहा, "हमारी भावनाएँ क्या हैं, मैं थोड़े में आपके सामने व्यक्त करना चाहता हूँ। रोज़ सदन समाप्त होने के बाद जब हम घर जाते हैं, तो दिल पर चोट लगती है। यह तस्वीर सामने आती है कि महाराजा बीकानेर की कार, मेरी कार और मिनिस्टरों की कार सामने होती है। मैं कोई बड़े परिवार का नहीं हूँ, लेकिन हमें उस कार के लिए 100 रुपये साल का रोड टैक्स देना होता है, लेकिन महाराजा कर्ण सिंह जो हमसे कई गुना अमीर हैं, उनकी बड़ी भारी रियासत थी, उनको एक पैसा भी नहीं देना होता।"[41]

एक वोट से गिर गया प्रस्ताव

कांग्रेस के विभाजन और संगठन कांग्रेस के गठन के बावजूद इस संविधान संशोधन विधेयक को लोकसभा से पारित करवाने में अड़चन नहीं आई, क्योंकि कम्यूनिस्ट पार्टी और समाजवादी खेमा आमतौर पर इसके पक्ष में था। 2 सितम्बर, 1970 को लोकसभा ने इसे 154 के मुक़ाबले 332 मतों से पारित कर दिया। इसके बाद इसे राज्यसभा में प्रस्तुत किया गया। यहाँ भी लम्बी बहस हुई। संयुक्त सोशलिस्ट पार्टी के राजनारायण यों तो इस संविधान संशोधन विधेयक के पक्ष में थे, मगर वह चाहते थे कि प्रिवी पर्स की समाप्ति के बाद राजाओं को किसी तरह का मुआवज़ा न दिया जाए।

प्रधानमंत्री इन्दिरा गांधी ने विधेयक पर मत-विभाजन से पहले अपने जवाब में कहा, "हमारा विचार है और क़ानूनी सलाह भी यही है कि प्रिवी पर्स कोई सम्पत्ति नहीं है, इसलिए उसके बदले मुआवज़ा देने का तो सवाल ही नहीं उठता। हालाँकि इसका एक मानवीय पहलू भी है। मैं नहीं समझती कि यह उचित होगा कि पूर्व शासकों और उनके परिजनों तथा उन पर आश्रितों को नई परिस्थितियों में ढलने के लिए कोई सुविधा दिए बिना प्रिवी पर्स को एकदम-से ख़त्म कर दिया। इसीलिए ट्रांज़िशनल एलाउंस के बारे में विचार किया गया है।"[42]

इन्दिरा के भाषण के बाद विधेयक को मत-विभाजन के लिए प्रस्तुत किया गया। कम्यूनिस्ट पार्टी और संसोपा के समर्थन की वजह से सरकार आश्वस्त

थी कि लोकसभा की तरह राज्यसभा में भी यह आसानी से पारित हो जाएगा, मगर मत-विभाजन के नतीजे आने से तो मानो भूचाल आ गया। विधेयक के पक्ष में 149 और विरोध में 75 मत पड़े।[43]

चूँकि यह संविधान संशोधन विधेयक था, इसलिए इसे पारित करवाने के लिए दो-तिहाई सदस्यों के समर्थन की ज़रूरत थी, लेकिन पक्ष में दो-तिहाई से एक वोट कम पड़े और विधेयक गिर गया। इसका यह मतलब भी हुआ कि उच्च सदन में सरकार हार गई। विधेयक के गिरते ही सदन के भीतर सदस्यों के बीच तक़रार होने लगी, नियमों का हवाला दिया जाने लगा, सरकार का इस्तीफ़ा माँगा जाने लगा। इसी बहस के बीच विधेयक के पक्ष में मतदान करने वाले राजनारायण ने कहा, "हमारा प्रधानमंत्री को सुझाव है कि वे या तो संयुक्त अधिवेशन बुलाएँ या प्रायश्चित्त के रूप में इस्तीफ़ा दे दें।"[44]

मगर इन्दिरा गांधी ने कुछ और सोच रखा था। अगले दिन यानी 6 सितम्बर, 1970 को राष्ट्रपति वी.वी. गिरि ने भारत की पूर्व रियासतों के पूर्व शासकों को दिए जाने वाले प्रिवी पर्स और उन्हें मिल रही सुविधाओं को ख़त्म करने से सम्बन्धित आदेश पारित कर दिया। सरकार के इस अप्रत्याशित क़दम को ग्वालियर के पूर्व शासक माधवराव जीवाजी राव सिन्धिया ने सुप्रीम कोर्ट में चुनौती दे दी। 15 दिसम्बर, 1970 को सुप्रीम कोर्ट ने इस मामले पर फ़ैसला सुनाते हुए प्रिवी पर्स को बहाल कर दिया।

सुप्रीम कोर्ट का यह फ़ैसला इन्दिरा गांधी के लिए एक बड़े झटके की तरह था, मगर वह समाजवाद के जिस रास्ते पर चल पड़ी थीं, उसे देखें तो उनके लिए यह आने वाले कुछ महीनों में एक बड़ा हथियार भी साबित होने वाला था। लेकिन इससे पहले यह सवाल सबको बेचैन कर रहा था कि आख़िर वह एक वोट किसका था, जिसके कारण इन्दिरा को राज्यसभा में शर्मनाक स्थिति का सामना करना पड़ा? इसे लेकर कई दावे किए गए। इनमें से एक दावा माकपा के राज्यसभा सदस्य ए.पी. चटर्जी यानी अरुण प्रकाश चटर्जी से जुड़ा था।

दरअसल हुआ यूँ कि प्रिवी पर्स से सम्बन्धित विधेयक के राज्यसभा में गिर जाने के बाद कोलकाता में दीवारों पर एक पोस्टर नज़र आया था। ए.पी. चटर्जी की तस्वीर के साथ छपे उस पोस्टर का मजमून इस तरह का था :

> क्या आप जानते हैं, प्रिवी पर्स ख़त्म करने वाला बिल एक वोट से गिर गया?
> यह वोट किसका था?

अरुण प्रकाश चटर्जी का।

इस पोस्टर की तस्वीर *आनन्द बाज़ार* पत्रिका ने प्रकाशित कर दी, जिसे लेकर चटर्जी ने इस बांग्ला अख़बार के सम्पादक और प्रकाशक के ख़िलाफ़ राज्यसभा में विशेषाधिकार हनन का नोटिस दे दिया। हालाँकि राज्यसभा की विशेषाधिकार समिति ने उनकी आपत्तियों को दरकिनार कर सिफ़ारिश की कि इस मामले में कोई कार्रवाई न की जाए।[45]

द *हिन्दू* ने 6 सितम्बर, 1970 को अपनी एक रिपोर्ट में बताया कि जिस सदस्य के कारण सरकार की किरकिरी हुई, वह थे एस.एस. राजेन्द्रन। राजेन्द्रन फ़िल्मों से राजनीति में आए थे और उस समय द्रविड़ मुनेत्र कषगम (डीएमके) के सदस्य थे। इस रिपोर्ट के मुताबिक़ 6 सितम्बर, 1970 की सुबह से राजेन्द्रन की तबीयत कुछ नासाज़ थी। उनका पेट ठीक नहीं था। जब उन्हें बताया गया कि उनकी सदन में मौजूदगी बेहद ज़रूरी है, तो वह जैसे-तैसे दोपहर बाद संसद पहुँचे, मगर जब तक वह राज्यसभा की लॉबी में पहुँचते, दरवाज़ा बन्द हो चुका था। उन्हें पहुँचने में कुछ सेकंड का विलम्ब हुआ, मगर वह मत-विभाजन में हिस्सा नहीं ले सके और इस तरह प्रिवी पर्स को ख़त्म करने से सम्बन्धित दूरगामी राजनीतिक असर डालने वाला विधेयक गिर गया![46]

प्रिवी पर्स को ख़त्म करने के लिए लाए गए इस विधेयक से पहले इन्दिरा गांधी ने 14 जुलाई, 1969 को अचानक 14 बैंकों का राष्ट्रीयकरण कर दिया था, जिसने एक शख़्स को इतना नाराज़ कर दिया कि उन्होंने इसे अगले दिन ही सुप्रीम कोर्ट में चुनौती दे दी। यह शख्स थे राजा-महाराजाओं के वर्चस्व वाली स्वतंत्र पार्टी के महासचिव डॉ. रुस्तम कावसजी कूपर।

इस वाक़ये के बारे में *24 अकबर रोड* जैसी अनेक चर्चित किताबों के लेखक और पत्रकार रशीद किदवई ने लिखा, "इन्दिरा गांधी द्वारा बैंकों के राष्ट्रीयकरण करने के एक दिन बाद ही कूपर बैंक राष्ट्रीयकरण अध्यादेश को सर्वोच्च न्यायालय में चुनौती देने के लिए नई दिल्ली पहुँच गए। वह यह सुनिश्चित करना चाहता था कि शेयरधारकों के अधिकारों को हड़प न लिया जाए और उनकी शेयरधारिता को छीन न लिया जाए। कूपर सेंट्रल बैंक ऑफ़ इंडिया के निदेशक मंडल में थे। यह उन बैंकों में शामिल था, जिनका राष्ट्रीयकरण किया गया था। बैंक में उनकी हिस्सेदारी थी, जिसकी वजह से उन्होंने सुप्रीम कोर्ट में याचिका दायर की।"[47]

छह महीने चली सुनवाई के बाद सुप्रीम कोर्ट की 11 जजों की बेंच ने 14 फरवरी, 1970 को 10-1 से आर.सी. कूपर के पक्ष में फ़ैसला दिया। इसके बाद 14 फरवरी को राष्ट्रपति वी.वी. गिरि को उन 14 बैंकों के शेयरधारकों को मुआवज़े का प्रावधान करने का अध्यादेश जारी करना पड़ा, जिनका राष्ट्रीयकरण किया गया था। इन्दिरा गांधी तीन किश्तों में भुगतान करने पर सहमत हुईं। प्रसिद्ध लेखक और फ़िल्म निर्माता ख़्वाजा अहमद अब्बास के अनुसार, इन्दिरा सरकार को शेयरधारकों को तीन समान किश्तों में 87 करोड़ रुपये चुकाने पड़े।[48]

प्रिवी पर्स से सम्बन्धित विधेयक के गिर जाने और सुप्रीम कोर्ट द्वारा राष्ट्रपति के आदेश को ख़ारिज कर देने के फ़ैसले को इन्दिरा गांधी ने एक बड़े राजनीतिक हथियार की तरह इस्तेमाल किया। 1971 में समय से पूर्व लोकसभा भंग कर चुनाव करवाने के पीछे ग़रीबी उन्मूलन के साथ ही पूर्व राजा-महाराजाओं को दिया जाने वाला प्रिवी पर्स भी एक बड़ा मुद्दा बन गया। हालाँकि इन्दिरा गांधी के तत्कालीन मंत्रिमंडल के सदस्य रहे जम्मू-कश्मीर रियासत के पूर्व वारिस डॉ. कर्ण सिंह मानते हैं कि प्रिवी पर्स को ज़बरदस्ती मुद्दा बना दिया गया था।

क़रीब पाँच दशक बाद डॉ. कर्ण सिंह याद करते हैं कि कांग्रेस के भीतर के समाजवादी रुझान वाले चन्द्रशेखर, मोहन धारिया और राम धन जैसे लोग पार्टी में इसका भारी विरोध कर रहे थे। दिल्ली के मालचा रोड स्थित उनके आवास में फरवरी, 2022 के दूसरे हफ़्ते में मैं जब 91 वर्षीय के हो रहे डॉ. कर्ण सिंह से मुख़ातिब था तब उन्होंने कहा, "इन्दिरा जी पहले प्रिवी पर्स को हटाए जाने के पक्ष में नहीं थीं। पार्टी के समाजवादियों ने दबाव बनाया। देखा जाए तो प्रिवी पर्स के रूप में जो रकम दी गई वह सिर्फ़ चार करोड़ रुपये थी। चार करोड़ रुपये के लिए इतना बड़ा देश तीन-चार सौ लोगों से किए गए वादे से मुकर जाए, यह क्या बात हुई...? आज हम देखें तो हास्यास्पद लगता है। आज 12-12 करोड़ रुपये में क्रिकेटर बिक रहे हैं...।"[49]

पूर्व महाराजा होने के बावजूद वह इन्दिरा के साथ थे। डॉ. कर्ण सिंह ने कहा, "कैबिनेट में प्रिवी पर्स पाने वाले दो लोग ही थे। एक मैं और दूसरे थे मध्य प्रदेश के भानु प्रकाश सिंह (नरसिंहगढ़ के पूर्व महाराजा)। भानु प्रकाश सिंह डिप्टी मिनिस्टर थे और उन्होंने प्रिवी पर्स ख़त्म किए जाने को लेकर इस्तीफ़ा दे दिया। मुझ पर भी दबाव था। मैंने कहा, पार्टी में आ गया हूँ, तो मैं

इस्तीफ़ा नहीं दूँगा। पार्लियामेंट में भी मैंने प्रिवी पर्स के ख़िलाफ़ बोला। बाक़ी प्रिंस मुझसे बहुत नाराज़ हुए। मेरा भारी विरोध किया गया। मैंने प्रिवी पर्स के रूप में जो आख़िरी रकम मिली थी, उससे माताजी और पिताजी के नाम से हरि-तारा चेरिटेबल ट्रस्ट बना दिया था...।'[50]

डॉ. कर्ण सिंह बताते हैं कि उन्होंने पूर्व राजा-महाराजाओं को प्रिवी पर्स के रूप में बांड देने जैसे फ़ॉर्मूले पर भी काम किया था, मगर इसका विरोध किया गया। भले ही प्रिवी पर्स की रकम चार करोड़ रुपये थी, मगर 1971 के आम चुनाव में *ग़रीबी हटाओ* के नारे के साथ अमीरों के ख़िलाफ़ एक मुद्दा तो बन ही गया था। डॉ. कर्ण सिंह ने इस चुनाव से जुड़ा एक दिलचस्प वाक़या बताया, "यह पहली बार मैं सार्वजनिक रूप से कह रहा हूँ। कुछ प्रिसेंस ने पैसा इकट्ठा करके मेरे विरोधी को दिया। प्रिसेंस तो मुझसे नाराज़ थे ही कि कैबिनेट में रहते हुए भी मैंने उनका साथ नहीं दिया। मैं तो आदर्शवादी रहा हूँ। नाम नहीं लूँगा किसी का, लेकिन कुछ प्रिसेंस ने चुनाव में मेरे विरोधी को कुछ लाख रुपये दिए थे।"[51]

उस चुनाव में जम्मू-कश्मीर की ऊधमपुर सीट से डॉ. कर्ण सिंह भारतीय जनसंघ के बलदेव सिंह को भारी मतों से पराजित कर चुनाव जीते थे। यह चुनाव चार साल पहले लोकसभा में दूसरे बड़े दल के रूप में उभरी स्वतंत्र पार्टी के लिए भी एक बड़ा अवसर था, लेकिन नतीजे जब आए तो यह पार्टी बिखरती हुई नज़र आई। उसे सिर्फ़ आठ सीटें मिलीं। जयपुर की पूर्व महारानी गायत्री देवी ने लगातार तीसरी बार चुनाव जीता। ग्वालियर के सिन्धिया घराने की राजमाता विजया राजे ने भी भारतीय जनसंघ से भिंड से चुनाव जीता। दरअसल, 1967 का लोकसभा चुनाव स्वतंत्र पार्टी के टिकट से जीतने के कुछ महीने बाद ही वह जनसंघ में शामिल हो गई थीं और लोकसभा से इस्तीफ़ा देकर मध्य प्रदेश की राजनीति में सक्रिय हो गई थीं। जनसंघ के टिकट पर ही प्रिवी पर्स के राष्ट्रपति के आदेश को चुनौती देने वाले उनके बेटे माधवराव सिन्धिया ने गुना से पहली बार लोकसभा का चुनाव जीता। दिलचस्प यह भी है कि इस चुनाव में प्रिवी पर्स के मुद्दे पर पटौदी के पूर्व नवाब मंसूर अली ख़ाँ पटौदी ने भी गुड़गाँव से विशाल हरियाणा पार्टी से चुनाव लड़ा, मगर बुरी तरह पराजित हो गए।[52]

समय से पहले कराए गए 1971 के लोकसभा चुनाव में इन्दिरा गांधी के नेतृत्व में कांग्रेस को 352 सीटें मिली थीं। इस आम चुनाव में *ग़रीबी हटाओ* के

नारे के दर्शन में प्रिवी पर्स *हटाओ* का नारा भी अन्तर्निहित था, यह समझा जा सकता है। यही वजह है कि सत्ता में लौटने के कुछ महीने बाद ही एक बार इन्दिरा सरकार ने प्रिवी पर्स की समाप्ति की दिशा में क़दम बढ़ा दिए। इन्दिरा जिस धमाकेदार तरीक़े से लोकसभा का चुनाव जीतकर आई थीं, उनके लिए इस संविधान संशोधन विधेयक को पारित करवाने में कोई अड़चन नहीं आई। 28 दिसम्बर, 1971 को छब्बीसवें संविधान संशोधन विधेयक पर राष्ट्रपति की मुहर लगते ही पूर्व रियासतों के पूर्व शासकों को मिलने वाला प्रिवी पर्स और अन्य सुविधाएँ हमेशा के लिए ख़त्म हो गईं। इसके साथ ही राजा-महाराजाओं की हैसियत भी स्वतंत्र भारत में एक आम नागरिक जैसी हो गई।

प्रिवी पर्स की समाप्ति ने इन्दिरा गांधी को संसद के भीतर और बाहर एक बड़ी ताक़त दी। 1971 का साल वाक़ई उनके उत्कर्ष का काल था। लोकसभा में उन्होंने धमाकेदार तरीक़े से वापसी की थी, बांग्ला मुक्ति संग्राम ने उनकी लोकप्रियता को शिखर पर पहुँचा दिया था। उनके सामने विपक्ष बेबस और पस्त नज़र आ रहा था, मगर डेढ़-दो साल के भीतर ही स्थितियाँ उनके ख़िलाफ़ होने लगीं। उनके ख़िलाफ़ जयप्रकाश नारायण के नेतृत्व में आन्दोलन तेज़ होने लगा और अन्ततः 25 जून, 1975 की रात उन्होंने देश में आपातकाल लगा दिया। बड़ी संख्या में विपक्षी नेताओं की गिरफ़्तारियाँ हुईं। जिन्हें गिरफ़्तार किया गया था, उनमें जयपुर की पूर्व महारानी और एक समय इन्दिरा की प्रतिद्वंद्वी मानी जा रहीं गायत्री देवी भी शामिल थीं। गायत्री देवी ने बाद में राजनीति से किनारा कर लिया, लेकिन प्रिवी पर्स की समाप्ति से जयपुर राजघराने के रसूख़ पर कोई ख़ास फ़र्क़ नहीं पड़ा।

आपातकाल में ग्वालियर की पूर्व महारानी विजया राजे सिन्धिया को भी गिरफ़्तार किया गया था। विजया राजे 2001 में अपनी मृत्यु से पहले तक राजनीति में सक्रिय रहीं और भाजपा की वरिष्ठ नेताओं में शामिल थीं। सच तो यह है कि प्रिवी पर्स की समाप्ति से, ख़ासतौर से सिन्धिया राजघराने की हैसियत पर भी कोई ख़ास फ़र्क़ नहीं पड़ा। विजया राजे सिन्धिया के बेटे माधवराव सिन्धिया आजीवन राजनीति में सक्रिय रहे। वे कांग्रेस के महत्त्वपूर्ण नेताओं में शुमार रहे। उनकी बेटियाँ वसुन्धरा राजे और यशोधरा राजे, पोते ज्योतिरादित्य और नाती दुष्यन्त सिंह, ये सब मध्य प्रदेश और राजस्थान की राजनीति का केन्द्र बने हुए हैं। मार्च, 2020 में ज्योतिरादित्य सिन्धिया के भाजपा में शामिल होने के साथ

ही सिन्धिया परिवार का कांग्रेस से नाता पूरी तरह ख़त्म हो चुका है।

यों तो आज़ादी मिलने के बाद से ही पूर्व रियासतों के शासक विभिन्न पार्टियों से लोकसभा, विधानसभा और राज्यसभा के चुनावों में जीतते-हारते रहे हैं। लेकिन धीरे-धीरे उनकी संख्या कम ज़रूर होती गई है। मई, 2019 में हुए लोकसभा चुनाव में पूर्व राजघरानों के 12 सदस्यों ने देश के विभिन्न हिस्सों में चुनाव लड़ा। इसमें भाजपा के टिकट पर चुनाव लड़ने वाले चार पूर्व शासक ही चुनाव जीत सके।[53]

राजस्थान की राजसमन्द सीट से गायत्री देवी की पोती और भवानी सिंह की बेटी दीया कुमारी भाजपा के टिकट पर विजयी हुईं। इसी तरह से झालावाड़ से विजया राजे सिन्धिया के नाती और वसुन्धरा राजे सिन्धिया के बेटे दुष्यन्त सिंह ने भाजपा के टिकट से तीसरी बार चुनाव जीता, मगर उनके मामा माधवराव सिन्धिया के बेटे ज्योतिरादित्य सिन्धिया मध्य प्रदेश की गुना सीट से कांग्रेस के टिकट पर चुनाव हार गए। ज्योतिरादित्य अब भाजपा में हैं और राज्यसभा के सदस्य हैं। 2019 के लोकसभा चुनाव में राजस्थान की अलवर सीट से पूर्व राजपरिवार के भँवर जितेन्द्र सिंह कांग्रेस के टिकट से चुनाव हार गए। उत्तर प्रदेश की तीन सीटों—प्रतापगढ़, कुशीनगर और गोंडा से पूर्व राजपरिवार के तीन सदस्य विभिन्न पार्टियों से चुनाव मैदान में थे। उनमें से कांग्रेस की राजकुमारी रत्ना सिंह प्रतापगढ़ में भाजपा के संगमलाल गुप्ता से चुनाव हार गईं। कुशीनगर में कीर्तिवर्धन सिंह उर्फ राजा भइया भाजपा के टिकट से चुनाव जीतने में सफल हुए तो गोंडा में कांग्रेस के रतनजीत सिंह तीसरे स्थान पर रहे। ओडिशा में बोलांगीर और कालाहांडी से पूर्व राजपरिवारों के तीन सदस्य चुनाव-मैदान में थे। बोलांगीर में पूर्व पटना रियासत के पूर्व शासक कलिकेश नारायण सिंहदेव ने बीजू जनता दल के उम्मीदवार के रूप में चुनाव लड़ा था, मगर उन्हें भाजपा उम्मीदवार के रूप में चुनाव लड़ने वाली उनकी भाभी संगीता कुमारी सिंहदेव ने पराजित कर दिया। कालाहांडी में पूर्व रियासत के वारिस पुष्पेन्द्र सिंह ने बीजू जनता दल के टिकट से चुनाव लड़ा, मगर भाजपा के बसन्त कुमार पांडा से हार गए। ऊधमपुर से जम्मू-कश्मीर के पूर्व सदर-ए-रियासत डॉ. कर्ण सिंह के बेटे विक्रमादित्य सिंह कांग्रेस उम्मीदवार थे, लेकिन वह भाजपा के जितेन्द्र सिंह (केन्द्रीय मंत्री) से चुनाव हार गए।

सुदूर दक्षिण में केरल की तिरुवनन्तपुरम सीट से भी एक पूर्व रियासत

के वारिस पंडलन केरलावरमराजा ने निर्दलीय चुनाव लड़ा था, लेकिन वह मुश्किल से डेढ़ हज़ार वोट ही हासिल कर सके। तिरुवनन्तपुरम से कांग्रेस के शशि थरूर तीसरी बार चुनाव जीतने में सफल रहे।[54]

भारतीय लोकतंत्र ने दिखाया है कि यहाँ पूर्व राजा-महाराजाओं और आम आदमी में कोई फ़र्क़ नहीं है। लोकतंत्र में असली ताक़त जनता के पास ही होती है। यही वजह है कि दिग्गज राजा-महाराजाओं को भी चुनावों में हार का सामना करना पड़ा है। यह भी सच है कि अनेक पूर्व राजा-महाराजाओं ने काफ़ी पहले इस सच्चाई को स्वीकार किया और ख़ुद को आम आदमी की तरह पेश किया। इनमें मांडा के पूर्व राजा विश्वनाथ प्रताप सिंह का नाम सबसे आगे रखा जा सकता है, जिन्होंने प्रधानमंत्री रहते अन्य पिछड़े वर्गों (ओबीसी) के आरक्षण से सम्बन्धित मंडल आयोग की सिफ़ारिशों को भारी विरोध के बावजूद लागू किया। ऐसे पूर्व राजाओं में एक और नाम शामिल किया जा सकता है और वह थे, इलाहाबाद विश्वविद्यालय में विश्वनाथ प्रताप सिंह के सहपाठी तथा छत्तीसगढ़ की पूर्व कोरिया रियासत के दिवंगत वारिस रामचन्द्र सिंहदेव। उनके पिता रामानुज प्रताप सिंहदेव कोरिया के आख़िरी राजा थे। ख़ुद रामचन्द्र सिंहदेव छत्तीसगढ़ के वित्त मंत्री रह चुके थे।

प्रिवी पर्स की समाप्ति के पाँच दशक बाद बेशक राजघरानों का देश की राजनीति में पहले जैसा प्रभाव नहीं रहा। प्रिवी पर्स की समाप्ति के चार दशक बाद जून, 2009 में कांग्रेस ने एक दिलचस्प फ़ैसला किया। देश की सबसे पुरानी राजनीतिक पार्टी ने अपने रिकॉर्ड से राजा-महाराजाओं को नवाज़े जाने वाली कुँवर, राजा, रानी, बेगम और श्रीमन्त जैसी उपाधियों को हटाने का फ़ैसला किया। यों तो रियासतों के भारत में विलय के बाद से ही महाराजा और महारानी जैसी उपाधियाँ ख़त्म हो गई थीं, लेकिन व्यवहार में इनका इस्तेमाल होता रहा है। कांग्रेस ने अपने सदस्यों को सलाह दी कि वे अपने व्यक्तिगत जीवन में शाही और सामन्ती अलंकरणों का इस्तेमाल न करें।[55]

डॉ. कर्ण सिंह कहते हैं, "प्रिवी पर्स का मसला तो कब का ख़त्म हो गया। पूर्व रियासत के जो लोग राजनीति में हैं वे अपने व्यक्तिगत प्रभाव के कारण हैं। उनके चुनाव जीतने की भी यही वजह है।"[56]

बेशक राजशाही ख़त्म हो चुकी है, लेकिन देश में जो नया राजनीतिक वर्ग उभरा है, वह क्या किसी पूर्व राजशाही से कम है? यक़ीन न हो, तो जरा

सिर उठाकर अपने आसपास देखिए, आपको लोकतंत्र की जाज़िम में उनके रंग भी नज़र आएँगे।

सन्दर्भ

1. V.P. Menon, The Story of the Integration of Indian States, 1955, pp. 110-11
2. Bijay Chandra Rath, Anarchistic Existence of The Princely States & The Inevitable Integration With The Province of Odisha; Book : Towards Merger, Integration of The Princely States of Odisha, Prahlad Sahu, 1998
3. Integration of the Princely States of Odisha : The Merger Conference, Satyabhama Pati; Book : Towards Merger, Integration of The Princely States of Odisha, Prahlad Sahu, 1998
4. V.P. Menon, The Story of the Integration of The Indian States , 1955, pp. 110-11
5. Prahlad Sahu, Towards Merger, Integration of The Princely States of Odisha, 1998
6. When Sardar Vallabhbhai Patel got signatures of Princely States at Cuttack railway station, 31 Oct., 2019, Times of India
7. V.P. Menon, The Story of the Integration of The Indian States, p. 113
8. Rajmohan Gandhi, Patel a Life, p. 343, Navjivan Publishing House, Ahmedabad
9. Rajmohan Gandhi, Patel a Life, pp. 371-72
10. Rajmohan Gandhi, p. 384
11. V.P. Menon, p. 52
12. वही, p. 55
13. वही, pp. 33-34
14. वही, p. 55
15. India After Gandhi, Ramchandra Guha, p. 39
16. Rajmohan Gandhi, pp. 405-6
17. Government From Inside, N.V. Gadgil, p. 30
18. Rajmohan Gandhi, p. 411; The Great Divide, Britain-India-Pakistan, H.V. Hodson, pp. 389-90
19. Rajmohan Gandhi, p. 452
20. Diwan Jarmani Dass, Maharaja, Lives and Loves and Intrigues of

Indian Princes, Allied Publishers, p. 281
21. Jarmani Dass, p. 314
22. वही
23. http://www.indlanraJ.P.uts.com/view/ranpur
24. V.P. Menon, p. 33; संविधान-सभा की बहस, 12 अक्तूबर, 1949, खंड दस
25. वही, p. 325
26. Howard L Erdman, The Swantrantra Party & Indian Conservatism, p. 77
27. Howard L Erdman, p. 122
28. Gayatri Devi, A Princes Remembers, The Memoirs of The Maharani of Jaipur, pp. 271-284
29. Howard L Erdman, pp. 144-145; चुनाव आयोग की आधिकारिक वेबसाइट में दर्ज 1962 के चुनाव से सम्बन्धित रिकॉर्ड से
30. Howard L Erdman, p. 115
31. Short Duration Discussion Rajyasabha, 31 July, 1967, Session 61, https://rajyasabha.nic.in/business/floor_official_debate.aspx
32. वही
33. वही
34. वही
35. Loksabha Debates, Third Session, 15. November, 1967, Loksabha Secretariat
36. Rajya Sabha Debates, 2.8.1968
37. Jairam Ramesh, Intertwined Lives P.N. Haksar & Indira Gandhi, pp. 112-13
38. Loksabha Debates, 1.9.1970, Parliament Archive
39. वही
40. वही
41. वही
42. Rajya Sabha Debates, 5.9.1970
43. वही
44. वही
45. Rajya Sabha Debates, 7.4.1971
46. His failure to reach the Rajya Sabha in time led to the collapse of a Bill to abolish privy purses in September 1970, 23 May, 2016, The Hindu
47. Rasheed Kidvai, The Singaporean who took Indira Gandhi to court, https://www.orfonline.org/expert-speak/the-singaporean-who-took-indira-gandhi-to-court-53298/
48. वही

49. डॉ. कर्ण सिंह से लेखक की बातचीत
50. वही
51. वही
52. चुनाव आयोग के रिकॉर्ड से
53. Royalties from BJP win LS Polls, 23.5.2019, PTI https://www.businesstoday.in/pti-feed/story/royalties-from-bjp-win-ls-polls-201063-2019-05-24
54. वही
55. Cong. wants royal titles stuck off, 16 June, 2009, Times of India
56. डॉ. कर्ण सिंह से लेखक की बातचीत

कोयला

कितना खरा है काला सोना

देश में आपातकाल को लागू हुए छह महीने हो गए थे। तक़रीबन सारे बड़े विपक्षी नेताओं की गिरफ़्तारी की वजह से राजनीतिक गतिविधियाँ ठप्प-सी थीं। 1975 के दिसम्बर के सर्द और कोहरे से भरे दिन थे। चंडीगढ़ में तो वैसे भी ठंड बहुत पड़ती है। उन्हीं दिनों इस केन्द्र शासित क्षेत्र में अखिल भारतीय कांग्रेस समिति का चार दिन का अधिवेशन आयोजित किया गया था। 27 दिसम्बर तक सारी तैयारियाँ पूरी हो चुकी थीं।

इंडिया टुडे के रिपोर्टर के. शशंकन ने पत्रिका के 15 जनवरी, 1975 के अंक में अपनी रपट में लिखा :

"ऐसा लग रहा था, मानो शहर ख़ुद को किसी राष्ट्रीय उत्सव के लिए तैयार कर रहा है। सैकड़ों कारों, बसों और ट्रकों से हज़ारों लोग देश के कोने-कोने से यहाँ पहुँच रहे थे। 28 दिसम्बर की शाम तक कांग्रेस अध्यक्ष देवकान्त बरुआ और प्रधानमंत्री इन्दिरा गांधी भी वहाँ पहुँच गए। आयोजन स्थल किसी नए बसाए नगर की तरह लग रहा था। इसे नाम दिया गया था, कोमागाटा मारू नगर!"[1]

कोमागाटा मारू असल में पिछली सदी के शुरुआती वर्षों का एक समुद्री जहाज़ था। इसे जापान में तैयार किया गया था। हांगकांग (तब वह ब्रिटेन के अधीन था) में रहने वाले बाबा गुरदीत सिंह ने इसे ख़रीद लिया था। यह जहाज़ पंजाब के 376 यात्रियों के साथ 4 अप्रैल, 1914 को हांगकांग से शंघाई (चीन), योकोहामा (जापान) होते हुए 23 मई को कनाडा के वैंकुवर के कोल हॉर्बर पहुँचा था। अंग्रेज़ अधिकारियों ने प्रवासन क़ानून का हवाला देकर कोमागाटा

मारू से सिर्फ़ 24 यात्रियों को वहाँ उतरने दिया और जहाज़ को वापस भेज दिया। बीसवीं सदी के उन शुरुआती वर्षों में कनाडा और अमेरिका में प्रवासन क़ानून की वजह से एशियाई मूल के लोगों को प्रवेश की इजाज़त नहीं दी जाती थी।

कोल हॉर्बर से लौटाए जाने के कई हफ़्तों के सफ़र के बाद यह जहाज़ 27 सितम्बर, 1914 को कलकत्ता (अब कोलकाता) के समुद्र तट पर पहुँचा, जहाँ इस पर अंग्रेज़ सरकार के कारिन्दों ने गोलियाँ चलाईं। इस घटना में 19 यात्रियों की मौत हो गई थी। यह उस समय की बात है, जब देश में राष्ट्रीय आन्दोलन तेज़ हो रहा था। कोमागाटा मारू की इस घटना को भी राष्ट्रीय आन्दोलन से जोड़कर देखा गया। यही नहीं, कोल हॉर्बर में बाद में कोमागाटा मारू और उसके यात्रियों की याद में एक स्मारक भी स्थापित किया गया। वैसे इस बन्दरगाह का नाम कोल हॉर्बर रखने के पीछे का राज यह था कि यहाँ 1862 में कोयला की खदान मिली थी। उन दिनों समुद्र में चलने वाले जहाज़ भाप से चलते थे। कोमागाटा मारू भी ऐसा ही जहाज़ था। ऐसे जहाज़ों में कोयला जलाकर बॉयलरों में रखे पानी को गरम कर भाप में बदल दिया जाता था और फिर उसकी ताक़त से ये जहाज़ चलते थे।

कोमागाटा मारू की घटना का सम्बन्ध पंजाब से होने के कारण चंडीगढ़ में हो रहे कांग्रेस अधिवेशन स्थल का नाम इस पर रखने की ज़ाहिर है, एक भावनात्मक और ऐतिहासिक वजह थी। कोमागाटा मारू नगर की ओर निकलने से पहले प्रधानमंत्री इन्दिरा गांधी ने 28 दिसम्बर, 1975 को राजधानी दिल्ली में जो काम निबटाए, उनमें उनकी ओर से जारी एक बयान भी था। यह बयान एक दिन पहले ही कोमागाटा मारू नगर से डेढ़ हज़ार किलोमीटर दूर स्थित बिहार (अब झारखंड) के धनबाद के चासनाला स्थित कोयला-खदान में अचानक पानी आ जाने से कई सौ मज़दूरों के खदान में फँस जाने की दर्दनाक घटना के सम्बन्ध में था।

पत्र सूचना कार्यालय (पीआईबी) द्वारा जारी विज्ञप्ति में प्रधानमंत्री के सन्देश को कुछ यूँ दर्ज किया गया था, "चासनाला कोलियरी में हुए हादसे की दर्दनाक ख़बर ने मुझे चिन्ता से भर दिया है। मैं वहाँ फँसे श्रमिकों को लेकर चिन्तित हूँ। मेरी संवेदना उनके परिवारों के प्रति है। मैं कल्पना कर सकती हूँ कि वे किस वेदना से गुज़र रहे हैं? केन्द्र और बिहार सरकार के मंत्री तथा अधिकारी तुरन्त घटनास्थल पर पहुँच गए हैं। श्रमिकों को सुरक्षित निकालने के लिए मानवीय

आधार पर जो भी सम्भव है, वह किया जा रहा है। मुझे विश्वास है कि सारा देश मेरे साथ प्रार्थना करेगा कि हमारी मदद वहाँ समय से पहुँच जाए और श्रमिकों को बचाया जा सके और नुक़सान कम-से-कम हो।"[2]

उस समय तक अन्दाज़ा नहीं था कि यह हादसा देश में कोयला-खदान की अब तक की सबसे बड़ी त्रासदी में बदल जाने वाला है। 27 दिसम्बर, 1975 को अपराह्न 1:35 बजे के आसपास चासनाला कोलियरी खदान के पिट की छत पर धमाका जैसा कुछ हुआ और उसके ऊपर स्थित विशाल जल-भंडार से तेज़ रफ़्तार में पानी खदान में भरने लगा। अनुमानत: खदान में हज़ार फ़ीट की गहराई तक पानी भर गया।

हादसे की सूचना मिलते ही खदान में फँसे मज़दूरों को निकालने के लिए भारी अमला वहाँ जुट गया था। खदान से पानी खींचकर बाहर निकालने वाले उच्च क्षमता पम्प मँगवाए गए। ये पम्प एक मिनट में एक हज़ार गैलन पानी खींच सकते थे। दिन-रात लगातार पानी खींचकर बाहर निकाला जाने लगा। केन्द्रीय इस्पात और खदान मंत्री चन्द्रजीत यादव भी वहाँ पहुँच चुके थे। घटनास्थल का दौरा करने और अधिकारियों से बात करने के बाद उन्होंने कहा, "खदान में जो लोग फँसे हैं, हम उनके लिए सिर्फ़ प्रार्थना ही कर सकते हैं। उन्हें कोई चमत्कार ही बचा सकता है।" *रायटर* ने 28 दिसम्बर, 1975 को खदान से सम्बन्धित अपनी रिपोर्ट में इन ब्योरों के साथ लिखा कि बचाव-कार्य के बीच खदान में फँसे मज़दूरों के हज़ारों रिश्तेदार और दोस्त बिलखते हुए अपने प्रियजनों का इन्तज़ार कर रहे थे।[3]

कोयला-खदान में अतीत में भी कई हादसे हुए थे, जिनमें अनेक श्रमिकों की जानें गई थीं। चासनाला हादसे के एक दशक पहले 1965 में धनबाद के नज़दीक स्थित धोरी खदान में भी ऐसा ही हादसा हुआ, जिसमें 268 श्रमिकों की मौत हो गई थी। मगर चासनाला का हादसा सबसे भयावह था, जिसमें 375 लोगों के मरने की आधिकारिक तौर पर पुष्टि की गई।

चासनाला कोयला-खदान की यह दर्दनाक कहानी बताती है कि कैसे जान जोखिम में डालकर श्रमिकों को कोयला-खदान में काम करना पड़ता है। यह खदान धनबाद ज़िले में स्थित है, जिसे देश की 'कोल कैपिटल' तक कहा जाता है। चासनाला की कोयला-खदानें देश में बंगाल से लेकर बिहार, झारखंड, ओडिशा, मध्य प्रदेश और छत्तीसगढ़ तक के विशाल भू-भाग में

दबे कोयला के अथाह भंडार का एक सिर्फ़ छोटा-सा हिस्सा भर हैं। कोयला के इस विशाल भंडार पर सरकारों से लेकर बड़े कॉरपोरेटरों तक की नज़रें लगी हुई हैं।

'लोहे के घोड़े' पर सवार

वैसे भारत में कोयला-खदानों की कहानी शुरू होती है ढाई सौ साल पहले, जब 1774 में ईस्ट इंडिया कम्पनी ने दामोदर नदी के पश्चिमी तट पर स्थित रानीगंज (पश्चिम बर्धमान ज़िला, पश्चिम बंगाल) में कोयला-भंडार को खोज निकाला था। हालाँकि उस वक़्त कोयले की कुछ ख़ास माँग नहीं थी। उन दिनों बैलगाड़ियों से रानीगंज से आमटा (हावड़ा ज़िला, पश्चिम बंगाल) तक कोयला लाकर दामोदर नदी के किनारे रख दिया जाता था और फिर मानसून के उन दिनों में जब नदी में बड़ी नावों को चलाने लायक पानी होता था, कोयले को ढोकर कलकत्ता पहुँचा दिया जाता था। यह श्रमसाध्य तो था ही, इसमें कई तरह की अड़चनें भी थीं। मसलन, कई बार नाव उफनती नदी में डूब भी जाती थी, जिससे भारी नुक़सान भी हो जाता था।[4]

उन्नीसवीं सदी के पूर्वार्द्ध में नील, चाय, अफ़ीम और कपास के निर्यात के साथ ही बंगाल के रानीगंज क्षेत्र से कोयले का खनन शुरू हो चुका था। भाप से चलने वाले जहाज़ों के आने के बाद 1830-40 के दशक में कोयले का दोहन बढ़ने लगा। तब तक गंगा नदी में भाप वाले जहाज़ चलने लगे थे। भाप से चलने वाले लोकोमोटिव इंजन के आने के बाद तो कोयला-खनन में और तेज़ी आ गई। स्कॉटिश इतिहासकार और आईसीएस (इंडियन सिविल सर्विसेज) अधिकारी विलियम विल्सन हंटर ने अपनी किताब द *इंडियन एम्पायर : इट्स पीपुल, हिस्ट्री एंड प्रोडक्ट्स* में लिखा है, "दुनिया के अन्य हिस्सों की तरह भारत में भी कोयला (उत्पादन) और रेलवे का विस्तार साथ-साथ होने लगा। कोयला जब तक रेलवे के ज़रिये बाज़ार तक न पहुँचे, बेमोल है और रेलवे के ख़र्च के निर्धारण में कोयले की क़ीमत सबसे अहम है।"[5]

इस तरह देश में रेल लाइन के बिछने के साथ ही कोयला की माँग और बढ़ने लगी।

यों तो देश में रेलवे की शुरुआत आधिकारिक तौर पर 16 अप्रैल, 1853 को हुई थी, जब चार सौ यात्रियों के साथ पहली यात्री ट्रेन ने बॉम्बे से ठाणे

का सफ़र पूरा किया था, मगर इसके बीज 1830 के दशक में ही पड़ गए थे। 1840 के दशक में दो बड़ी रेलवे कम्पनियों की स्थापना हो गई थी। 1845 में ईस्ट इंडिया रेलवे कम्पनी (ईआईआरसी) और 1849 की द ग्रेट इंडियन पेनिनसुलर रेलवे (जीआईपीआर)।[6]

ईआईआरसी की स्थापना के छह साल बाद 1851 में कलकत्ता से राजमहल के बीच प्रायोगिक लाइन बिछाई गई। इस प्रायोगिक लाइन को 1855 में रानीगंज तक बढ़ा दिया गया। रानीगंज तक रेल लाइन कोयला ढोने के मक़सद से ही बिछाई गई थी। यह तब की बात है, जब दूर-दूर तक अन्दाज़ा भी नहीं था कि कोयला देश की अर्थव्यवस्था को तो बदल ही देगा और एक समय ऐसा भी आएगा, जब देश की 70 फ़ीसदी ऊर्जा कोयले पर निर्भर हो जाएगी!

भारत में आधिकारिक रूप से बॉम्बे के बोरीबन्दर से ठाणे के बीच पहली यात्री ट्रेन के चलने के क़रीब चार महीने बाद कार्ल मार्क्स ने भारत के विकास को लेकर जो अनुमान जताया था, वह ग़ौरतलब है। मार्क्स ने *भारत में ब्रिटिश शासन का प्रभाव* शीर्षक से एक आलेख लिखा था, जो कि 8 अगस्त, 1853 को *न्यूयॉर्क डेली ट्रिब्यून* में प्रकाशित हुआ था। इसमें मार्क्स ने लिखा :

"भाप ने यूरोप के साथ भारत का नियमित और तेज़ सम्बन्ध क़ायम कर दिया है, उसने उसके मुख्य बन्दरगाहों को पूरे दक्षिण-पूर्वी महासागर के बन्दरगाहों से जोड़ दिया है, और उसकी उस अलगाव की स्थिति को ख़त्म कर दिया है, जो उसकी प्रगति न करने का मुख्य कारण थी। वह दिन बहुत दूर नहीं है, जब रेलगाड़ियाँ और भाप से चलने वाले समुद्री जहाज़ इंग्लैंड और भारत के बीच के फ़ासले को, समय की माप के अनुसार, केवल आठ दिन में समेट देंगे और वह वैभवशाली देश पश्चिमी संसार का सचमुच एक हिस्सा बन जाएगा। ग्रेट ब्रिटेन के शासक-वर्गों की भारत की प्रगति में अभी तक केवल आकस्मिक, क्षणिक और अपवाद रूप में ही दिलचस्पी रही है। अभिजात-वर्ग उसे फतह करना चाहता था, थैलीशाहों का वर्ग उसे लूटना चाहता था और मिलशाहों का वर्ग सस्ते दामों पर अपना माल बेचकर उसे बर्बाद करना चाहता था, लेकिन अब स्थिति एकदम उलटी हो गई है।"[7]

भारत में अंग्रेज़ी राज के प्रभाव को लेकर कार्ल मार्क्स ने अपने इस आलेख में जो आकलन किया था, हम पौने दो सौ साल बाद आज शायद उससे पूरी तरह से सहमत न हों, जिसमें उन्होंने लिखा था, "रेलवे भारत में औद्योगिक क्रान्ति ला देगा और पूरे देश को बदलकर रख देगा।" मगर भाप से चलने

वाली ट्रेनों और जहाज़ों की ताक़त और भारत पर पड़ने वाले उसके प्रभाव को उन्होंने कहीं बेहतर ढंग से समझ लिया था। इसी लेख में उन्होंने लिखा, "एक बार जब किसी ऐसे देश में, जहाँ लोहा और कोयला मिलता है, आवाजाही के साधनों में मशीनों का इस्तेमाल शुरू कर देते हैं, तब आप उस देश को मशीनें बनाने से नहीं रोक सकते।"[8]

कहा जाता रहा है कि बंगाल जो आज सोचता है, वह कल पूरा भारत। रेलवे और कोयला के सम्बन्ध में भी यह बात ग़लत कहाँ है? बंगाल में रेल लाइन के विस्तार में जिन लोगों की अहम भूमिका थी, उनमें समाज सुधारक द्वारकानाथ टैगोर भी शामिल थे, जो कोयला सहित कई अन्य तरह के कारोबारों से जुड़े उद्योगपति भी थे। वह एक अख़बार *इंग्लिशमैन* भी निकालते थे। गुरुवर रवीन्द्रनाथ टैगोर उन्हीं के पोते थे। असल में 1842 में रानीगंज और राजमहल में स्थित अपनी कोयला-खदान के कारोबार के सिलसिले में इंग्लैंड की यात्रा के दौरान द्वारकानाथ को पहली बार रेल से सफ़र करने का मौक़ा मिला। वह इस 'लोहे के घोड़े' से ख़ासा प्रभावित हुए। अपने कारोबारी हितों के लिए द्वारकानाथ टैगोर चाहते थे कि कलकत्ता से रानीगंज कोलियरी तक रेल लाइन बिछ जाने से कोयले की ढुलाई आसान हो जाएगी। उन्होंने गिलमोर होम्ब्रे एंड कम्पनी के साथ मिलकर 1843 में बंगाल कोल कम्पनी बना रखी थी और उनका कारोबार फैल रहा था।[9]

सच कहें, तो अंग्रेज़ी हुकूमत को भी रेलवे की अहमियत पता थी। इसके ज़रिये वह हिन्दुस्तान के कोने-कोने से क़ीमती खनिज और कच्चा माल इंग्लैंड भेज रही थी। कोयला उनके लिए काला सोना साबित हो रहा था। कैम्ब्रिज यूनिवर्सिटी के लिए किए गए अपने शोध में दिलीप सिमियन ने ख़ासतौर से झरिया कोयला-खदान का अध्ययन किया है उनके मुताबिक़ रानीगंज कोयला-क्षेत्र से लगे बिहार के धनबाद-झरिया के कोयला-क्षेत्र में 1895 में रेल लाइन के बिछने के बाद कोयला-उत्पादन में भी बेतहाशा वृद्धि होने लगी। उन्होंने लिखा है, "1895 से लेकर प्रथम विश्वयुद्ध की समाप्ति तक भारत में कोयले का उत्पादन दस गुना और कोयला-खदानों में काम करने वाले श्रमिकों की संख्या बढ़कर पाँच गुना हो गई, बल्कि 1907 तक तो भारत में कोयले के उत्पादन का 50 फ़ीसदी झरिया कोयला-क्षेत्र में ही हो रहा था।"[10]

कोयला-उद्योग को आगे बढ़ाने में रेलवे दोहरी भूमिका निभा रहा था। एक

ओर तो कोयले का वह ख़ुद सबसे बड़ा उपभोक्ता था और दूसरी ओर वह आस-पड़ोस के उभरते उद्योगों में इसकी आपूर्ति कर रहा था।[11]

कोयले का दोहन किस तेज़ी से हो रहा था, इसका अन्दाज़ा इसी से लगाया जा सकता है कि 1890 से 1920 के दौरान बंगाल और बिहार में कोयला कम्पनियों की संख्या 6 से बढ़कर 227 हो गई।[12]

झरिया में कोयला-खनन में कितनी तेज़ी आ चुकी थी, यह इससे भी पता चलता है कि 1920 और 1930 के दशकों तक वहाँ कोयला-खदानों में क़रीब सवा लाख लोग काम करने लगे थे। इनमें हज़ारीबाग (अब झारखंड में) के साथ ही मानभूम (आज़ादी मिलने के बाद यही पुरुलिया ज़िला बन गया और 1950 के दशक में राज्यों के पुनर्गठन के बाद यह पश्चिम बंगाल का हिस्सा बन गया) अन्य पड़ोसी ज़िलों से काम की तलाश में आए लोग भी शामिल थे। यही नहीं, तब पड़ोसी छत्तीसगढ़ के बिलासपुर से भी लोग यहाँ कोयला-खदानों में काम करने के लिए आ चुके थे। कोयला-खदानों का दोहन बढ़ने के साथ ही झरिया में बस्तियाँ भी बसने लगीं। हालाँकि वहाँ पीने के पानी से लेकर शौच तक की समस्याएँ भी बढ़ने लगी थीं। किसी भी कोलियरी में मज़दूरों के लिए पीने के साफ़ पानी और स्वच्छता की पर्याप्त व्यवस्था नहीं थी। यहाँ तक कि सुरक्षा को लेकर भी कम जोखिम नहीं थे।

अपने शोध-पत्र में दिलीप सिमियन लिखते हैं, "1944 तक भारत की 910 कोयला-खदानों में से सिर्फ़ 75 में ही 210 मैकेनिकल कटर थे और ज़्यादातर जगह श्रमिकों को मानवीय श्रम के ज़रिये ही खनन करना पड़ता था। झरिया में 1942 में 28,835 सेफ़्टी लैम्प काम में आ रहे थे, मगर खदान के भीतर प्रकाश के लिए श्रमिक केरोसिन से जलने वाले लैम्प यानी कुप्पी पर निर्भर थे। इसका असर श्रमिकों की आँखों पर पड़ रहा था और क़रीब एक-चौथाई मज़दूरों में नेत्र सम्बन्धी विकार पैदा हो गए थे।"[13]

कोयले के दोहन के साथ ही श्रमिकों के शोषण की कहानी भी शुरू हो गई थी। कम्पनियाँ ख़ुद जिन श्रमिकों की भर्ती करती थीं, उन्हें सरकारी श्रमिक कहा जाता था। मगर 1920-30 के दशक में ही ठेकेदारों और दलालों ने वहाँ अपना नेटवर्क बना लिया था। 1930 के दशक में 50 फ़ीसदी कोयला-उत्पादन ठेकेदारों पर निर्भर था।[14]

कोयला-खदानों में महिलाएँ भी काम करने लगी थीं। 1920 में कोयला-

खदानों में काम करने वाले कार्यबल का 37.5 फ़ीसदी महिलाएँ थीं। महिला श्रमिकों को रेजा कहा जाता था। इन महिला श्रमिकों का बड़ा हिस्सा आदिवासी समुदाय से आता था। जैसा कि सिमियन ने लिखा है, "आँकड़ों के मुताबिक़ ब्रिटिश भारत में 1915 में प्रति 10 पुरुष श्रमिकों के पीछे 5.6 महिला श्रमिक का औसत था, 1920 में यह 6.1 हो गया, 1925 में 4.8, 1930 में 2.7 और 1935 में 1.6।"[15]

इस बीच, महिलाओं के कोयला-खदानों में रोक भी लगा दी गई। दरअसल ब्रिटिश शासन की ज़्यादतियों का असर श्रमिक वर्ग पर भी ख़ासा पड़ा था। इसके बावजूद ब्रिटिश संसद को श्रमिकों, ख़ासतौर से भूमिगत खदानों में काम करने वाली महिलाओं की सुरक्षा को लेकर बहस करनी पड़ी थी। 1937 में भूमिगत खदानों में महिलाओं के काम पर रोक लगा दी गई। इसकी वजह से चालीस हज़ार महिलाएँ कोयला-खदानों के श्रमिक बल से निकाल दी गईं, मगर दूसरे विश्वयुद्ध के दौरान कोयला की माँग बढ़ गई थी। औपनिवेशिक शासन ने युद्ध में शामिल अपने मित्र राष्ट्रों की कोयला ज़रूरतों को पूरा करने के लिए 1943 में भूमिगत खदानों में महिलाओं के काम करने पर लगी रोक हटा दी। यह वही दौर था, जब बंगाल भीषण दुर्भिक्ष से भी जूझ रहा था। यह भारी राजनीतिक उथल-पुथल का भी दौर था, क्योंकि एक साल पहले 1942 में महात्मा गांधी के नेतृत्व में स्वतंत्रता हासिल करने के लिए 'अंग्रेज़ो भारत छोड़ो आन्दोलन' शुरू किया जा चुका था। दूसरी ओर औपनिवेशिक सरकार ने युद्ध में ब्रिटिश साम्राज्य को मदद करने के लिए 2.55 करोड़ टन कोयले की आपूर्ति का वादा कर रखा था, जिससे खदानों पर अधिक उत्पादन के लिए दबाव बढ़ने लगा। कोयले की माँग बढ़ने के साथ ही अंग्रेज़ सरकार ने उद्योगों के लिए कोयले की राशनिंग भी शुरू कर दी थी। हालत यह हो गई कि जूट मिलों को 15 दिनों के लिए बन्द करना पड़ा, बिजली का उत्पादन घट गया और एक समय ऐसा भी आया, जब रेलवे के पास सिर्फ़ 15.7 दिनों के लिए कोयला रह गया।[16]

राष्ट्रीयकरण की दिशा में

जाहिर है, 15 अगस्त, 1947 को आज़ादी मिलने के समय तक देश की ऊर्जा, परिवहन के साथ ही हर तरह की औद्योगिक गतिविधियों के लिए कोयले पर

निर्भरता काफ़ी बढ़ गई थी। यह कहना ग़लत नहीं होगा कि नव स्वतंत्र राष्ट्र की धमनी के धड़कने के लिए कोयले की ज़रूरत थी। देश ने विभाजन के रूप में एक बड़ी क़ीमत चुकाई थी। आज़ादी मिलने के समय संसाधन भी कम थे, और यह भी तय होना था कि आख़िर देश किन नीतियों पर आगे बढ़ेगा? अच्छी बात यह थी कि देश के पास राष्ट्रीय आन्दोलन से निकले ऐसे नेताओं की कमी नहीं थी, जिनमें प्रतिभा, ईमानदारी और दूरदृष्टि थी। 1940 के दशक से जब आज़ादी नज़दीक दिखने लगी थी, देश के भीतर यह मन्थन भी चलने लगा था कि स्वतंत्रता मिलने के बाद देश किन नीतियों पर चलेगा? इसका एक सूत्र मिलता है फरवरी, 1938 में, जब कांग्रेस के हरिपुरा अधिवेशन में पार्टी अध्यक्ष सुभाषचन्द्र बोस ने प्रस्तावित किया कि स्वतंत्र भारत की सरकार की पहली प्राथमिकता एक राष्ट्रीय योजना आयोग (नेशनल प्लानिंग कमीशन) के गठन की होनी चाहिए, ताकि राष्ट्र के पुनर्निर्माण और ग़रीबी से लड़ाई को तेज़ किया जा सके। जैसा कि *ग़रीबी हटाओ* वाले अध्याय में पहले भी ज़िक्र आ चुका है, सुभाषचन्द्र बोस की पहल पर 17 दिसम्बर, 1938 को जवाहरलाल नेहरू की अध्यक्षता में नेशनल प्लानिंग कमेटी का गठन किया गया और के.टी. शाह को इसका सचिव बनाया गया।

इसके कुछ साल बाद 1944 में देश के आठ बड़े उद्योगपतियों ने भी स्वतंत्र राष्ट्र के लिए अपना ब्लू प्रिंट पेश किया, जिसे बॉम्बे प्लान कहा गया। जे.आर. डी. टाटा ने इसकी पहल की थी। ज़ोर इस बात पर था कि आज़ादी मिलने के बाद आर्थिक और औद्योगिक विकास किस तरह से हो। इसमें टाटा के अलावा घनश्यामदास बिड़ला, कस्तूरभाई लाल भाई, पुरुषोत्तमदास ठाकुरदास और सर श्रीराम शामिल थे। उनके अलावा आर्देशिर दलाल, ए.डी. श्रॉफ और जॉन मथाई जैसे बुद्धिजीवी भी शामिल थे।

स्वतंत्रता मिलने के बाद 1951 में जो योजना आयोग अस्तित्व में आया, वह काफ़ी हद नेशनल प्लानिंग कमेटी और बॉम्बे प्लान का मिला-जुला स्वरूप ही था। अवधारणा कल्याणकारी राज्य की थी, जिसमें देश के संसाधनों का समुचित दोहन किया जाना था। योजना आयोग की स्थापना के लिए पारित सरकारी प्रस्ताव से यह अवधारणा और पुष्ट हुई। इसमें भारतीय संविधान में दी गई मौलिक अधिकारों की गारंटी के साथ कहा गया कि देश के सभी नागरिकों को आजीविका का अधिकार होगा। पहली पंचवर्षीय योजना में

आर्थिक-सामाजिक विकास का ख़ाका पेश करते समय देश के संसाधनों का भी आकलन किया गया।

पहली पंचवर्षीय योजना के मसौदे के मुताबिक़ देश में तब तक़रीबन 6,500 करोड़ टन कोयले का भंडार था और इसका अधिकांश हिस्सा पश्चिम बंगाल और बिहार में ज़मीन के नीचे दो हज़ार फ़ीट की गहराई तक दबा हुआ था। तब देश के औद्योगिकीकरण के लिए इस कोयला-भंडार को पर्याप्त माना गया।[17]

स्वतंत्रता मिलने के समय देश की कोयला-खदानें प्राय: निजी क्षेत्रों के हाथों में थीं। हालाँकि रेलवे की अपनी कोयला-खदानें थीं। देश को रेलवे की ज़रूरतों को पूरा करने के साथ ही बिजली व अन्य ऊर्जा ज़रूरतों और उद्योगों के लिए कोयले की ज़रूरत थी। 15 अगस्त, 1947 को देश में सिर्फ़ 1362 मेगावाट बिजली पैदा करने की क्षमता थी और यह भी प्राय: कोयले और तेल पर ही निर्भर थी। आज देश में 3,86,888 मेगावाट बिजली पैदा करने की क्षमता है और हम 50 फ़ीसदी से अधिक बिजली-उत्पादन के लिए कोयले पर निर्भर हैं।

देश में कोयले के तीन बड़े उपभोक्ता थे और उनकी ज़रूरतें बढ़नी ही थीं। इनमें से एक तो ख़ुद रेलवे था। दूसरा था लोहा और इस्पात-उद्योग। भारत में 1874 में कुलटी (आसनसोल) में बंगाल आयरन वर्क्स द्वारा पहली ब्लास्ट फर्नेस स्थापित की गई थी। यही बंगाल आयरन वर्क्स 1892 में बंगाल आयरन एंड स्टील कम्पनी बन गई और फिर 11 मार्च, 1918 को इंडियन आयरन एंड स्टील कम्पनी (इस्को)। दूसरी ओर उद्योगपति जमशेद जी टाटा द्वारा स्थापित टाटा आयरन एंड स्टील कम्पनी (टिस्को) ने 1907 में टाटानगर में इस्पात संयंत्र की स्थापना की। टिस्को और इस्को, दोनों को अपने संयंत्रों के लिए कोयले की ज़रूरत थी और दोनों ने झरिया में खदानें हासिल कर ली थीं। कोयले का तीसरा बड़ा उपभोक्ता था, बिजली-क्षेत्र। हैदराबाद में निज़ाम ने 1920 में पहला तापीय बिजली घर स्थापित कर लिया था, जिसके लिए गोदावरी घाटी में स्थित सिंगारेनी की खदानों से कोयले की आपूर्ति की गई। खम्मम ज़िले में स्थित सिंगारेनी में कोयले की खदानों की पहचान अंग्रेज़ों ने 1871 में कर ली थी। 23 दिसम्बर, 1920 को द सिंगारेनी कोलियरी कम्पनी लिमिटेड (एससीसीएल) की स्थापना हो गई।[18] अभी यह कम्पनी तेलंगाना

सरकार और केन्द्र सरकार, दोनों के अधीन है।

आज़ादी मिलने के बाद कोयले की क़ीमत भी समझ में आने लगी थी, लेकिन शुरुआती डेढ़-दो दशक की दूसरी प्राथमिकताओं के बीच कोयले पर नीतिगत और राजनीतिक, दोनों ही रूपों में ध्यान कम ही दिया जा रहा था। जवाहरलाल नेहरू की अगुआई में देश की पहली सरकार जिस पंचवर्षीय योजना के साथ आगे बढ़ रही थी, उसमें लोहा, इस्पात और कोयला जैसे खनिज अहम थे। नेहरू ने आर्थिक मोर्चे पर दो गतिविधियों में तेज़ी लाने के संकेत दिए : पहला, बिजली-उत्पादन और दूसरा, इस्पात-उत्पादन।[19]

ज़ाहिर है, इन दोनों में कोयले की अहम भूमिका थी। रेलवे को तो पहले ही कोयले की ज़रूरत थी।

इस तरह नए कोयला-क्षेत्रों की खोज और नई कोयला-खदानों के विकास में तेज़ी लाने के उद्देश्य से 1956 में 11 कोयला-खदानों को मिलाकर नेशनल कोल डेवलॅपमेंट कॉरपोरेशन (एनसीडीसी) का गठन किया गया।[20] उस समय एनसीडीसी के अधीन प्रायः रेलवे की ही कोयला-खदानें थीं।

वैसे 1946 में जब औपनिवेशिक शासन का अन्त क़रीब आ गया था और स्वतंत्र भारत को लेकर परिकल्पनाएँ सामने आने लगी थीं, कोयले के समुचित दोहन और उस पर सरकारी नियंत्रण को लेकर राष्ट्रीय कोयला आयोग के गठन का सुझाव सामने आ चुका था।

1951 में कोयला-उद्योग के लिए एक कार्यबल का गठन किया गया, जिसमें कोयला-उद्योग, श्रम-संगठनों और सरकार के प्रतिनिधि शामिल थे। इसने कोयला पैदा करने वाली बिखरी और छोटी-छोटी इकाइयों के समायोजन का सुझाव दिया और इस तरह एक राष्ट्रीयकृत एकीकृत कोयला-क्षेत्र के विचार का जन्म हुआ।[21]

ख़ासतौर से ऊर्जा के क्षेत्र में कोयले की क़ीमत समझ में आने के बाद कोयला के राष्ट्रीयकरण की माँग ज़ोर पकड़ रही थी, तो यह स्वाभाविक ही था। यह दोहराने की ज़रूरत नहीं है कि देश के संविधान में ही एक कल्याणकारी राज्य की अवधारणा अन्तर्निहित थी। संसद ने 30 अप्रैल, 1956 को औद्योगिक नीति संकल्प को मंज़ूरी दी थी, जिसमें लोहे के साथ ही कोयले को ऐसे औद्योगिक क्षेत्र के रूप में चिह्नित किया गया था, जिसकी ज़िम्मेदारी पूरी तरह से राज्य की होगी।

दरअसल यह औद्योगिक नीति 1948 में भारत सरकार द्वारा मंज़ूर की गई पहली औद्योगिक नीति का ही विस्तार थी। 1956 की औद्योगिक नीति संकल्प पर अमल करने के लिए कुछ महीने बाद अक्तूबर, 1956 में नेशनल कोल डेवलपमेंट कॉरपोरेशन (अब इसे सेंट्रल कोलफील्ड लिमिटेड या सीसीएल के नाम से जाना जाता है) की स्थापना की गई। इसका मुख्यालय राँची में बनाया गया। इस तरह कोयला सरकार की औद्योगिक विकास नीति का अहम हिस्सा बन गया। इसके बाद बिहार और बंगाल के कोयला-क्षेत्रों के साथ ही कोरबा, मध्य प्रदेश (अब छत्तीसगढ़ में), सिंगरौली, मध्य प्रदेश और उत्तर प्रदेश में तथा तलचर, ओडिशा जैसे नए कोयला-क्षेत्रों में खनन शुरू किया गया। एनसीडीसी की स्थापना के साथ ही कोयले के उत्पादन में भी तेज़ी आने लगी। तीसरी पंचवर्षीय योजना (1961-66) के दौरान कोयला-उत्पादन 96 लाख टन वृद्धि के साथ 6.77 करोड़ टन हो गया।[22]

कोयला-उत्पादन में तेज़ी के साथ-साथ 1960 के दशक में तीन ऐसी चीज़ें हो रही थीं, जिसकी वजह से कोयला-क्षेत्र की ओर मीडिया से लेकर नागरिक संगठनों का ध्यान जा रहा था। पहला, श्रमिक संगठनों का दबदबा बढ़ने के साथ ही उनकी आपसी तक़रार बढ़ने लगी; दूसरा, झरिया कोयला-क्षेत्र में कोल माफ़िया ने अपनी जगह बना ली, जिससे वहाँ अवैध खनन और कोयला की चोरी बढ़ने लगी; और तीसरा, कोयला-खदानों में काम करने वाले श्रमिकों के साथ जोखिम बढ़ने लगा। उन्हें कोयला-खदानों के नज़दीक बेहद बदहाल बस्तियों में रहने को मजबूर होना पड़ा और फिर खदानों में छोटे-मोटे हादसे तो होते ही रहते थे। हादसों में श्रमिकों की मौतों ने दिखाया कि उन्हें कोयला-खदानों में कैसे जोखिम के साथ काम करना पड़ता है।

उन्हीं दिनों कोयले के राष्ट्रीयकरण की माँग भी तेज़ होने लगी थी। कोयला मंत्रालय की आधिकारिक वेबसाइट बताती है, "आधुनिक समय में भारत में वाणिज्यिक कोयला-खनन घरेलू ज़रूरतों से संचालित रहा। इस्पात-उद्योग की बढ़ती ज़रूरतों के कारण झरिया कोयला-क्षेत्र में कोकिंग कोल भंडार के व्यवस्थित दोहन पर ज़ोर देना पड़ा। देश की बढ़ती ऊर्जा ज़रूरतों को पूरा करने के लिए निजी कोयला-खदान के मालिक पर्याप्त पूँजी निवेश नहीं कर रहे थे। इनमें से कई खदानों में अपनाई जा रही—अवैज्ञानिक खनन पद्धति और कोयला-खदानों में काम करने की ख़राब स्थिति सरकार के लिए चिन्ता का विषय बन

गई। इन्हीं सब कारणों से केन्द्र सरकार ने कोयला-खदानों के राष्ट्रीयकरण का फ़ैसला लिया। इस तरह दो चरणों में कोयला-खदानों का राष्ट्रीयकरण कर दिया गया। पहले चरण में 1971-72 में कोकिंग कोल खदानों का और फिर 1973 में नॉन-कोकिंग कोल खदानों का राष्ट्रीयकरण किया गया।"[23]

मगर यह कहानी का एक हिस्सा है। आगे बढ़ने से पहले यह जान लीजिए कि कोकिंग कोल और नॉन कोकिंग कोल होते क्या हैं?

कोकिंग कोल ऐसा कोयला होता है, जिसे हज़ार डिग्री सेल्सियस से ऊपर तापमान में ऑक्सीजन की ग़ैर मौजूदगी में गरम करने पर बहुत कम राख बचती है और जो अवशेष बचता है, उसे 'कोक' कहा जाता है। कोकिंग कोल को मैटलर्जिकल कोल भी कहते हैं और यह लोहा तथा इस्पात बनाने में काम आता है। भारत में झरिया और रानीगंज की कोयला-खदानों में कोकिंग कोल पाया जाता है, लेकिन इसकी मात्रा नॉन कोकिंग कोल से काफ़ी कम है। लिहाज़ा, दुनिया में कोयले का दूसरा बड़ा उत्पादक होने के बावजूद हमें कोकिंग कोल आयात करना पड़ता है। नॉन कोकिंग या ग़ैर कोकिंग कोल का इस्तेमाल आम तौर पर बिजली बनाने में होता है।

ज़ाहिर है, कोयले की क़ीमत बताने की ज़रूरत नहीं है। दरअसल, कोयले के राष्ट्रीयकरण का दूसरा पहलू राजनीति से जुड़ा हुआ है। 1966 में लालबहादुर शास्त्री के निधन के बाद प्रधानमंत्री बनने वाली इन्दिरा गांधी ने सालभर के भीतर ही संकेत दे दिए थे कि वह समाजवादी रास्ते पर देश को ले जाना चाहती हैं, जिसमें राज्य की भूमिका सबसे अहम होगी। जैसा कि पिछले अध्यायों में मैंने ज़िक्र किया है, 23 से 25 जून, 1967 को दिल्ली में हुए अखिल भारतीय कांग्रेस समिति के अधिवेशन में एक 10 सूत्री कार्यक्रम को मंज़ूरी दी गई थी, जिसमें बैंकों और जनरल इंश्योरेंस कम्पनियों के राष्ट्रीयकरण करने के साथ ही प्रिवी पर्स के ख़ात्मे का संकल्प व्यक्त किया गया था। उस दौर में कोयले के राष्ट्रीयकरण की चर्चा शुरू हो चुकी थी, लेकिन इन 10 सूत्रों में उसका कोई ज़िक्र नहीं था। इस पर गम्भीरता से विचार किया गया 1971 के लोकसभा चुनाव के बाद, जब इन्दिरा गांधी *ग़रीबी हटाओ* के नारे और समाजवादी एजेंडे के साथ सत्ता में लौटी थीं।

जैसा कि *ग़रीबी हटाओ* वाले अध्याय में ज़िक्र आया है कि कैसे 1969 में सिंडिकेट से बढ़ते संघर्ष के बाद कांग्रेस का विभाजन हुआ और इन्दिरा गांधी

सी. सुब्रमण्यम, सिद्धार्थ शंकर रे, सुरेन्द्र मोहन कुमारमंगलम और पी.एन. हक्सर पर अधिक भरोसा करने लगी थीं। 1971 के लोकसभा चुनाव में मिली जीत से इन्दिरा पहले से कहीं अधिक मज़बूत होकर उभरीं और यह उनके फ़ैसलों में दिखने भी लगा था। प्रिवी पर्स के ख़ात्मे के लिए लाया गया अध्यादेश ऐसा ही फ़ैसला था। बैंकों का राष्ट्रीयकरण वह पहले ही कर चुकी थीं। उनके इस नए कार्यकाल में जो शुरुआती महत्त्वपूर्ण क़दम उठाए गए, उनमें से एक था कोयला-खदानों का राष्ट्रीयकरण; और कहने की ज़रूरत नहीं कि यह भी उनके वामपंथी सलाहकारों की सलाह का नतीजा था। इसके मुख्य वास्तुकार थे, इस्पात और खदान मंत्री सुरेन्द्र मोहन कुमारमंगलम।

कुमारमंगलम वैचारिक रूप से वामपंथी थे और उनका राजनीतिक जीवन भारतीय कम्यूनिस्ट पार्टी से ही शुरू हुआ था। उनके पिता सुब्बारायन नमक्कल ज़िले के कुमारमंगलम के ज़मींदार थे और आज़ादी से पहले मद्रास प्रेसिडेंसी के मुख्यमंत्री रह चुके थे। कुमारमंगलम को आज़ादी के आन्दोलन के दौरान 1941 में पी. राममूर्ति सहित कुछ अन्य कम्यूनिस्ट नेताओं के साथ गिरफ़्तार भी किया गया था। 1967 में वह कम्यूनिस्ट पार्टी छोड़कर कांग्रेस में आ गए थे। यह वही दौर था, जब इन्दिरा कांग्रेस में ख़ुद को मज़बूत कर रही थीं। कांग्रेस के विभाजन के दौरान वह इन्दिरा के विश्वस्त लोगों में शामिल थे। लिहाज़ा, 1971 के आम चुनाव के बाद उन्हें इस्पात और खनन जैसे अहम विभाग का मंत्री बनाया गया। 18 मार्च, 1971 को मंत्री बनने के क़रीब साढ़े तीन महीने बाद 2 जुलाई, 1971 को संसद के मानसून सत्र के दौरान लोकसभा में कुमारमंगलम ने संकेत दे दिए थे कि सरकार कोयले का राष्ट्रीयकरण करने जा रही है। उन्होंने इस्पात और खनन मंत्रालय के अनुदान से सम्बन्धित प्रस्ताव पर चर्चा करते हुए जो ख़ाका खींचा उससे साफ़ था कि नेहरू ने उद्योगों की जो बुनियाद खड़ी की है, उस पर ही आगे की इमारत बननी है।

कुमारमंगलम ने संसद में कहा, "सर, इस पर कोई सन्देह नहीं हो सकता कि इस्पात आज किसी भी आधुनिक राष्ट्र का जीवन-रक्त है। इसके बिना किसी महत्त्वपूर्ण चीज़ की कल्पना ही नहीं की जा सकती। करोड़ों रुपये की लागत से तैयार होने वाला औद्योगिक परिसर हो या बिजली-परियोजना या गाँव में स्थापित की जाने वाली छोटी एग्रो-इंडस्ट्री या खेल-परिसर, इस्पात के बिना कुछ भी सम्भव नहीं है। हमारे देश के भविष्य की अर्थव्यवस्था हमारे देश के

उद्योगों पर निर्भर है।...लौह अयस्क के बिना इस्पात नहीं बन सकता, कोयले के बिना इस्पात नहीं बन सकता, मैंगनीज के बिना इस्पात नहीं बन सकता...।"[24]

इसके बाद उन्होंने कोयले के राष्ट्रीयकरण करने के सरकार के इरादे साफ़ कर दिए। वामपंथी विचारधारा से निकले कुमारमंगलम ने कहा, "...जहाँ तक कोयले के राष्ट्रीयकरण की बात है, तो मैं जानता हूँ कि यह महत्त्वपूर्ण मसला है। हम सब जानते हैं कि चाहे निजी क्षेत्र हो या सार्वजनिक क्षेत्र, मैटलर्जिकल कोयले का संरक्षण देश के समक्ष एक अहम चुनौती है।...यह तथ्य है कि बड़ी मात्रा में मैटलर्जिकल कोयला निजी क्षेत्र के पास है। मैं सम्मानित सदस्यों को आश्वस्त करना चाहता हूँ कि हम इस पर विचार कर रहे हैं कि कोयले के संरक्षण का सबसे अच्छा तरीक़ा क्या हो सकता है।"[25]

इसके कुछ दिनों बाद ही सरकार ने 16 अक्तूबर, 1971 को मैटलर्जिकल या कोकिंग कोयला के राष्ट्रीयकरण से सम्बन्धित अध्यादेश जारी कर दिया। इस पर संसद की मुहर लगवाने के लिए कुमारमंगलम ने 10 दिसम्बर, 1971 को लोकसभा में कोयले के राष्ट्रीयकरण से सम्बन्धित विधेयक, कोकिंग कोयला खान (आपातकालीन प्रावधान) विधेयक पेश किया। विधेयक पेश करते समय कुमारमंगलम की स्वतंत्र पार्टी के मुखर सांसद पीलू मोदी से थोड़ी दिलचस्प नोक-झोंक भी हुई। तब की संसद की कार्यवाही से सम्बन्धित दस्तावेज़ देखने से पता चलता है कि इन दोनों के बीच काफ़ी नोक-झोंक हुआ करती थी। दरअसल, उस दिन लोकसभा अध्यक्ष ने सदन की कार्यवाही के पहले हिस्से में अधिक समय ख़र्च हो जाने के कारण इस विधेयक के लिए पहले से तय ढाई घंटे के समय को आधा कर दिया था।

कुमारमंगलम	: विधेयक को विचारार्थ प्रस्तुत करने के लिए मुझे कितना वक़्त मिलेगा?
लोकसभा अध्यक्ष	: जितना आप समझते हैं कि बहुत ज़रूरी है।
पीलू मोदी	: उन्हें 10 मिनट दीजिए।
कुमारमंगलम	: श्री मोदी, आप अभी लोकसभा अध्यक्ष नहीं बने हैं।
पीलू मोदी	: मैं तो आपकी जगह भी ले सकता हूँ।
कुमारमंगलम	: मेरी मौत के बाद।[26]

कांग्रेस के पास पर्याप्त बहुमत तो था ही और राष्ट्रीयकरण की हिमायती

कम्यूनिस्ट पार्टियों के समर्थन से इस विधेयक को पारित होने में अड़चन आनी ही नहीं थी। हैरत तो इस बात की थी, जैसा कि पत्रकार गौतम चिकरमाने ने अपने शोध, *सेवेंटी पॉलिसीज दैट शेप इंडिया* में लिखा है, "यदि बीमा और बैंकों का राष्ट्रीयकरण हो सकता है, तो कोयला-खदानें कब तक निजी क्षेत्र में रह सकती हैं? 30 अप्रैल, 1956 का औद्योगिक नीति संकल्प पहले से लागू था ही, जिसमें कोयले सहित 17 उद्योगों को अनुसूची 'ए'—ऐसे उद्योग जिन पर सिर्फ़ सरकार का नियंत्रण होगा, निजी क्षेत्र का नहीं—में रखने के सरकार के इरादे के बारे में स्पष्ट तौर पर बता दिया गया था, ऐसे में राष्ट्रीयकरण सिर्फ़ समय की बात रह गई थी।"[27]

1971 में जब कोयले का राष्ट्रीयकरण हुआ था, उस समय कोयले का 20 फ़ीसदी उत्पादन खुली खदानों (ओपनकास्ट माइंस) से और 80 फ़ीसदी भूमिगत खदानों (अंडरग्राउंड माइंस) से हो रहा था। कोकिंग कोयला खान (आपातकालीन प्रावधान) विधेयक के पारित होने के बाद कोकिंग कोयला-खदान (राष्ट्रीयकरण) विधेयक, 1972 लाया गया, जिसके तहत टाटा आयरन एंड स्टील कम्पनी लिमिटेड और इंडियन आयरन एंड स्टील कम्पनी लिमिटेड को छोड़कर बाक़ी की सारी कोकिंग कोयला-खदानों और कोक ओवन संयंत्रों का 1 मई, 1972 को राष्ट्रीयकरण कर दिया गया। इन्हें केन्द्र सरकार के नवगठित उपक्रम भारत कोकिंग कोल लिमिटेड के अधीन कर दिया गया। कोयला-खदानों के राष्ट्रीयकरण का इन्दिरा-सरकार का अभियान 1 मई, 1973 को कोयला-खदान (राष्ट्रीयकरण) अधिनियम, 1973 के लागू होने के साथ पूरा हो गया।[28]

इस तरह पूरा कोयला-उद्योग सरकार के अधीन आ गया। इससे पहले जुलाई, 1972 में स्टील अथॉरिटी ऑफ़ इंडिया (सेल) की स्थापना के साथ ही इंडियन आयरन एंड स्टील कम्पनी (इस्को) का राष्ट्रीयकरण कर दिया गया। सेल का पहला अध्यक्ष वदुद खान को बनाया गया था, जो कि उस समय टाटा ऑयल मिल कम्पनी (टॉमको) के मुख्य कार्यकारी अधिकारी थे और 1940 के दशक में बॉम्बे में एक कम्यूनिस्ट कार्यकर्ता के रूप में कुमारमंगलम के सहयोगी रह चुके थे।[29]

राष्ट्रीयकरण के तेज़ी से आगे बढ़ते अभियान के साथ ही इन्दिरा-सरकार में पी.एन. हक्सर और सुरेन्द्र मोहन कुमारमंगलम का प्रभाव बढ़ता जा रहा था और इन्दिरा का उन पर भरोसा। मगर नियति को कुछ और ही मंज़ूर

था। कोयला के राष्ट्रीयकरण से सम्बन्धित अन्तिम विधेयक की मंज़ूरी को महीने भर भी नहीं हुए थे कि महज़ 56 वर्ष की उम्र में एक विमान हादसे में कुमारमंगलम की मौत हो गई। यह हादसा इतना भीषण था कि कुमारमंगलम की शिनाख़्त उनकी पार्कर पेन और सुनने के लिए कान में लगाने वाले यंत्र से हो सकी थी! हवाई हादसे में अपनी मौत से तीन दिन पहले ही कुमारमंगलम ने अपना निबन्ध *कोल-प्रॉस्पेक्ट आफ्टर नेशनलाइजेशन* (Coal-Prospect After Nationalisation) पूरा किया था।[30]

मौत की खदान और माफ़िया राज

राष्ट्रीयकरण के बाद कोयला-उत्पादन में तो वृद्धि हुई, लेकिन ख़ासतौर से धनबाद-झरिया क्षेत्र में कोयला को लेकर गैंगवार भी तेज़ हो गया। श्रमिकों की सुरक्षा का मसला तो पहले से था ही। 27 दिसम्बर, 1975 को चासनाला की कोयला-खदान में हुए हादसे की ख़बर जैसे ही आकाशवाणी से दोपहर दो बजे के क़रीब प्रसारित हुई पूरा देश स्तब्ध रह गया। इस बुलेटिन में 'इस्को' के सहायक जनसम्पर्क अधिकारी बनखंडी मिश्र के हवाले से बताया गया था कि वहाँ क़रीब 375 श्रमिक फँसे हुए थे।[31]

अब क़रीब 90 वर्ष के हो चुके मिश्र इस हादसे को याद करते हुए क्षोभ, उदासी और अवसाद से भर जाते हैं। उनसे मैंने उनके पत्रकार नवासे प्रशान्त झा के ज़रिये फ़ोन और व्हाट्सऐप से सम्पर्क किया। वीडियो कॉल के ज़रिये मुझसे हो रही बातचीत में श्री मिश्र ने बताया, "तब मैं हज़ारीबाग में था। हादसे की सूचना मिलते ही कुछ अन्य अधिकारियों के साथ मैं वहाँ के लिए रवाना हो गया! हमारे ड्राइवर ने हमें सिर्फ़ 16 मिनट में घटनास्थल पर पहुँचा दिया। वाहन की वह रफ़्तार मैं आज तक नहीं भूल सका...।"

उनका सात दशक लम्बा कॅरियर बेहद चुनौतीपूर्ण और साहस की कहानियों से भरा हुआ है। वह 1970 के दशक में पत्रकारिता से खदान मंत्रालय की नौकरी में आए थे। वह खदान सुरक्षा महानिदेशालय (डीजीएमसी) द्वारा प्रकाशित पत्रिका *माइंस सेफ्टी न्यूज़* के सम्पादक भी रह चुके हैं। हिन्दी, अंग्रेज़ी और बांग्ला में प्रकाशित होने वाली यह पत्रिका सारे कोयला-खदानों में वितरित की जाती रही है। उन्होंने बताया, "सुबह सात बजे से तीन बजे तक चलने वाली पहली पाली में मज़दूर रोज़ाना की तरह काम कर रहे थे। अचानक खदान की

होराइजन (कोयला-खनन की एक प्रणाली) एक और दो में पानी भरने लगा। दोपहर डेढ़ बजे यह एक भयावह हादसे में बदल गया। चासनाला खदान के पदाधिकारियों और खान सुरक्षा महानिदेशालय के सामने सबसे बड़ी समस्या खदान में फँसे मज़दूरों को बचाने की थी, जो धरातल से लगभग 1,000 फ़ीट नीचे जान बचाने की जद्दोजहद में लगे हुए थे। दुर्घटना, जलप्लावन के कारण हुई थी, इसलिए सबसे अहम सवाल जलनिकासी का था। खदान के भीतर और बाहर हाहाकार मचा हुआ था।"[32]

खदान से पानी बाहर निकालने के लिए पोलैंड और सोवियत संघ तक से पम्प मँगवाए गए। घटनास्थल का दृश्य बेहद मार्मिक हो गया था। कोई ठीक से समझ नहीं पा रहा था कि आख़िर खदान के भीतर हुआ क्या? वहाँ इतना पानी भर कैसे गया?

विशेषज्ञों का अनुमान था कि 1.35 लाख घन मीटर पानी खदान के उस हिस्से में पहुँच गया, जहाँ श्रमिक खनन कर रहे थे। उनके पास बचने का कोई रास्ता नहीं था, जिससे श्रमिकों की वहीं जल-समाधि बन गई। सेंटर ऑन एन्वायरमेंटल प्रॉब्लम्स ऑफ़ माइनिंग ने अपने एक अध्ययन में लिखा, "कुछ शवों के अवशेषों की शिनाख़्त कैप-लैम्प, कपड़ों या फिर चाबी या चाकू जैसी वस्तुओं के ज़रिये ही की जा सकी। हालाँकि अधिकांश की शिनाख़्त नहीं हो सकी, क्योंकि मृत श्रमिकों के कैप-लैम्प पानी में बह गए थे।"[33]

खदान में फँसे मज़दूरों के हज़ारों परिजन घटनास्थल के नज़दीक पहुँच गए थे। उनके अलावा खदान सुरक्षा से जुड़े कर्मचारी, पुलिसकर्मी और मंत्री भी। महिलाएँ रो रही थीं और छाती पीट रही थीं। हर तरफ़ बेबसी का आलम था। घटनास्थल पर पहुँचे केन्द्रीय मंत्री चन्द्रजीत यादव ने कहा, "हम भगवान से प्रार्थना करने के अलावा क्या कर सकते हैं? परिजन चाहते हैं कि किसी भी तरह मज़दूरों को खदान से ज़िन्दा बाहर निकाला, जाए।"[34]

हम अन्दाज़ा लगा सकते हैं कि वहाँ की स्थिति इस हादसे के चार साल बाद 1979 में आई फ़िल्म 'काला पत्थर' में दिखाए गए दृश्यों जैसी रही होगी। मगर फ़िल्म में नायक अमिताभ बच्चन खदान के भीतर लाखों गैलन पानी में फँसे अनेक श्रमिकों को बचाने में कामयाब हो जाते हैं। फ़िल्म के तीन-चौथाई हिस्से में खलनायक जैसी भूमिका निभा रहे शत्रुघ्न सिन्हा हादसे में मारे जाते हैं, लेकिन चासनाला में जो कुछ हुआ था, वह इस फ़िल्म से कहीं अधिक भयावह था।

बनखंडी मिश्र के अनुसार, "इस हादसे के छियालीस साल बाद आज यह स्वीकारने में संकोच नहीं होना चाहिए कि प्रबन्धन और सरकारी व्यवस्था खदान में फँसे मज़दूरों को बचाने में सर्वथा असमर्थ रही।"[35]

चासनाला की यह त्रासदी किसी खदान में होने वाला न तो पहला हादसा था और न ही आख़िरी, मगर इसने झरिया और धनबाद के कोयला-क्षेत्र में रहने वाले हज़ारों लोगों की तरह बनखंडी मिश्र को भी विचलित कर दिया। क़रीब एक साल बाद कुछ अपराधबोध और गहरे अवसाद के क्षणों में उन्होंने 'इस्को' की नौकरी छोड़ दी और पूर्णकालिक पत्रकारिता में आ गए। बाद में उन्होंने *चुनौती* नाम से एक अख़बार निकालना शुरू कर दिया। इसकी एक अलग कहानी है। 30 सितम्बर, 1982 के *इंडिया टुडे* पत्रिका के अंक में उन पर केन्द्रित एक रपट बताती है कि कैसे उन्हें झरिया-धनबाद कोलियरी क्षेत्र के भ्रष्टाचार को उजागर करने के कारण पुलिस की यातनाएँ झेलनी पड़ीं।

इंडिया टुडे की यह रिपोर्ट कहती है, "...सच यह है कि बनखंडी मिश्र धनबाद सिस्टम को अक्सर उजागर करते रहे हैं। ऐसे माहौल में जहाँ आपराधिक गिरोह ने कोयला-खदान-श्रमिकों के दयनीय जीवन को और भयावह बना दिया है, जहाँ दिन-दहाड़े लोगों को मार दिया जाता है और उनके हत्यारे कभी नहीं मिलते हैं, और जहाँ भ्रष्टाचार और हताशा आम हो गई है," मिश्र ने लगातार अपने चार पेज के शाम के अख़बार में यहाँ की सच्चाई को उजागर करती रिपोर्ट्स प्रकाशित की, जिससे धनबाद-झरिया-कटरा कोलबेल्ट को नियंत्रित करने वाली शक्तिशाली ताक़ते नाराज़ हो गईं। मिश्र का मानना है कि उनकी गिरफ़्तारी का सीधा सम्बन्ध *चुनौती* में किए गए दास हत्याकांड के खुलासे से है। इस साल (1982) 29 अप्रैल को कलकत्ता के एक युवा लेखक, एडीटर एस.एस. दास की उस समय हत्या कर दी गई थी, जब वह भारत कोकिंग कोल लिमिटेड (बीसीसीएल) क्षेत्र-6 के खातों का निरीक्षण कर रहे थे। उनके शव को धनबाद-गया लाइन पर ट्रैक के किनारे फेंक दिया गया था, और स्थानीय अख़बारों ने उनकी मौत को महज़ एक हादसा बताया था। दास की जब मौत हुई, तब मिश्र धनबाद से बाहर थे। दो दिन बाद लौटने पर जब उन्होंने यह ख़बर पढ़ी, तो उन्हें शक हुआ। इस साहसी सम्पादक ने इस पर काम करना शुरू किया और फिर 3 मई को किसी भी अन्य अख़बार से पहले *चुनौती* के फ्रंट पेज पर उन्होंने रिपोर्ट छापी, जिसमें बताया गया था कि दास की हत्या की गई थी।..."[36]

बीसीसीएल अपने आपमें भ्रष्टाचार का केन्द्र बन चुका था और उसके चलते उसे एक नया नाम मिल गया था, बीसीसीएल यानी बड़ा कोयला चोर लिमिटेड।[37]

दरअसल, कोयला-खदानों के साथ भ्रष्टाचार और माफ़िया की लूट और गैंगवार की अन्तहीन कहानी भी जुड़ी हुई है। इसकी झलक मिली थी बॉलीवुड की एक और फ़िल्म 'गैंग ऑफ़ वासेपुर' में। 2012 की दो हिस्सों में बनी यह फ़िल्म झरिया-धनबाद कोयला-क्षेत्र के माफ़िया गठजोड़ और गैंगवार पर ही केन्द्रित है। अनुराग कश्यप की इस बहुचर्चित फ़िल्म में दिखाई गई भीषण हिंसा और गाली-गलौज को बॉलीवुड फ़िल्मों की व्यावसायिक मजबूरी माना जा सकता है। हालाँकि सच यह है कि तीन-तीन घंटे की फ़िल्मों में कोयलांचल की अन्तरकथा को समेटा भी नहीं जा सकता।

झरिया-धनबाद कोयला-क्षेत्र में श्रमिकों के शोषण के साथ ही लूट का सिलसिला यों तो 1960 के दशक से भी शुरू हो गया था, लेकिन 1970 के दशक के आते-आते यह लूट कोयला-खदान की समानान्तर व्यवस्था में बदल गई थी और इसके केन्द्र में रहा है धनबाद के केन्द्र में स्थित एक बंगला, जिसे 'सिंह मेंशन' के नाम से जाना जाता है।

1960-70 के दशक के दबंग ट्रेड यूनियन नेता बी.पी. सिन्हा का धनबाद-झरिया कोयला-क्षेत्र में ख़ासा दबदबा था। बताते हैं कि बिन्देश्वरी प्रसाद सिन्हा यानी बी.पी. सिन्हा 1950 के आसपास बरौनी से काम की तलाश में यहाँ आए थे और कांग्रेस के श्रमिक संगठन इंटक (इंडियन नेशनल ट्रेड यूनियन कांग्रेस) से जुड़ गए थे। ट्रेड यूनियन की ताक़त के दम पर देखते-ही-देखते बी.पी. सिन्हा ने कोयला-खदान मालिकों के बीच भी पैठ बना ली थी। कुछ सालों के भीतर ही वह धनबाद-झरिया क्षेत्र के सबसे बड़े ट्रेड यूनियन नेता बन चुके थे और दूसरे श्रमिक संगठनों के साथ उनकी प्रतिद्वंद्विता शुरू हो चुकी थी। बी.पी. सिन्हा ने अपने आसपास दबंग युवाओं की फौज भी खड़ी कर रखी थी, जिनके ज़रिये श्रमिकों को धमकाया जाता था, कोयले के अवैध खनन के साथ ही स्क्रैप का धन्धा चलाया जाता था और रंगदारी वसूली जाती थी। उनके क़रीबी लोगों में 1960 के दशक में ही उनसे जुड़ चुके बलिया से आए सूर्यदेव सिंह और वासेपुर के शफ़ी ख़ान शामिल थे।

उस दौर में धनबाद-झरिया में 'इंटक' का दबदबा था और बी.पी. सिन्हा

का एकछत्र राज्य चलता था। सूर्यदेव सिंह ने शुरुआत भले ही बी.पी. सिन्हा के 'लठैत 'के रूप में की थी, लेकिन वह राजनीतिक रूप से बेहद महत्त्वाकांक्षी थे। उन्होंने अपने भाइयों को भी धनबाद बुलवा लिया था। बलिया के दिग्गज समाजवादी नेता चन्द्रशेखर से उनकी क़रीबी थी। इस बीच, उनकी बी.पी. सिन्हा से प्रतिद्वंद्विता भी बढ़ने लगी। देखते-ही-देखते सूर्यदेव सिंह ने अपने श्रमिक संगठन 'जनता मज़दूर संघ' के साथ कोयला-क्षेत्र में अपनी समानान्तर सत्ता क़ायम कर ली। 1977 में जनता पार्टी के अध्यक्ष चन्द्रशेखर की मेहरबानी से सूर्यदेव सिंह को झरिया से टिकट मिल गया और वह पहली बार विधायक बन गए। उनके विधायक बनने के साथ ही सूर्यदेव सिंह का आवास 'सिंह मेंशन' सत्ता का केन्द्र बन गया। उनका दबदबा बढ़ने लगा और वह बी.पी. सिन्हा को हाशिये पर करते चले गए। 29 मार्च, 1978 को बी.पी. सिन्हा की उनके आवास पर हत्या कर दी गई। आरोप सूर्यदेव सिंह पर भी लगा, मगर वह अदालत से बरी हो गए।[38]

सूर्यदेव सिंह 1977 से लगातार 1991 तक झरिया के विधायक रहे। इस दौरान 'सिंह मेंशन' ने न केवल राजनीतिक क्षेत्र में अपना वर्चस्व क़ायम किया, बल्कि कोयला-क्षेत्र की तक़रीबन हर चीज़ पर नियंत्रण कर लिया। 1980 के दशक के आख़िर और 1990 के दशक की शुरुआत में मंडल-कमंडल की राजनीति में टकराव की वजह से उपजी परिस्थितियों में जब 10 नवम्बर, 1990 को चन्द्रशेखर देश के प्रधानमंत्री बन गए, तब सूर्यदेव सिंह की ताक़त और बढ़ गई। प्रधानमंत्री के रूप में महज़ चार माह के कार्यकाल के दौरान चन्द्रशेखर ने अपने क़रीबी सूर्यदेव सिंह से मुलाक़ात के लिए न केवल वक़्त निकाला, बल्कि 'सिंह मेंशन' भी आए। इस पर विवाद भी हुआ। सुभोमय भट्टाचार्जी ने अपनी किताब *इंडियाज कोल स्टोरी* में इस वाक़ये का ज़िक्र करते हुए लिखा है, "सिंह के ख़िलाफ़ कई गिरफ़्तारी वारंट जारी कर चुके उत्साही ज़िला मजिस्ट्रेट ने प्रधानमंत्री के साथ कोयला किंग के कार्यालय जाने से इनकार कर दिया था।"[39]

कांग्रेस के समर्थन वापस लेने से चन्द्रशेखर की सरकार महज़ चार महीने में गिर गई और फिर 1991 की गर्मियों में लोकसभा के मध्यावधि चुनाव करवाने पड़े थे। लोकसभा चुनाव के दौरान ही 15 जून, 1991 को सूर्यदेव सिंह की हृदयाघात से मौत हो गई। इसके बाद उनकी विरासत को लेकर उनके परिवार

में ही टकराव शुरू हो गया। उनके बेटे और पत्नी के साथ उनके भाइयों के टकराव ने हिंसक रूप ले लिया जो आज तक जारी है। उनके बेटे, पत्नी और बहू के साथ ही उनके भाइयों के परिवार के लोग कांग्रेस और भाजपा सहित कई राजनीतिक पार्टियों से जुड़े हुए हैं। एक-दूसरे के ख़िलाफ़ चुनाव भी लड़ते रहे हैं। उनका एक पूर्व विधायक बेटा संजीव सिंह अपने चचेरे भाई नीरज सिंह की हत्या के आरोप में अभी जेल में है।

कोयलांचल की ज़मीन गैंगवार के कारण ख़ून से रँगी हुई है, जिसमें न जाने कितनी हत्याएँ हो चुकी हैं। इसके बावजूद वहाँ से कोयले की निर्बाध आपूर्ति जारी है, क्योंकि जैसा कि सुरेन्द्र मोहन कुमारमंगलम ने 18 मार्च, 1971 में संसद में कोयले के राष्ट्रीयकरण से सम्बन्धित एक विधेयक पेश करते हुए कहा था, "इस्पात आज किसी भी आधुनिक राष्ट्र का जीवन-रक्त है। ...लौह अयस्क के बिना इस्पात नहीं बन सकता, कोयले के बिना इस्पात नहीं बन सकता।..."

निजीकरण और कैग की रिपोर्ट

सिर्फ़ इस्पात ही नहीं, बिजली पैदा करने के लिए भी कोयले की ज़रूरत बढ़ने लगी। चन्द्रशेखर की सरकार के गिरने के बाद हुए आम चुनाव में कांग्रेस की सत्ता में वापसी हुई थी। राजीव गांधी की हत्या से उपजे संकट से गुज़र रही कांग्रेस ने नरसिम्हा राव को प्रधानमंत्री बनाया था और नरसिम्हा राव ने अर्थशास्त्री डॉ. मनमोहन सिंह को वित्त मंत्री बनाया। इन पंक्तियों के लिखे जाने के तीन दशक पहले नरसिम्हा राव और मनमोहन सिंह की जोड़ी ने नई आर्थिक नीति और उदारीकरण का जो ख़ाका पेश किया था, उसमें बिजली की खपत बढ़नी ही थी और बिजली के लिए कोयले की।

पद्म भूषण से अलंकृत पूर्व कैबिनेट सचिव (2004-2007) और फिर योजना आयोग के सदस्य रहे बी.के. चतुर्वेदी ने मुझे दिए साक्षात्कार में बताया, "1990 के दशक में बड़े पैमाने पर आर्थिक सुधार शुरू किए जाने के बाद कोयला राष्ट्रीयकरण अधिनियम में संशोधन करना पड़ा। निजी क्षेत्र के बिजली, इस्पात और सीमेंट संयंत्रों को विस्तार करने के लिए कोयले की ज़रूरत थी। नए संयंत्र खोलने के लिए बिजली क्षेत्र को निजी क्षेत्र के लिए खोल दिया गया था। उनकी ज़रूरतों को पूरा किया जाना था, इसलिए संशोधन करना पड़ा। निजी क्षेत्र को कोयला-खनन की मंज़ूरी देने के प्रयास भी किए गए, लेकिन

राजनीतिक समर्थन नहीं मिलने की वजह से इससे सम्बन्धित विधेयक पारित नहीं हो सका। चूँकि सिर्फ़ कैप्टिव यानी सम्बन्धित उपयोग की अनुमति दी गई थी, इसलिए कैप्टिव खदानों के अधिशेष कोयले को खुले बाज़ार में नहीं बेचा जा सकता था।"[40]

चतुर्वेदी मानते हैं कि इन कैप्टिव उपयोगकर्ताओं को अधिशेष कोयले को अन्य उपयोगकर्ताओं से बेचने की अनुमति देना अर्थव्यवस्था की तेज़ वृद्धि के लिए हितकर हो सकता था, मगर इससे निजी क्षेत्र और क्रोनी कैपिटलिज़्म (याराना पूँजीवाद) को बढ़ावा देने के आरोप लगते। यानी दो दशक पहले इन्दिरा गांधी ने कोयले के जिस राष्ट्रीयकरण की प्रक्रिया शुरू की थी, नरसिम्हा राव और मनमोहन सिंह की सरकार ने उसे उलटने की दिशा में काम शुरू कर दिया था। उनके बाद की सरकारों को आम तौर पर, चाहे वे किसी भी दल या गठबन्धन की रही हों इस पर आगे ही बढ़ना था। उन अन्तर्निहित सवालों के बावजूद जो आर्थिक ग़ैरबराबरी को बढ़ाने से जुड़े हुए थे और आज भी हैं।

देश को जब स्वतंत्रता मिली थी, तब कोयला-क्षेत्र सरकारी और निजी दोनों ही क्षेत्रों में था। ऐसे में आज यह सवाल उठना लाज़िमी है कि इन्दिरा गांधी ने कोयले का राष्ट्रीयकरण नीतिगत कारणों से किया था या राजनीतिक कारणों से? चतुर्वेदी मानते हैं, "यह निश्चित रूप से नीतिगत कारणों से था, क्योंकि तब से कोल इंडिया ने अच्छा काम किया है। हालाँकि निश्चित तौर पर इसका राजनीतिक प्रभाव भी पड़ा था, जिससे सरकार की छवि बनाने में मदद मिली।"[41]

कोयले के निजीकरण के पक्ष में एक बड़ा तर्क यह दिया गया कि इससे कोयले पर आयात की निर्भरता कम होगी, मगर ऐसा नहीं हुआ बल्कि इसके उलट ऊर्जा की घरेलू माँग बढ़ने के साथ कोयले का आयात भी बढ़ता गया। कोयला राष्ट्रीयकरण अधिनियम में संशोधन के बाद सरकारी और निजी क्षेत्र की कैप्टिव कोयला-खदानों में खनन को मंज़ूरी मिल गई। इसकी वजह से इस्पात, बिजली और सीमेंट संयंत्रों की कैप्टिव कोयला-खदानों में खनन में तेज़ी आ गई। 1991 में लागू किए गए आर्थिक सुधारों को आम तौर पर पी.वी. नरसिम्हा राव सरकार के बाद बनी सरकारों ने आगे ही बढ़ाया, लिहाज़ा उनकी कोयला-नीति में कोई बहुत अन्तर नहीं था। ग़ौर करने वाली बात यह भी है कि आज़ादी के बाद अगले पाँच दशकों तक कोयला-खनन के पर्यावरण पर पड़ रहे प्रभाव पर

बहुत सवाल नहीं उठ रहे थे। उनकी ओर ध्यान गया नई सहस्राब्दी की शुरुआत में, जब कार्बन उत्सर्जन को लेकर वैश्विक बहस तेज़ हुई।

कैप्टिव माइंस में खनन की मंज़ूरी मिलने के बाद कोयला-खदानें सरकारों और उद्योगों के लिए सोने की खान साबित होने लगीं। हालाँकि यह भी हो रहा था कि अनेक निजी कम्पनियों ने इस्पात या बिजली संयंत्र की आड़ में कैप्टिव खदानों में खनन शुरू कर खुले बाज़ार में कोयला बेचना शुरू कर दिया। ऐसा ही एक मामला सामने आया महाराष्ट्र के चन्द्रपुर में, जहाँ एक निजी कम्पनी सेंट्रल कोलियरी लिमिटेड ने छह वर्षों तक अपना प्रस्तावित इस्पात संयंत्र शुरू ही नहीं किया, लेकिन वह ज़िले के तकली जेना में 1999 में आवंटित कोल ब्लॉक से खनन कर खुले बाज़ार में कोयला बेचती रही। उसकी खनन सम्बन्धी लीज 2013 में जाकर रद्द की गई![42]

यह तो सिर्फ़ एक कोयला-खदान की बात है। क़रीब एक दशक पहले कोयला-खदानों के आवंटन के सम्बन्ध में नियंत्रक एवं महालेखा परीक्षक (कैग) विनोद राय की एक मसौदा रिपोर्ट से हड़कम्प मच गया। मीडिया में आई ख़बरों में दावा किया गया कि अपनी मसौदा रिपोर्ट में कैग ने अनुमान जताया था कि 2004 से 2009 के दौरान बिना नीलामी के सौ सरकारी और निजी कम्पनियों को कोयला-खदानों का आवंटन किए जाने से सरकारी ख़ज़ाने को 10.6 लाख करोड़ रुपये का नुक़सान हुआ है![43]

टाइम्स ऑफ़ इंडिया ने अपनी एक रिपोर्ट में लिखा, "110 पेज की मसौदा रिपोर्ट टीओआई के पास है, जिसमें कोयला मंत्रालय के दृष्टिकोण को शामिल किया गया है और सूत्रों का कहना है कि यह अन्तिम रिपोर्ट जैसी ही है।"[44]

यह सचमुच बहुत बड़ी रकम थी। यदि मुद्रास्फीति को न भी जोड़कर आकलन करें, तो यह देश के सबसे बड़े राज्य उत्तर प्रदेश के 2021-22 के बजट 5,50,270 करोड़ रुपये से तक़रीबन दोगुना थी। इसकी राजनीतिक निष्पत्तियों के बारे में अब कहने को कुछ बचा नहीं है। इसके महज़ सोलह महीने पहले ही कैग विनोद राय ने टू-जी स्पेक्ट्रम के आवंटन की नीतियों पर सवाल उठाते हुए 1.76 लाख करोड़ रुपये के नुक़सान का अनुमान व्यक्त किया था।

कैग की टू-जी स्पेक्ट्रम के आवंटन और कोयला-खदानों के आवंटन से सम्बन्धित रिपोर्ट ने यूपीए के लिए मुश्किलें खड़ी कर दीं। हालाँकि जब कैग ने 17 अगस्त, 2012 को संसद में अपनी अन्तिम रिपोर्ट प्रस्तुत की, तब कोयला-

खदानों के आवंटन से हुए नुक़सान का अनुमान घटकर 1.86 लाख करोड़ रुपये रह गया, मगर तब तक कोयला-क्षेत्रों से बहने वाली नदियों, दामोदर और महानदी में काफ़ी पानी बह चुका था।

कैग ने यूपीए सरकार के पहले कार्यकाल (2004-2009) की जिस अवधि में किए गए कोयला-खदानों के आवंटन का आकलन किया था, उस दौरान दो कोयला मंत्री हुए थे। उनमें से एक तो ख़ुद प्रधानमंत्री डॉ. मनमोहन सिंह थे और दूसरे थे, झारखंड मुक्ति मोर्चा के नेता शिबू सोरेन। यूपीए सरकार कैग की टू-जी से सम्बन्धित रिपोर्ट के आने के बाद पहले ही बदनाम हो चुकी थी, लेकिन कोयला-घोटाले की आँच कोयला मंत्री होने के कारण सीधे प्रधानमंत्री मनमोहन सिंह तक आई थी। कोयला-आवंटन पर कैग की रिपोर्ट के ब्योरे मीडिया में आने के बाद 29 मई, 2012 को डॉ. मनमोहन सिंह ने कहा, यदि वह दोषी पाए गए, तो सार्वजनिक जीवन से अलग हो जाएँगे।

मनमोहन सिंह की व्यक्तिगत ईमानदारी पर किसी को शक नहीं था। लेकिन उनके प्रधानमंत्री रहते टू-जी स्पेक्ट्रम और कोयला-खदानों के आवंटन के सम्बन्ध तत्कालीन कैग विनोद राय की रिपोर्ट ने यूपीए सरकार को कठघरे में खड़ा कर दिया था। नतीजतन, केन्द्रीय मंत्रियों के इस्तीफ़े हुए। पूर्व कोयला सचिव एच.सी. गुप्ता सहित कई अधिकारियों को जेल भी जाना पड़ा।

तिनोद राय ने अपनी किताब *नॉट जस्ट एन अकाउंटेंट* में यूपीए सरकार के समय हुए कोयला-आवंटन और कैग के रूप में अपनी रिपोर्ट तथा अदालती कार्रवाइयों को लेकर पूरा एक अध्याय लिखा है : *द कोल दैड टर्न्ड टू गोल्ड : माइन ब्लॉक एलॉटमेंट्स।* यह बात दर्जनों जगहों पर दोहराई जा चुकी है, जिसका ज़िक्र राय ने अपनी किताब में भी किया है कि तत्कालीन कोयला सचिव (पी. सी. पारेख) ने कोयला-खदानों के आवंटन के लिए निविदा प्रणाली लागू किए जाने की सिफ़ारिश की थी। तब कोयला-विभाग प्रधानमंत्री मनमोहन सिंह के पास था और वह इससे सहमत थे। राय ने अपनी किताब में 29 जुलाई, 2004 की कोयला सचिव की नोटिंग का उद्धरण दिया है, जो कुछ इस तरह है, "...बदली हुई परिस्थिति में आवंटन की वर्तमान प्रणाली, कुछ सुधार के बावजूद पारदर्शिता और निष्पक्षता के उद्‌देश्य की शायद ही पूर्ति करे।...यह प्रस्तुत किया गया है कि नीलामी के बाद भी कैप्टिव माइंस ब्लॉक से कोयला-

उत्पादन की लागत कोयला के ऐसे उपभोक्ताओं द्वारा सीआईएल को किए जाने वाले भुगतान से काफ़ी कम होगी, इसलिए इसके प्रभाव में अन्तिम उत्पाद की क़ीमतें नीचे की ओर होंगी, मसलन इस्पात, सीमेंट या बिजली के उत्पादन की लागत सीआईएल के बजाय कैप्टिव खदानों के कोयले का इस्तेमाल करने से कम हो जाएगी।"[45]

असल में पेच यहीं फँसा था। सीआईएल से ख़रीदे गए कोयले की लागत और कैप्टिव खदान से मिलने वाली कोयले की लागत के अन्तर का आकलन कैसे किया जाए? इसी अन्तर को विंड फॉल गेन (Wind Fall Gain) या कहें अप्रत्याशित लाभ कहा गया। यह माना गया कि यह लाभ कैप्टिव खदान के मालिकों की जेब में जाएगा। इस बीच, सरकार पर माँग बढ़ने के साथ कोयला-खदानों के जल्द आवंटन का दबाव भी बढ़ रहा था। अटल बिहारी वाजपेयी की एनडीए सरकार के समय पारित 'इलेक्ट्रिसिटी ऐक्ट, 2003' में 2012 तक सबको बिजली उपलब्ध कराने का लक्ष्य रखा गया था। ऐसे में कोयले की माँग बढ़नी ही थी।

यूपीए के सत्ता में आने के बाद झारखंड मुक्ति मोर्चा के नेता शिबू सोरेन ने 23 मई, 2004 को कोयला मंत्री के रूप में ज़िम्मेदारी सँभाली थी, मगर एक पुराने मामले में उनके ख़िलाफ़ वारंट निकलने की वजह से उन्हें 24 जुलाई, 2004 को मंत्री पद छोड़ना पड़ा। उनकी जगह प्रधानमंत्री मनमोहन सिंह ने कोयला मंत्रालय का प्रभार अपने पास रख लिया। 27 नवम्बर, 2004 को शिबू सोरेन की कोयला मंत्री के रूप में वापसी हो गई, लेकिन उन्हें एक बार फिर 2 मार्च, 2005 को मंत्री पद छोड़ना पड़ा। इस बार भी प्रधानमंत्री मनमोहन सिंह ने कोयला मंत्रालय की ज़िम्मेदारी अपने पास रख ली। 29 जनवरी, 2006 को शिबू सोरेन की तीसरी बार कोयला मंत्री के रूप में वापसी हुई, लेकिन दस महीने बाद ही उन्हें पद से हटना पड़ा। इस तरह एक बार फिर कोयला मंत्रालय का जिम्मा प्रधानमंत्री मनमोहन सिंह के पास आ गया और वह 22 मई, 2009 तक पद पर बने रहे। यूपीए सरकार में दसारी नारायण राव कोयला राज्य मंत्री के रूप में काम कर रहे थे।

विनोद राय ने लिखा है कि कोयला सचिव के उपरोक्त सुझाव से प्रधानमंत्री कार्यालय सहमत था, लेकिन, जैसा कि उन्होंने लिखा, "कोयला राज्य मंत्री दसारी नारायण राव ने 4 अक्तूबर, 2004 को पाया कि कोयला ब्लॉक के आवंटन

की प्रक्रिया में किसी तरह के बदलाव से आवंटन में और देरी हो जाएगी।" इसके बावजूद प्रधानमंत्री कार्यालय ने 1 नवम्बर, 2004 को कोयला मंत्रालय को लिखा, "जैसा कि 14 अक्तूबर, 2004 को प्रधानमंत्री ने तय किया है कि 28 जून, 2004 तक प्राप्त सारे आवेदनों पर मौजूदा नीति के तहत विचार किया जाएगा और उसके बाद कैप्टिव खनन के लिए कोयला ब्लॉक का आवंटन प्रतिस्पर्धी बोलियों (नीलामी) के ज़रिये होगा।" लेकिन कोयला मंत्री के रूप में वापसी करने के बाद शिबू सोरेन ने प्रधानमंत्री के फ़ैसले को पलट दिया और 25 फरवरी, 2005 को टिप्पणी की, "मैंने सारा मुद्दा देखा। कोयला मंत्री के रूप में मैं कोयला राज्य मंत्री (दसारी नारायण राव) द्वारा 4 अक्तूबर, 2010 के अपने नोट में व्यक्त किए गए उनके दृष्टिकोण से पूरी तरह सहमत हूँ, इसलिए इस तरह के प्रस्ताव को आगे बढ़ाने की ज़रूरत नहीं है।"[46]

दरअसल, विनोद राय ने कैग के रूप में कोयला मंत्रालय की जाँच के लिए यूपीए सरकार की इन्हीं विसंगतियों को आधार बनाया था। उन्होंने अपनी किताब में भी कैग की रिपोर्ट में की गई गणना का उल्लेख किया है। उन्होंने पाया कि 2010-11 में कोल इंडिया लिमिटेड (सीआईएल) ने औसतन 1,028 रुपये प्रति टन की दर से कोयले की बिक्री की, जिसकी औसत लागत 733 रुपये प्रति टन थी। इस तरह सीआईएल को प्रति टन 295 रुपये लाभ के रूप में मिलते। कुल खनन योग्य कोयला-भंडार 6,283 मिलियन टन (यानी 62,830 लाख टन) था और 295 से इसका गुणा किया जाए, तो यह राशि 1.85 लाख करोड़ रुपये होती है। कैग का आकलन था कि यह राशि उन उपक्रमों या कम्पनियों को मिलती, जिन्हें कैप्टिव कोयला-खदानें आवंटित की गईं यानी यह कैग विनोद राय का आकलन सम्भावित लाभ के अनुमान पर आधारित था। उनके अन्तिम आकलन में विंड फ़ॉल या अप्रत्याशित लाभ का यह आँकड़ा 1.86 लाख करोड़ रुपये दर्ज किया गया था।[47]

इस मामले में सबसे हैरान करने वाला था, मीडिया में आया कैग की कथित मसौदा रिपोर्ट के आधार पर 10.6 लाख करोड़ रुपये के नुक़सान का आँकड़ा! इस ख़बर से हड़कम्प मच गया था। विनोद राय ने अपनी किताब में लिखा है कि *टाइम्स ऑफ़ इंडिया* में इससे सम्बन्धित ख़बर देखकर वह ख़ुद चौंक गए थे, क्योंकि रिपोर्ट अभी शुरुआती स्थिति में थी और उसे कैग ने मंज़ूरी नहीं दी थी। विनोद राय ने इसे लेकर प्रधानमंत्री तक को पत्र लिखा और

इसके लिए मीडिया नीति को ज़िम्मेदार बताया। वजह जो भी हो, मगर ख़बर जिस तरह से लीक हुई थी, उससे पता चलता है कि सरकार के भीतर भी सब कुछ ठीक-ठाक नहीं चल रहा था। यह घटना-क्रम सरकार और कैग के रिश्ते में बढ़ते तनाव को भी दिखा रहा था।

दिलचस्प यह भी है कि पूर्व नियंत्रक एवं महालेखा परीक्षक विनोद राय की कोयला आवंटन से सम्बन्धित 2012 की रिपोर्ट पर पूर्व कैबिनेट सचिव बी.के. चतुर्वेदी ने तो सवाल उठाया ही, सुप्रीम कोर्ट द्वारा 214 कोयला-खदानों का आवंटन रद्द कर दिए जाने के कुछ दिन बाद कोयला सचिव बने अनिल स्वरूप (कार्यकाल, 31 अक्तूबर, 2014 से लेकर 23 नवम्बर, 2016) ने भी उन्हें कठघरे में खड़ा कर दिया।

चतुर्वेदी ने कोयला-खदानों के आवंटन से सम्बन्धित कैग रिपोर्ट में 1.86 लाख करोड़ रुपये के नुक़सान से सम्बन्धित मेरे सवाल के जवाब में कहा, "मैं समझता हूँ कि कैग ने सरकार की नीतियों को ग़लत समझा और नुक़सान से सम्बन्धित उनका आकलन ग़लत था। मैंने अपनी किताब *चैलेंजेस ऑफ़ गवर्नेंस* में इसके बारे में विस्तार से लिखा है।"[48]

चतुर्वेदी ने अपनी किताब में लिखा है, "कैग ने नीति-निर्माण के क्षेत्र में प्रवेश करने की कोशिश की, जबकि यह सरकार का काम है। उनके बहुत से निष्कर्ष इस धारणा से निकले कि सरकार की नीतियों को कैसा होना चाहिए था और उसके आधार पर उन्होंने गणना की कि निजी क्षेत्र को कितना लाभ हुआ?"[49]

अनिल स्वरूप कोयला-खदानों के आवंटन में हुए नुक़सान को लेकर कैग के आँकड़ों पर सवाल करते हैं। द *प्रिंट* में छपी ख़बर ने अनिल स्वरूप के हवाले से लिखा, "कोयला-खदानों की क़ीमत खदान के प्रकार, परिवहन लागत और कोयले की गुणवत्ता जैसे कई कारकों पर निर्भर करती है। कोल इंडिया द्वारा कोयले के खनन की लागत चार सौ रुपये से लेकर चार हज़ार रुपये प्रति टन तक है। प्रत्येक खदान अलग होती है और उत्पादन लागत में भी भिन्नता होती है। इसलिए प्रत्येक खदान का लेखा परीक्षण भी अलग होना चाहिए। औसत के आधार पर आकलन नहीं किया जा सकता।"[50]

वैसे चतुर्वेदी की तरह अनिल स्वरूप ने भी आईएएस के रूप में अपनी लम्बी यात्रा को अपनी किताब *नॉट जस्ट ए सिविल सर्वेंट* में समेटा है और

उसमें तत्कालीन कैग विनोद राय के कोयला-खदानों के आवंटन से सम्बन्धित आकलन का विस्तार से विश्लेषण किया है। पी.सी. पारेख भी भला पीछे क्यों रहते? उन्होंने भी *क्रूसेडर ऑर कॉन्स्पिरेटर? कोलगेट एंड अदर ट्रुथ्स* नाम से एक किताब लिखकर अपना पक्ष सामने रखा।

अन्ततः सुप्रीम कोर्ट ने 25 अगस्त, 2014 को 1993 से 2010 तक आवंटित कुल 218 में से 214 कोयला-खदानों के आवंटन को अवैध क़रार देकर रद्द कर दिया। जिन 4 कोयला-खदानों को इस ऐतिहासिक फ़ैसले से अलग रखा गया, उनका संचालन केन्द्र सरकार निजी कम्पनी के साथ बिना किसी संयुक्त उपक्रम के ख़ुद से कर रही थी। इनमें से दो एनटीपीसी और सेल के अधीन थीं और दो बिजली संयंत्रों के लिए प्रतिस्पर्धी निविदा के ज़रिये आवंटित की गई थीं। यह फ़ैसला जब आया, तब तक केन्द्र में सरकार बदल चुकी थी। यूपीए की जगह नरेन्द्र मोदी की अगुआई में एनडीए की सरकार को सत्ता में आए महज़ तीन महीने हुए थे।

सुप्रीम कोर्ट के इस फ़ैसले के एक साल बाद ही मार्च, 2015 में एनडीए सरकार ने दो विधेयक पारित करवाए। पहला, कोल माइंस (स्पेशल प्रोविज़न) ऐक्ट और दूसरा, माइंस एंड मिनरल्स डेवलपमेंट रेग्यूलेशन ऐक्ट। इन्हें पारित करने से पहले सरकार कोयला-खदानों के आवंटन को लेकर 21 अक्तूबर, 2014 को एक अध्यादेश ला चुकी थी, जिसे 26 दिसम्बर, 2014 को दोबारा लाया गया था।[51]

अध्यादेश जारी करते समय तत्कालीन वित्त मंत्री अरुण जेटली ने कहा था कि सीमेंट, इस्पात और ऊर्जा क्षेत्र में कोयले की सख़्त ज़रूरत है और इसी वजह से सरकार यह अध्यादेश लेकर आई है। मोदी सरकार के इस क़दम को कोयला-सुधार की दिशा में पहला क़दम कहा गया। 18 जून, 2020 को ख़ुद प्रधानमंत्री नरेन्द्र मोदी ने वीडियो कॉन्फ्रेंस के ज़रिये 41 कोयला-खदानों के व्यावसायिक खनन के लिए निविदा-प्रक्रिया की शुरुआत करते हुए कहा, "भारत के साथ यह विडम्बना है कि दुनिया का चौथा सबसे बड़ा कोयला-भंडार और दूसरा बड़ा कोयला-उत्पादक होने के बावजूद वह दूसरा बड़ा आयातक है।" कोविड-19 महामारी की छाया में शुरू किए गए, अपनी सरकार के आत्मनिर्भर भारत अभियान से कोयला-सुधार को जोड़ते हुए उन्होंने यह भी कहा कि इन सुधारों के बाद कोयला-उत्पादन और पूरा कोयला-क्षेत्र आत्मनिर्भर बन जाएगा।[52]

ध्यान रहे, 20 फरवरी, 2018 को आर्थिक मामलों की मंत्रिमंडलीय समिति—कैबिनेट कमेटी ऑन इकोनॉमिक अफेयर्स (सीसीईए) ने निजी कम्पनियों के व्यावसायिक कोयला-खनन उद्योग में प्रवेश को मंज़ूरी दे दी थी। वास्तव में अक्तूबर, 2014 में लाया गया अध्यादेश इस बात का संकेत था कि 1971 में इन्दिरा गांधी और सुरेन्द्र मोहन कुमारमंगलम द्वारा कोयला-क्षेत्र के राष्ट्रीयकरण की जो प्रक्रिया शुरू की गई थी, मोदी सरकार ने उसकी उलटी दिशा में क़दम बढ़ा दिया है।

कोयले की अन्तर्कथा जारी है

कोयले की कहानी उसके राष्ट्रीयकरण और फिर उसके निजीकरण तक सिमटी नहीं है। इसकी गहराई में जाते जाएँ तो पता चलेगा कि यह वह काजल की कोठरी है, जहाँ से कोई बेदाग़ नहीं निकल सकता। पचहत्तरवें स्वतंत्रता दिवस के ठीक अगले दिन 16 अगस्त, 2021 को स्वतंत्र पत्रकारों के संगठन *रिपोर्ट्स कलेक्टिव* से जुड़े पत्रकारों, श्रीगिरीश जहीलाल और तपस्या ने अपनी महत्त्वपूर्ण रिपोर्ट में खुलासा किया कि ग़लत नीतियों (और बेशक नीयत) के कारण छत्तीसगढ़ को दो कोयला-खदानों की नीलामी से हर साल 900 करोड़ रुपये का घाटा उठाना पड़ेगा।[53]

स्वतंत्र समाचार पोर्टल *न्यूज़लॉण्ड्री* सहित कई जगहों पर प्रकाशित उनकी यह रिपोर्ट कहती है :

"साल 2015 में, केन्द्र सरकार ने छत्तीसगढ़ में दो कोयला ब्लॉकों की नीलामी की। इनमें एक ब्लॉक गारे पाल्मा IV/1 की 1,585 रुपये प्रति टन की बोली लगी, जबकि दूसरे गारे पाल्मा IV/7 को 2,619 रुपये प्रति टन में नीलाम किया गया। कार्टेलाइज़ेशन अर्थात् फ़ायदे के लिए गुटबन्दी के आरोप लगने पर सरकार ने पहले ब्लॉक की नीलामी को बोली बहुत कम बताकर रद्द कर दिया। दूसरे ब्लॉक के मामले में उसने कॉन्ट्रैक्ट को ठंडे बस्ते में यह कहकर डाल दिया कि नीलामी जीतने वालों ने नियमों का उल्लंघन किया था। इसके बाद सरकार ने फिर से नवम्बर 2020 में यानी पाँच साल बाद खदानों की नीलामी की। इस बार पहला ब्लॉक जिसमें 159.4 मिलियन टन कोयला था, उसे जिन्दल स्टील एंड पावर लिमिटेड को 342.25 रुपये प्रति टन के हिसाब से बेचा गया। यह पाँच साल पहले की उस क़ीमत के एक-चौथाई से भी कम था जिसे सरकार

ने बहुत कम कहकर ख़ारिज किया था। वहीं दूसरा ब्लॉक 2015 की तुलना में क़रीब 60 प्रतिशत कम दाम पर बेचा गया। नतीजतन, 57,206 मिलियन टन (5720.6 करोड़ टन) कोयला-भंडारों रो लैस छत्तीसगढ़ को सालाना 900 करोड़ रुपये से ज़्यादा का घाटा उठाना पड़ेगा। वहीं बेची गई दोनों खदानों के जीवनकाल (यानी कि क़रीब 19-50 साल) में राज्य को, 2015 में लगी बोलियों के हिसाब से 24,065 करोड़ रुपये के सम्भावित राजस्व से हाथ धोना पड़ेगा। यह आकलन सरकारी अनुमानों और आंशिक रूप से आरटीआई द्वारा प्राप्त दस्तावेज़ों के अध्ययन पर आधारित है।"[54]

प्रधानमंत्री नरेन्द्र मोदी ने 41 कोयला ब्लॉक की निविदा प्रक्रिया की शुरुआत करते हुए कहा था कि भारत दुनिया का दूसरा बड़ा कोयला उत्पादक देश होने के साथ ही दूसरा बड़ा आयातक भी है।

उनका यह कथन देश की कोयले पर बढ़ती निर्भरता को ही दिखाता है। कोविड-19 की वजह से कोयला-उत्पादन में कुछ कमी ज़रूर आई। वित्त वर्ष 2020-2021 में देश में कुल 716.084 मिलियन टन (71.608 करोड़ टन) कोयले का उत्पादन किया गया था, जो कि वित्त वर्ष 2019-20 के 730.874 मिलियन टन (71.087 करोड़ टन) उत्पादन से 2.2 फ़ीसदी कम था। 716.084 मिलियन टन उत्पादन में से 685.951 मिलियन टन (68.595 करोड़ टन) सार्वजनिक क्षेत्र की कोयला-खदानों से मिला, तो निजी क्षेत्र की कोयला-खदानों से 30.133 मिलियन टन (3.013 करोड़ टन)। यानी 80 फ़ीसदी से अधिक कोयला-उत्पादन अब भी सरकारी क्षेत्र में है, लेकिन यह तस्वीर का एक पहलू है। वास्तविकता यह भी है कि 31 मार्च, 2022 को बिजली-उत्पादन की कुल क्षमता 3,99, 497 मेगावाट है। इसमें से 99,005 मेगावाट यानी 24.6 फ़ीसदी केन्द्रीय क्षेत्र में, 1,04,885 मेगावाट यानी 26.2 फ़ीसदी राज्यों के पास और 1,95,637 मेगावाट यानी 49 फ़ीसदी निजी क्षेत्र के पास है। भारत सरकार के विद्युत मंत्रालय की वेबसाइट दिखाती है कि हम इसमें से 51.1 फ़ीसदी बिजली के लिए कोयले पर निर्भर हैं।[55]

निजी क्षेत्र की सबसे बड़ी बिजली कम्पनी है, अडानी पावर। अडानी पावर की वेबसाइट कहती है, "अडानी पावर लिमिटेड (एपीएल) विविधतापूर्ण अडानी समूह का एक हिस्सा है, यह भारत के निजी क्षेत्र का सबसे बड़ा तापीय बिजली उत्पादक है। हमारे पास 12,450 मेगावाट बिजली-उत्पादन की क्षमता

है और हमारे तापीय बिजली संयंत्र गुजरात, महाराष्ट्र, कर्नाटक, राजस्थान और छत्तीसगढ़ में स्थित हैं और 40 मेगावाट का एक सौर ऊर्जा-परियोजना गुजरात में स्थित है।"[56] ज़ाहिर है, अडानी समूह को अपने संयंत्रों के लिए कोयला चाहिए, जिसकी छाया छत्तीसगढ़ से लेकर ओडिशा तक देखी जा सकती है।

देश में ढाई सौ साल पहले शुरू हुई कोयले की यह अन्तर्कथा जारी है। भाप वाले इंजनों की विदाई के बाद यह ज़रूर हुआ है कि रेलवे की कोयले पर सीधी निर्भरता ख़त्म हो गई, मगर सरकारी और निजी क्षेत्रों द्वारा कोयले का दोहन जारी रहने वाला है, क्योंकि देश को बिजली, इस्पात और सीमेंट संयंत्रों के लिए इसकी ज़रूरत है। जलवायु परिवर्तन के प्रत्यक्ष प्रभावों और कोयले पर निर्भरता कम करने के लिए तेज़ होती बहसों के बावजूद यह हक़ीक़त है कि अगले कई दशकों तक कोयला देश के लिए 'जीवन-रक्त' बना रहेगा। पर्यावरण संरक्षण पर गम्भीरता से काम करने वाली समाचार सेवा *मोंगाबे* की एक शोधपरक रिपोर्ट इसकी तस्दीक करती है।

मोंगाबे की यह रिपोर्ट कहती है, "एक नवीनतम अध्ययन में पाया गया है कि भारत में क़रीब 40 फ़ीसदी ज़िलों में किसी-न-किसी रूप में कोयले पर निर्भरता है, क्योंकि वे या तो कोयला-श्रमिकों या पेंशनभोगियों के घर हैं, ज़िला खनिज फ़ाउंडेशन (डीएमएफ) के तहत धन एकत्र करते हैं या कॉरपोरेट सामाजिक उत्तरदायित्व (सीएसआर) के रूप में अरबों ख़र्च करने वाली कोयला-खनन कम्पनियों से लाभान्वित हो रहे हैं।...विश्लेषण से पता चलता है कि कोयले से भारत का संक्रमण लोगों और पर्यावरण के लिए तब तक 'न्यायसंगत' नहीं हो सकता, जब तक कि व्यापक हस्तक्षेप की ऐसी योजना बनाकर उन पर अमल न हो जिसमें प्रत्यक्ष या अप्रत्यक्ष रूप में प्रभावित होने वाले लाखों लोगों की चिन्ताएँ शामिल न हों।"[57]

जैसा कि शुरुआत में मैंने लिखा, भारत में कोयला-खनन की कहानी शुरू हुई थी ढाई सौ साल पहले 1774 में, जब ईस्ट इंडिया कम्पनी ने दामोदर नदी के पश्चिमी तट पर स्थित रानीगंज (पश्चिम बर्धमान ज़िला, पश्चिम बंगाल) में कोयला-भंडार की तलाश की थी, मगर तब पता नहीं था कि एक समय ऐसा भी आएगा जब यही कोयला पर्यावरण, वन्यजीवों के साथ ही उन लोगों के अस्तित्व के लिए संकट पैदा कर देगा जो कोयला-क्षेत्र में रहते हैं। इसकी वजह से लाखों लोगों को कई-कई बार विस्थापित होना पड़ेगा, जैसा कि मध्य

प्रदेश के सिंगरौली कोयला-क्षेत्र के मोरवा क़स्बे के बाशिन्दों के साथ हो रहा है। कोयला धारक क्षेत्र (अर्जन और विकास) अधिनियम, 1957 का इस्तेमाल कर कोयला-खनन के लिए पचास हज़ार की आबादी के इस क़स्बे को निर्जन करने का फ़ैसला लिया गया।[58]

नवम्बर, 2021 के आख़िरी हफ़्ते में मैं कोयला-खनन के कारण निर्जन हो रहे इस क़स्बे में था। ज़िला मुख्यालय बैढ़न-सिंगरौली से मुश्किल से 20 किलोमीटर दूर स्थित इस क़स्बे तक पहुँचना आसान नहीं था। कोयले और कीचड़ के कारण कहाँ सड़क ख़त्म हो गई थी, पता ही नहीं चलता। कोयला-खनन और ढुलाई के लिए चलने वाले बड़े-बड़े डंपरों के कारण चारों ओर कोयला मिश्रित धूल उड़ रही थी और आसमान में काली धुंध छाई हुई थी। सड़क के दोनों किनारों पर लगे पेड़-पौधे अपनी हरियाली खो चुके थे। उनकी पत्तियों और टहनियों में कोयले और धूल की परतें जमा हो गई थीं। बैढ़न से मुझे वहाँ तक ले जाने वाले बदरी ने अचानक एक जगह कार रोक दी और उतरकर बताने लगे कि यह मढ़ौली गाँव है। फिर वह तक़रीबन दो-ढाई सौ फ़ीट दूर कोयला-खदान की ओर इशारा करते हुए बोले, "1990 में हमें यहाँ से उजाड़ दिया गया। हमारा यहाँ घर था। माइनिंग जब बढ़ने लगी, तो हमें यहाँ से जाने के लिए कहा गया।" बदरी के पिता खदान में काम करते थे। बेशक उन्हें मुआवज़ा मिला और उन्होंने सिंगरौली के नज़दीक अपना नया घर बना लिया।

मगर ऐसा हर किसी के साथ नहीं था। मढ़ौली से थोड़ा आगे बढ़ने पर उजड़े हुए अनेक घर नज़र आने लगे। हैरत हुई कि उनमें से कुछ पक्के और दो मंज़िला मकान भी थे। अपनी दुकान के सामने खड़े रामप्रकाश बताने लगे थे कि यह उनका दूसरा ठिकाना है, जहाँ से उन्हें हटने के लिए कहा जा रहा है। खदान उनकी दहलीज़ पर है। इस बीच, कई और लोग आ जुटे, जिन्हें लग रहा था कि मैं कोई सरकारी कारिन्दा हूँ, जो उनकी कुछ मदद कर सकता था। मेरा अपना अनुभव है कि खदानों के कारण विस्थापित हो रहे लोग हों, या सूखा या अकाल के कारण मुसीबत में फँसे लोग, उन्हें बाहर से आने वाला हर शख़्स सरकारी लगता है!

यह विडम्बना ही है कि मोरवा क़स्बे को 1950 के दशक में औद्योगिक विकास के नाम पर बसाया गया था। जैसा कि विकास के नाम पर होने वाले

हर विस्थापन के साथ मुआवजों और नौकरियों को लेकर अन्तहीन लड़ाई शुरू हो जाती है, मोरवा और उसके आसपास के गाँवों में यह शुरू हो चुकी है।[59]

सिंगरौली से क़रीब तीन सौ किलोमीटर दूर छत्तीसगढ़ के कोरबा के कोयला-क्षेत्र में विकास की इस अन्धी दौड़ से इनसानों के अलावा हाथियों को संघर्ष करना पड़ रहा है। छत्तीसगढ़ की राज्य सरकार ने 2005 में विधानसभा से प्रस्ताव पारित कर कोरबा ज़िले के लेमरू में 450 वर्ग किलोमीटर क्षेत्र में हाथी रिज़र्व स्थापित करने का फ़ैसला लिया। 2007 में लेमरू हाथी रिज़र्व को केन्द्र की मंज़ूरी भी मिल गई। लेमरू मानव-वन्यजीव संघर्ष को रोकने के लिए स्थापित किए जाने वाले दो हाथी रिज़र्व में से एक था। बाद में इसका दायरा बढ़ाकर 1,995 वर्ग किलोमीटर कर दिया गया था, मगर जून, 2021 में इसे फिर से घटाकर 450 वर्ग किलोमीटर कर दिया गया। दरअसल, लेमरू प्रोजेक्ट के क्षेत्र में कटौती यहाँ कोयला-खनन के लिए रास्ता साफ़ करने के लिए की गई है।

मगर सबसे बुरी स्थिति देश के कोल कैपिटल धनबाद के झरिया की है, जहाँ ज़मीन के नीचे आग लगी हुई है। झरिया सचमुच आग के ढेर पर बैठा है। यहाँ भूमिगत खदानों के नीचे लगी आग के बारे में पता तो 1970 के दशक में ही चल गया था, लेकिन यहाँ रहने वाले तीन से चार लाख लोगों का पुनर्वास अब तक पूरा नहीं हो सका है। दिसम्बर, 2004 में इसी मक़सद से झरिया पुनर्वास एवं विकास प्राधिकार (जेआरडीए) की स्थापना की गई थी। इसकी स्थापना के बाद क़रीब एक लाख लोगों को ही सुरक्षित जगहों पर विस्थापित किया जा सका है।[60]

संयुक्त राष्ट्र जलवायु परिवर्तन सम्मेलन 'कॉप 26' में कोयला-उत्पादन में कटौती एक बड़ा मुद्दा था। ब्रिटेन के कॉप 26 के अध्यक्ष आलोक शर्मा ने सारे देशों से अपील की कि वे ऊर्जा के लिए कोयले पर निर्भरता छोड़ दें यानी कोयला-खनन बन्द कर दें![61]

कोयले की कहानी अन्तहीन है, जब तक इस्पात, सीमेंट और बिजली के लिए इसकी ज़रूरत बनी रहेगी, तब तक शायद यह कहानी जारी रहेगी। फिर भी, जब अगली बार आप इस्पात और सीमेंट से बने अपने घर में बिजली का कोई स्विच ऑन करें, तब झरिया, सिंगरौली और लेमरू और इस जैसी दूसरी जगहों के बारे में एक बार ज़रूर विचार करें।

सन्दर्भ

1. Congress holds historic session in Chandigarh, 15 Jan., 1975, India Today
2. Prime Minister's Anxiety for Traped Miners, New Delhi, 28 December, 1975, PIB, (पीआईबी की वेबसाइट पर उपलब्ध)
3. https://www.nytimes.com/1975/12/29/archives/india-pumps-mine-to-reach-hundreds-trapped-by-flood-india-pumping.html
4. Rail and Coal, https://er.indianrailways.gov.in/cris//uploads/files/1549352519272-East%20Indian%20Railways%20and%20coal.pdf
5. W.W. Hunter, The Indian Empire: Its People, History & Products (Iron Works: Coal Mining, Chapter XXI) 1886 Second Edition, p. 619
6. Bibek Debroy, Sanjay Chadha, Vidya Krishnamurthi,Indian Railways, The weaving of a National Tapestry, p. 36
7. https://marxists.architexturez.net/archive/marx/works/1853/07/22.htm; Bibek Debroy, Sanjay Chadha, Vidya Krishnamurthi,Indian Railways, The weaving of a National Tapestry
8. https://marxists.architexturez.net/archive/marx/works/1853/07/22.htm ; http://dcac.du.ac.in/documents/E-Resource/2020/Metrial/422AakanshaNatani2.pdf
9 https://er.indianrailways.gov.in/cris//uploads/files/1549352519272-East%20Indian%20Railways%20and%20coal.pdf; Bibek Debroy, Sanjay Chadha, Vidya Krishnamurthi,Indian Railways, The weaving of a National Tapestry, p. 42
10. Dilip Simeon, Coal & Colonism: Production Relations in an Indian Coalfield, 1895-1947, International Review of Social History / Volume 41 / Issue S4 / December 1996 Published online by Cambridge University Press: 20 February, 2009, pp. 83-108, Print Publication: December 1996
11. Rail and Coal, https://er.indianrailways.gov.in/cris//uploads/files/1549352519272-East%20Indian%20Railways%20and%20coal.pdf
12. Dilip Simeon,Coal & Colonism: Production Relations in an Indian Coalfield, 1895-1947, International Review of Social History / Volume 41 / Issue S4 / December 1996 Published online by Cambridge University Press: 20 February, 2009, pp. 83-108 Print Publication: December 1996

13. वही
14. वही
15. वही
16. Women beneath the Surface: Coal and the Colonial State in India during the Second World War, Urvi Khaitan,War & Society, Volume 39, 2020 - Issue 3: Marginalised Histories of the Second World War
17. The First Five Year Plan, A Draft Outline, July 1951
18. V.K. Sinha, Coal Mining: The Wheel Has Turned Full Circle, 30 May, 2020, , Economic Times
19. Ramchandra Guha, India After Gandhi, p. 211
20. https://www.coalindia.in/history/
21. http://archive.coalindia.in/en-us/company/history.aspx
22. https://www.centralcoalfields.in/cmpny/hstry.php
23. http://www.coal.nic.in/about-us/history-background
24. Loksabha Debates, Second Session (Fifth loksabha) Fifth Series, Vol. IV, 1971
25. वही
26. Loksabha Debates , Fifth Series, Vol. X, 1971
27. 70 policies that Shaped India, Gautam Chirmane, Observer Research Foundation
28. http://www.coal.nic.in/about-us/history-background
29. Jairam Ramesh, Intertwined Lives: P.N. Haksar and Indira Gandhi Jairam, p. 283
30. वही
31. बनखंडी मिश्र जी से लेखक की बातचीत
32. वही
33. Backstory: The Chasnala mining tragedy of 1975 By Sundeep Khanna, Jan. 23, 2021, https://www.cnbctv18.com/views/backstory-the-chasnala-mining-tragedy-of-1975-9754561.htm
34. The Chasnala Tragedy, Arun Sinha, Economic & Political Weekly, 10 Jan., 1976
35. बनखंडी मिश्र जी से लेखक की बातचीत
36. India Today, 30 Sept., 1982
37. Farzand Ahmad, India Today 15 June, 1982, Dhanbad, BCCL faces flak for mafia-type activities)
38. नवीन कुमार मिश्र, कोयलांचल के बाहुबली, *आउटलुक*, 10 अगस्त, 2020; बालेंदुशेखर मंगलमूर्ति कोयले की काली कमाई में कोयलांचल की धरती ख़ून से

लाल होती आई है…, August 13, 2019, http://marginalised.in/2019/08/13/koylanchal-coal-mafia-bloody-murders/
39. Subhomoy Bhattacharjee, India's Coal Story from Damodar to Zambezi, p. 71
40. पूर्व कैबिनेट सचिव तथा योजना आयोग के पूर्व सदस्य बी.के. चतुर्वेदी से ई-मेल तथा फ़ोन पर लेखक से हुई बातचीत
41. वही
42. Anupam Chakravartty,Freeing coal, 31 January, 2014, Down to Earth
43. Now,CAG sees Rs. 10 lakh crore coal 'scam', 22.03.2012, Indian Express
44. Cag: Govt. lost Rs. 10 lakh crore by not auctioning coal blocks, Times of India 22 March, 2012
45. Vinod Rai ,Not Just An Accountant Coal (Chapter 8: That Turned To Gold: Mine Block Allotments)
46. वही
47. वही
48. पूर्व कैबिनेट सचिव तथा योजना आयोग के पूर्व सदस्य बी.के. चतुर्वेदी से ई-मेल तथा फ़ोन पर हुई बातचीत
49. Challenges of Governance, B.K. Chaturvedi
50. 21 December, The Print, https://theprint.in/india/governance/vinod-rai-wrong-on-coal-scam-his-stance-hurt-governance-ex-coal-secretary-anil-swarup/167168/
51. पीआईबी, 20 मार्च, 2015
52. पीआईबी, 18 जून, 2020
53. https://www.reporters-collective.in/projects/flawed-reform-how-modi-government-new-coal-auction-regime-robs-chhattisgarh-of-rs-900-crore-a-year)
54. https://hindi.newslaundry.com/2021/08/16/coal-auctions-modi-government-change-of-policy-to-help-private-miners-leaves-chhattisgarh-with-Rs.-900-crore-less-revenue-annually
55. https://powermin.gov.in/en/content/power-sector-glance-all-india
56. https://www.adanipower.com/about-us
57. Mayank Agrawal, About 40 percent of India's districts have some form of coal dependency, 1 July, 2021, Mongabay, https://india.mongabay.com/2021/07/about-40-percent-of-indias-districts-have-some-form-of-coal-dependency/
58. https://www.downtoearth.org.in/news/mining/town-today-gone-

tomorrow-55910

59. विस्थापितों का टूटा सब्र, उठाया ऐसा क़दम कि मच गया हड़कम्प, अजय शुक्ला, 6 फरवरी, 2020 https://www.patrika.com/singrauli-news/strike-of-medhauli-displaced-in-singrauli-s-coal-company-ncl-5736412/ (Threatened by fire and displacement, people of Jharia dig in their heels
60. Satyajeet Kumar Jharia June 30, 2021 https://www.indiatoday.in/india/story/threatened-by-and-displacement-people-of-Jharia-dig-in-their-heels-1821090-2021-06-30
61. https://www.bbc.com/news/uk-politics-57108066

परिवार नियोजन
नसबन्दी से जनसंख्या विस्फोट तक

मैं अपनी पत्नी और बेटी के साथ टैक्सी से होटल लौट रहा था। कार की सीट पर मक्खियाँ भिनभिना रही थीं। तापमान सैंतीस डिग्री सेल्सियस के क़रीब रहा होगा। ऐसा लग रहा था कि सड़कें लोगों से अटी पड़ी हैं। एक झुग्गी बस्ती से गुज़रते हुए वहाँ लोग ही लोग नज़र आ रहे थे—खाते हुए लोग, कपड़े धोते हुए लोग, सोए हुए लोग, घूमते लोग, झगड़ते और चीख़ते-चिल्लाते लोग। भीख माँगने के लिए टैक्सी की विंडो पर हाथ पीटते लोग। हगते और मूतते हुए लोग। बसों से लटकते लोग। मवेशियों को खदेड़ते लोग। लोग, लोग, लोग, लोग।...

आबादी के दबाव से जूझ रहे देश के महानगरों में यह दृश्य आम हो सकता है। बेशक, कोविड-19 ने जीवन की रफ़्तार को बाधित किया है, पर बढ़ती आबादी का दबाव हर जगह साफ़ देखा जा सकता है। मगर यह दृश्य अभी का नहीं, बल्कि पाँच दशक पुराना है। स्टैनफोर्ड यूनिवर्सिटी के प्रोफ़ेसर पॉल आर. एलिक ने अपनी चर्चित और विवादास्पद किताब द *पॉपुलेशन बम* में पुरानी दिल्ली की तंग और भीड़-भरी सड़कों के एक 'प्राचीन टैक्सी' से किए गए अपने सफ़र को किताब के शुरुआती पन्नों में नाटकीय अन्दाज़ में कुछ इसी तरह से दर्ज किया था।[1]

पॉल आर. एलिक की नज़र से न भी देखें, तो यह समझा जा सकता है कि पाँच दशक पहले ही बढ़ती आबादी का दबाव किस तरह महसूस किया

जा रहा था? 15 अगस्त, 1947 को जब देश आज़ाद हुआ था, तब हमारी आबादी 34.5 करोड़ थी। देश की प्रथम स्वास्थ्य मंत्री राजकुमारी अमृत कौर ने बढ़ती जनसंख्या को गम्भीरता से लिया और अपने मंत्रालय में परिवार नियोजन विभाग ही अलग से जोड़ लिया। इस तरह यह मंत्रालय स्वास्थ्य एवं परिवार नियोजन मंत्रालय बन गया। वास्तव में भारत दुनिया का पहला देश है, जिसने 1952 में ही परिवार नियोजन के लिए राष्ट्रीय कार्यक्रम की शुरुआत कर दी थी।

देश को स्वतंत्रता मिलने के चार साल बाद 1951 में हुई पहली जनगणना ने ही बढ़ती आबादी के दबाव के संकेत दे दिए थे। इन चार वर्षों में देश की आबादी 34.5 करोड़ से बढ़कर 36 करोड़ हो गई थी। क़रीब डेढ़ करोड़ की वृद्धि यानी कोलकाता की आज की आबादी—1.49 करोड़—के क़रीब, या चेन्नई की आज की आबादी—70.9 लाख—का दोगुना। आज देश की आबादी 136.4 करोड़ के क़रीब है यानी पिछले 75 वर्षों में देश की आबादी एक सौ करोड़ बढ़ गई!

देश की पहली सरकार के कार्यकाल में परिवार नियोजन कार्यक्रम की औपचारिक शुरुआत के समय से ही संयुक्त राष्ट्र, फ़ोर्ड फ़ाउंडेशन और रॉकफ़ेलर फ़ाउंडेशन जैसी संस्थाओं की नज़र भारत की बढ़ती आबादी पर थी। फ़ोर्ड फ़ाउंडेशन और रॉकफेलर फ़ाउंडेशन तो परिवार नियोजन कार्यक्रम में फ़ंडिग भी कर रहे थे। चूँकि आज़ादी के तुरन्त बाद बनी सरकार के सामने दूसरी ढेरों चुनौतियाँ थीं, लिहाज़ा पहले दशक में परिवार नियोजन कार्यक्रम में कुछ ख़ास तेज़ी नहीं आई थीं, मगर 1960 के दशक में इसमें बदलाव साफ़ नज़र आने लगा।

स्वास्थ्य एवं परिवार नियोजन मंत्रालय की प्राक्कलन समिति की रिपोर्ट (1972-73) ने बढ़ती आबादी को लेकर सरकार और संसद की चिन्ता को स्पष्ट रूप से रेखांकित किया। रिपोर्ट में कहा गया, "भारत में दुनिया की 14.8 फ़ीसदी आबादी रहती है, जबकि यहाँ दुनिया का कुल 2.4 फ़ीसदी भू-भाग ही है और विश्व-आय में हिस्सेदारी सिर्फ़ डेढ़ फ़ीसदी। इसने स्वाभाविक रूप से जीवनयापन के न्यूनतम मानकों को क़ायम रखने के लिए सामाजिक-आर्थिक विकास से जुड़ी ज़बरदस्त चुनौतियाँ पेश की हैं।"[2]

इस रिपोर्ट के आने के पाँच दशक बाद, विश्व-जनसंख्या में भारत की

हिस्सेदारी में तीन फ़ीसदी की बढ़ोतरी के साथ आज दुनिया की क़रीब 17.7 फ़ीसदी आबादी हमारे देश में रहती है।

मुफ़्त में निरोध वितरण

1972-73 की प्राक्कलन समिति की इसी रिपोर्ट में यह भी कहा गया कि कोयला-खदान क्षेत्रों में 1956-57 से परिवार नियोजन कार्यक्रम प्रभावी तरीक़े से लागू किया जा चुका है। कोयला-खदान-क्षेत्रों में परिवार नियोजन से सम्बन्धित प्रचार फ़िल्में दिखाई जा रही हैं और कोयला मज़दूरों को मुफ़्त में गर्भनिरोधक बाँटे जा रहे हैं।

पाँचवीं लोकसभा (1971) से सम्बन्धित इस समिति ने उस समय देशभर में मौजूद 7,058 रेलवे स्टेशनों का भी संज्ञान लिया। रिपोर्ट ने सुझाव दिया, "...रेलवे के पास पूरे देश में अपनी एकीकृत मेडिकल और हेल्थ सर्विस है। उसके पास अपनी सुसम्बद्ध कॉलोनियाँ भी हैं। समिति महसूस करती है कि आवश्यक ढाँचा उपलब्ध होने के साथ रेलवे परिवार नियोजन के क्षेत्र में प्रभावी भूमिका निभा सकता है। समिति सुझाव देती है कि रेलवे को ऐसे रेलवे स्टेशनों के बुकिंग कार्यालयों से निरोध वितरण की व्यवस्था करनी चाहिए, जहाँ लोगों के पास निरोध हासिल करने का कोई और ज़रिया उपलब्ध न हो।"[3]

सरकार ने समिति की इस रिपोर्ट से सहमति जताई और उसको अपने द्वारा किए जा रहे प्रयासों की जानकारियाँ दीं। बताया कि ऐसे रेलवे स्टेशनों का चयन कर वहाँ के स्टेशन मास्टरों और असिस्टेंट स्टेशन मास्टरों को वितरण के लिए निरोध उपलब्ध कराए जा रहे हैं।

इस रिपोर्ट से पता चलता है कि कैसे उस दौर में राज्य कर्मचारी बीमा निगम के अस्पतालों और डिस्पेंसरियों से भी ईएसआई योजना के तहत लोगों को मुफ़्त निरोध वितरित किए जाने की व्यवस्था की गई। परिवार नियोजन की थीम पर विशेष कार्यक्रम तैयार कर आकाशवाणी से उनका प्रसारण किया गया। ग्रामीण क्षेत्रों के साथ ही मज़दूरों और महिलाओं को ध्यान में रखकर गाने, नाटक, कवि सम्मेलन-मुशायरों इत्यादि का प्रसारण भी शुरू किया गया। फ़िल्म डिविज़न ने 1968 से 1972 के दौरान परिवार नियोजन को बढ़ावा देने के लिए 35 छोटी फ़िल्में और डॉक्यूमेंट्री भी तैयार कीं।

लोगों के बीच वितरित किए जाने वाले गर्भनिरोधक के नामकरण की भी

रोचक कहानी है। यूँ तो देश में 1930 के दशक में ही गर्भनिरोधक उपलब्ध हो गए थे, मगर 1963 में नेहरू-सरकार ने पहली बार गर्भनिरोधक के जनवितरण का फ़ैसला किया। उस समय इसे आयात करना पड़ता था। समस्या थी कि इसे किस नाम से पुकारा जाए? तय हुआ कि कोई ऐसा नाम रखा जाए, जिससे लोगों की भावनाओं को भी जोड़ा जा सके। पहले इसका नाम रखा गया, *कामराज*। यह रतिदेव कामदेव का ही एक नाम है। रतिदेव के देश में उनके नाम पर भला किसे आपत्ति हो सकती थी? मगर एक अड़चन थी। दरअसल उस समय सत्तारूढ़ राष्ट्रीय कांग्रेस के अध्यक्ष थे, के. कामराज। लिहाज़ा नया नाम तलाशा गया और आख़िरकार आईआईएम के एक छात्र द्वारा सुझाए गए नाम निरोध पर सहमति बनी जिसका अर्थ है, सुरक्षा।[4]

असल में आईआईएम ने ही भारत सरकार को सुझाव दिया था कि उसे सार्वजनिक जगहों पर सस्ती दरों पर कंडोम उपलब्ध करवाना चाहिए। उसने सिफ़ारिश की कि कंडोम आयात किए जाएँ और उसे बाज़ार भाव से कम में पाँच पैसे में आम लोगों के लिए उपलब्ध कराया जाए। उस समय बाज़ार में यह बीस पैसे में मिल रहा था। इस तरह 1968 में अमेरिका, जापान और कोरिया से 40 करोड़ कंडोम आयात किए गए और उन्हें निरोध के नाम से बेचा गया।

1960 के दशक के आख़िर में और 1970 के दशक की शुरुआत होते-होते निरोध अपने आपमें परिवार नियोजन का अभियान ही बन गया। 1969 से 1973 के दौरान केरल के एर्णाकुलम (कोच्चि) के युवा कलेक्टर एस. कृष्ण कुमार ने निजी तौर पर निरोध के वितरण में ख़ासी दिलचस्पी दिखाई। इस अभियान के कारण लोग उन्हें निरोध कुमार तक कहने लगे! उनकी यही लोकप्रियता उन्हें राजनीति तक खींच लाई।

भारतीय प्रशासनिक सेवा में 18 साल रहने के बाद एस. कृष्ण कुमार केरल के तत्कालीन मुख्यमंत्री के. करुणाकरण की प्रेरणा से राजनीति में आ गए और 1984 में कोल्लम से चुनाव जीतकर पहली बार लोकसभा पहुँच गए। उनकी प्रतिभा से वाक़िफ़ प्रधानमंत्री राजीव गांधी ने उन्हें परिवार कल्याण राज्य मंत्री की ज़िम्मेदारी भी सौंप दी। कृष्ण कुमार ने लगातार तीन बार लोकसभा का चुनाव जीता, मगर इसके बाद का समय कृष्ण कुमार के लिए अच्छा साबित नहीं हुआ। 1996 में उनकी पत्नी ऊषा को विदेशी

मुद्रा विनियमन अधिनियम (फेरा) के तहत गिरफ़्तार कर तिहाड़ जेल भेजा गया। कृष्ण कुमार पर भी बेनामी सम्पत्ति का मामला दर्ज किया गया। इसके बाद उनका राजनीतिक कॅरियर लगभग ख़त्म हो गया। 80 बरस की उम्र में कृष्ण कुमार ने केरल में पैर जमाने की कोशिश कर रही भाजपा का दामन थाम लिया।[5]

लाल तिकोन वाला हाथी

आज़ादी मिलने के बाद सरकार और नीति-नियंताओं को यह एहसास हो गया था कि आने वाले समय में बढ़ती आबादी बड़ी चुनौती साबित होने वाली है। फ़ोर्ड फ़ाउंडेशन और रॉकफ़ेलर फ़ाउंडेशन जैसी संस्थाएँ सरकार को न सिर्फ़ परिवार नियोजन कार्यक्रम में तेज़ी लाने का सुझाव दे रही थीं, बल्कि नए तरीक़े भी सुझा रही थीं। फ़ोर्ड फ़ाउंडेशन ने लोगों को जागरूक करने के लिए अनूठा तरीक़ा निकाला। उसने परिवार नियोजन के प्रचार के लिए एक हाथी का इस्तेमाल किया और उसे नाम दिया—लाल तिकोन। हाथी की पीठ पर बड़ा-सा बैनर लटका होता था, जिस पर रोचक नारे लिखे होते थे : *बस दो से तीन बच्चे, होते हैं घर में अच्छे; हर बच्चा तीन साल बाद; दो या तीन बस; मेरा नाम है लाल तिकोन, मेरा काम है ख़ुशियाँ फैलाना* इत्यादि। इस हाथी को गाँव-गाँव में घुमाया जाता था और वह अपनी सूँड़ से लोगों को परिवार नियोजन के प्रति जागरूकता फैलाने वाले पैम्फ़लेट तथा निरोध बाँटता आगे बढ़ता जाता था।[6]

इस अभियान के साथ ही लाल तिकोन परिवार नियोजन का पर्याय बन गया। इस लाल तिकोन की कहानी भी रोचक है। यह एक युवा सहायक जनसंख्या आयुक्त धर्मेंद्रपाल त्यागी के दिमाग़ की उपज था। वह पश्चिमी उत्तर प्रदेश के बिजनौर ज़िले के रतनगढ़ गाँव के थे। उन्हें दीप त्यागी के नाम से भी जाना जाता था बल्कि इसी नाम से वह इतिहास में दर्ज हो गए। जवाहरलाल नेहरू और लालबहादुर शास्त्री की सरकारों के साथ ही और इन्दिरा गांधी के शुरुआती वर्षों में दीप त्यागी ने परिवार नियोजन के प्रति जागरूकता फैलाने के लिए जनसंचार की कई तकनीक ईज़ाद की। यह लाल तिकोन उन्हीं में से एक था। 1969 में महज़ 41 साल की उम्र में दीप त्यागी का निधन हो गया, लेकिन उनके योगदान को भुलाया नहीं गया। नियति की क्रूरता देखिए कि जिस शख़्स ने परिवार नियोजन कार्यक्रम में अमूल्य योगदान दिया, उनके ख़ुद के कोई

बच्चा नहीं था। 1989 में उनके नाम पर एक अन्तरराष्ट्रीय ग़ैर सरकारी संस्था की स्थापना की गई : डीकेटी इंटरनेशनल। यह संस्था परिवार नियोजन और एड्स/एचआईवी के प्रति दुनियाभर में जागरूकता फैलाने का काम करती है।[7]

परिवार नियोजन कार्यक्रम में आई तेज़ी और जागरूकता अभियान के साथ 1970 के दशक की शुरुआत तक सरकार का ज़ोर दो से तीन बच्चों तक रहा। इसके बावजूद 1971 में देश की आबादी 54.82 करोड़ हो गई यानी क़रीब 24 वर्षों के बाद आबादी में 20 करोड़ की वृद्धि हो गई यानी लगभग ढाई दशक में देश की आबादी में एक उत्तर प्रदेश और जुड़ गया। देश के सर्वाधिक आबादी वाले उत्तर प्रदेश की आबादी अभी क़रीब 20.4 करोड़ है।

1971 का वर्ष अपने आप में बहुत से दूसरे घटना-क्रमों से भरा रहा। इसी वर्ष इन्दिरा गांधी ने समय से पहले आम चुनाव करवा लिए थे। इसी साल के अन्त तक बांग्ला मुक्ति संग्राम बांग्लादेश के निर्माण के साथ ही अपनी निर्णायक परिणति तक पहुँच गया। इसके बाद अगले दो-तीन वर्षों में देश की सियासी फ़िज़ा भी बदलने लगी। गुजरात और बिहार के छात्र आन्दोलन, 1974 की रेल हड़ताल और आख़िर में जयप्रकाश नारायण के 'सम्पूर्ण क्रान्ति' के आह्वान के साथ हुए आन्दोलन से देश की प्राथमिकताएँ ही बदल गईं। ऐसे हालात में प्रधानमंत्री इन्दिरा गांधी ने 26 जून, 1975 को देश में आपातकाल लागू कर दिया, जिसने सब कुछ उलट-पुलट दिया।

आपातकाल के लागू होने से पहले तक परिवार नियोजन कार्यक्रम सुचारु रूप से चल रहा था। यहाँ तक कि आपातकाल लागू किए जाने के बाद के कुछ महीनों तक भी इसमें कोई बदलाव नहीं आया था। उस समय डॉ. कर्ण सिंह देश के स्वास्थ्य और परिवार नियोजन मंत्री थे। दरअसल यह डॉ. कर्ण सिंह ही थे, जिन्होंने नई जनसंख्या नीति तैयार की थी, जिसे सरकार ने 16 अप्रैल, 1976 को जारी किया था। मुझे दिए साक्षात्कार में डॉ. कर्ण सिंह ने कहा, "मैंने नेशनल पॉपुलेशन पॉलिसी ख़ुद तैयार की। उसके 18 पैराग्राफ़ थे। बड़े ग़ौर से मैंने पॉलिसी लिखी और उसे संसद के सामने रखा। इसमें कोई शक नहीं कि उसमें हमने टारगेट रखे थे, पुरुषों के इतने और महिलाओं के इतने। मैंने जो लक्ष्य रखे थे, वे बहुत व्यावहारिक थे। बिना किसी ज़ोर-ज़बरदस्ती के वो टारगेट पूरे हो रहे थे। दुर्भाग्य यह हुआ कि संजय गांधी ने इसे अपने पाँच सूत्री कार्यक्रम से जोड़ दिया। तब उत्तर भारत के मुख्यमंत्रियों ने सोचा कि संजय गांधी को ख़ुश करने

का एक ही तरीक़ा है कि नसबन्दी के लक्ष्य को बढ़ा-चढ़ा कर बताया जाए।"[8]

नई जनसंख्या नीति में देश की बढ़ती आबादी पर चिन्ता जताई गई थी। इसमें बताया गया था कि 1 जनवरी, 1976 को देश की आबादी ने 60 करोड़ का आँकड़ा पार कर लिया है। इसमें बताया गया था कि सरकार लड़कियों और लड़कों के लिए शादी की उम्र क्रमशः 18 और 21 वर्ष करने के लिए क़ानून लाने जा रही है। जैसा कि डॉ. सिंह ने कहा, "नसबन्दी के लिए लक्ष्य ज़रूर निर्धारित किए गए थे, मगर वे बहुत व्यावहारिक थे। इससे आबादी को नियंत्रित करने में मदद मिलती। नई जनसंख्या नीति में 1974 (चौथी पंचवर्षीय योजना) की प्रति हज़ार में 35 की जन्म-दर को कम कर 1984 (छठी पंचवर्षीय योजना) तक प्रति हज़ार 25 करने का लक्ष्य रखा गया था।"[9]

मगर संजय गांधी के परिदृश्य में आने के साथ ही सब कुछ उलट-पुलट गया। आपातकाल लागू करने के साथ ही इन्दिरा गांधी ने देश में सुधार और विकास के लिए 20 सूत्री कार्यक्रम प्रस्तुत किया। इन 20 सूत्रों में परिवार नियोजन शामिल नहीं था। लेकिन इसी के समानान्तर संजय गांधी ने अपना बहुचर्चित और बाद में विवादास्पद हो गया पाँच सूत्री कार्यक्रम पेश कर दिया। संजय के ये पाँच सूत्र थे : साक्षरता, परिवार नियोजन, वृक्षारोपण, जाति प्रथा का उन्मूलन और दहेज प्रथा की समाप्ति। सुनने और पढ़ने में ये आज बहुत आदर्श लगते हैं। संजय के परिवार नियोजन में दिलचस्पी दिखाने के साथ ही यह कार्यक्रम सरकार के एजेंडे में सबसे ऊपर आ गया। संजय यों तो युवक कांग्रेस के प्रभारी थे, लेकिन कांग्रेस पार्टी और सरकार में उनकी हैसियत नम्बर दो जैसी थी। पाँच सूत्री कार्यक्रम पेश करने के साथ ही संजय ने ख़ासतौर से उत्तर भारत के शहरों का दौरा शुरू कर दिया। उनकी रैलियाँ होने लगीं। अपने भाषणों में वह अपने पाँच सूत्रों के बारे में बात करते थे। उनके कार्यक्रमों को सफल बनाने के लिए प्रदेश सरकारें भी जुट जाती थीं। इसमें अड़चन इसलिए नहीं थी, क्योंकि उत्तर भारत के राज्यों में कांग्रेस की ही सरकारें थीं।

संजय ने पाँच सूत्री कार्यक्रम घोषित किए जाने के बाद 28 मार्च, 1976 को लखनऊ और बरेली में रैलियों को सम्बोधित किया। वह हवाई जहाज़ से लखनऊ पहुँचे। विमान तल पर उनकी अगवानी की गई और उसके बाद खुले वाहन में सवार संजय का क़ाफ़िला रैली के लिए शहर की ओर चल पड़ा। उस समय उनके साथ उत्तर प्रदेश के तत्कालीन मुख्यमंत्री नारायण दत्त तिवारी भी थे।

रैली की शुरुआत में युवक कांग्रेस के नेता लोकपति त्रिपाठी (दिग्गज कांग्रेसी नेता कमलापति त्रिपाठी के पुत्र) ने संजय की तारीफ़ में कुछ इस अन्दाज़ में कसीदा पढ़ा, "...युवक निर्माण भी कर सकता है और बर्बाद भी कर सकता है। यह देश का दुर्भाग्य है कि हमारा युवा निर्माण के पथ से दूर... विचलित हो गया था। भारत का आने वाला इतिहास संजय जी के प्रति आभार जताएगा कि देश के 25 करोड़ युवाओं को उन्होंने सही दिशा दी।"[10]

इसके बाद अपना ट्रेड मार्क सफ़ेद कुरता-पाजामा पहने युवा संजय मंच पर आते हैं और माइक सँभालते हैं। अपने संक्षिप्त भाषण में वह पहले दहेज उन्मूलन की बात करते हैं। युवक कांग्रेस कार्यकर्ताओं से कहते हैं कि वे वचन लें कि अपनी शादी में दहेज नहीं लेंगे। इसके बाद वह उस मुद्दे पर आते हैं, जो उस दौर में उनकी पहचान बन गया था। संजय कहते हैं, "युवक कांग्रेस ने एक और काम लिया है, जो हिन्दुस्तान के लिए बहुत ज़रूरी है और वह है, परिवार नियोजन का। हँसने से परिवार नियोजन नहीं होगा। इसमें काफ़ी काम करना पड़ता है। और काम करने से पहले जो लोग यहाँ मौजूद हैं, उन्हीं को यह फ़ैसला करना चाहिए कि वे परिवार नियोजन करेंगे। पहले इसका नारा था, *दो या तीन बस,* अब *दो पर ही बस* कर दिया है।...."[11]

ज़बरिया नसबन्दी

परिवार नियोजन के लिए संजय के *दो पर ही बस* नारे का असर तुरन्त ही देश भर में दिखने लगा। अब *दो या तीन बस* के बजाय नए नारे सामने आने लगे। *बच्चे दो ही अच्छे, पहला जल्दी नहीं, दूसरा अभी नहीं, तीसरा कभी नहीं, हम दो हमारे दो* जैसे नारे शहरों और गाँवों की दीवारों के साथ ही बसों और ट्रकों और लॉरियों में लिखे नज़र आने लगे। रेडियो से कार्यक्रमों और समाचारों के प्रसारण के बीच भी इन नारों को सुना जा सकता था। उसी दौरान इन नारों के साथ कुछ शरारत भी की गई। मेरे ख़ुद की बचपन की धुँधली यादों में एक ट्रक के पीछे लिखा यह नारा भी दर्ज है, *बीबी रखो टिपटॉप, दो के बाद फुल स्टॉप!* यह नारा नासमझी ही नहीं, अपने आपमें लैंगिक उत्पीड़न का उदाहरण था।

संजय गांधी ने मान लिया था कि परिवार नियोजन का एक ही तरीक़ा है, और वह है, नसबन्दी।[12] उनका कहा फ़रमान की तरह होता था। देखते-ही-देखते उनका नसबन्दी कार्यक्रम बर्बरता की मिसाल बन गया।

6 नवम्बर, 1976 को राजधानी दिल्ली से महज़ 70 किलोमीटर दूर हरियाणा के गुड़गाँव के उटावड़ गाँव में (अब पलवल ज़िले में) जो कुछ घटा, उसके ब्योरे बताते हैं कि किस तरह से नसबन्दी का लक्ष्य पूरा करने के लिए मानवीयता की सारी हदें पार कर दी गई थीं। कड़कड़ाती ठंड के बीच उस दिन तड़के चार बजे पुलिस के भारी-भरकम दल (क़रीब सात सौ जवान) ने गाँव पर धावा बोला। यह मुस्लिमों के मेवऊ समुदाय का गाँव है और उस समय उसकी आबादी 8,000 के क़रीब थी।

गुड़गाँव के डिप्टी कमिश्नर एम.के. मिगलानी और एसएसपी टेकचन्द के नेतृत्व में ये पुलिस जवान राइफलों और अश्रुगैस से लैस थे। इनमें घोड़ा पुलिस और ढाल पुलिस के जवान भी शामिल थे। गाँव में अचानक इस छापामारी के बाद पुलिस क़रीब 550 लोगों को ट्रकों में भरकर पूछताछ के लिए अपने साथ हथिन पुलिस चौकी ले गई। इनमें से 180 लोगों को नूँह और मंडोकला के परिवार नियोजन केन्द्रों में ले जाया गया और वहाँ उनकी नसबन्दी कर दी गई। पुलिस को छापे के दौरान इस गाँव में लोगों के घरों से लाठियाँ, भाले, खेती के सामान तो मिले, लेकिन उन्हें कोई आग्नेयास्त्र नहीं मिला। पुलिस ने एक पटवारी पर हमले के आरोप में एक सौ ग्रामीणों को भी गिरफ़्तार किया। 1977 में इन्दिरा सरकार के पतन के बाद सत्ता में आई जनता पार्टी की सरकार द्वारा गठित शाह कमीशन की रिपोर्ट में इस घटना के ब्योरे दर्ज किए गए। रिपोर्ट में कहा गया, "ऐसा लगता है कि उटावड़ गाँव में राज्य के अधिकारियों ने छापे की योजना जानबूझकर बनाई, क्योंकि स्थानीय आबादी राज्य के परिवार नियोजन कार्यक्रम का विरोध कर रही थी।"[13]

मिगलानी और टेकचन्द दोनों ने जनता पार्टी की सरकार द्वारा आपातकाल की ज़्यादतियों की जाँच के लिए बनाए गए शाह कमीशन के समक्ष स्वीकार किया था कि मुख्यमंत्री बंशीलाल के निर्देश पर उन्होंने उटावड़ गाँव में धावा बोला था और ज़बरिया नसबन्दी को अंजाम दिया था।[14]

यह सब कुछ मानो किसी दुःस्वप्न जैसा था। इस घटना के क़रीब चार दशक बाद जून 2015 में उमर मोहम्मद ने कहा, "पुलिस की ज़्यादती से सिर्फ़ वही लोग बच गए थे, जो रबी की फसल (गेहूँ) को पानी देने के लिए खेतों में थे। बाक़ी सारे लोगों को बसों में बिठाकर विभिन्न थानों में ले जाया गया।"[15]

ये ख़बरें भी आईं कि उटावड़ में कुछ ऐसे लोगों की भी नसबन्दी कर दी

गई थी, जिनके बच्चे नहीं थे। जिन लोगों की ज़बरिया नसबन्दी की गई, उनमें 70 बरस के चाहत, उनके बेटे मौजा और उनके पोते रहमत भी शामिल थे। रहमत पोलियो से ग्रस्त था। वह अधिकारियों के सामने गिड़गिड़ाया भी कि उसे तो बख़्श दिया जाए, लेकिन उन पर कोई असर नहीं हुआ।[16]

राज्य सरकारों को नसबन्दी का कोटा दिया गया था। सरकारों ने यह आदेश निचले स्तर तक प्रसारित कर अधिकारियों के लिए भी कोटे निर्धारित कर दिए थे। नतीजतन, अधिकारी निरंकुश हो गए थे, क्योंकि नसबन्दी के कोटे को उनकी वेतन-वृद्धि और पदोन्नति से जोड़ दिया गया था। असर यह हुआ कि कई जगहों पर सरकारी अधिकारियों और पुलिस दल के साथ ग्रामीणों का संघर्ष होने लगा। 2 दिसम्बर, 1978 को राजधानी दिल्ली से 32 किलोमीटर दूर स्थित हरियाणा का पीपली गाँव ऐसे ही संघर्ष का गवाह बना। उस दिन सुबह पुलिस जवानों से भरी गाड़ियों ने इस गाँव पर धावा बोला। गाँव की महिलाओं से उनका टकराव हुआ और फिर पुलिस की गोलीबारी में दो लोगों की मौत हो गई। इस टकराव की वजह थी, ज़बरिया नसबन्दी। *इंडिया टुडे* की एक रिपोर्ट के अनुसार, "गाँव में ब्लॉक डेवलपमेंट अधिकारी (बीडीओ) ख़ौफ़ का दूसरा नाम हो गया था। बीडीओ के आने की ख़बर सुनकर महिलाएँ अपने पतियों से खेतों में जाकर छिपने के लिए कहती थीं। कुछ महीने के दौरान ही इस गाँव में तीन सौ लोगों की ज़बरिया नसबन्दी की गई थी।"[17]

परिवार नियोजन कार्यक्रम के तहत वेतन-वृद्धि या आर्थिक मदद की भी पेशकश की गई थी। नसबन्दी के मामले लेकर आने वाले लोगों को भी प्रोत्साहित किया जाता था। इसके साथ ही नसबन्दी करवाने और परिवार न बढ़ाने के लिए दबाव बनाने के तरह-तरह तरीक़े निकाल लिए गए थे। राज्य और स्थानीय निकाय संस्थाओं ने नसबन्दी कार्यक्रम को आगे बढ़ाने के लिए अप्रत्याशित तरीक़े अपनाए। दो बच्चे वाले सरकारी कर्मचारियों को वेतन-वृद्धि के ज़रिये प्रोत्साहित किया गया, जैसा कि आन्ध्र प्रदेश में किया गया तो दो से अधिक बच्चे होने पर उन्हें हतोत्साहित किया गया, जैसा कि हिमाचल प्रदेश की सरकार ने तीसरे बच्चे के जन्म के समय महिला कर्मचारियों को दिया जाने वाला मातृत्व अवकाश बन्द कर दिया। पश्चिम बंगाल में दो से अधिक बच्चे वाले कर्मचारियों को एलटीसी के दायरे से अलग कर दिया गया। बिहार अमानवीय तरीक़े से सामने आया और उसने दो से अधिक बच्चे वाले परिवारों को सार्वजनिक वितरण प्रणाली से

मिलने वाले अनाज से वंचित कर दिया। राजस्थान एक क़दम और आगे बढ़ गया और उसने नियम बना दिया कि तीन से अधिक बच्चे वाले लोग नसबन्दी करवाए बिना सरकारी नौकरी के लिए पात्र नहीं होंगे। लोगों को नसबन्दी के लिए प्रोत्साहित करने के लिए मध्य प्रदेश ने ऐसे लोगों को रियायती दरों पर सिंचाई का पानी देने का फ़ैसला किया, जो लोग नसबन्दी के मामले सामने ला रहे थे। उत्तर प्रदेश में सरकारी शिक्षकों को आदेश दिया गया कि वे या तो नसबन्दी करवाएँ या फिर एक महीने का वेतन कटवाएँ।[18]

नसबन्दी का लक्ष्य पूरा करने के लिए दिल्ली महानगरपालिका के दायरे में आने वाले हिन्दू राव हॉस्पिटल, रिज और कस्तूरबा ज़नाना हॉस्पिटल, जामा मस्जिद सहित शहर में स्थित तमाम डिस्पेंसरियों मैटरनिटी सेंटरों में 8 जून, 1976 की सुबह एक नोटिस नुमायाँ हुआ। यह नोटिस कुछ इस तरह था : परिवार को दो बच्चों तक सीमित रखने के लिए और परिवार में और वृद्धि न करने के लिए लोगों को हतोत्साहित करने के लिए नगरपालिका ने सारे अस्पतालों और डिस्पेंसरियों के ओपीडी और इनडोर मरीजों के लिए रोज़ाना क्रमशः पाँच और दस रुपये का शुल्क लगाने का फ़ैसला किया है। इसके दायरे में सारे लोग आएँगे। इलाज करवाने के लिए आने वाले सारे लोगों को राशन कार्ड दिखाना अनिवार्य होगा। जो लोग राशन कार्ड नहीं दिखाएँगे, उनके बारे में यह माना जाएगा कि उनके दो से अधिक बच्चे हैं और वे सभी तरह के शुल्क देने को बाध्य होंगे। जिन लोगों के दो बच्चे होंगे, वे सिर्फ़ उस स्थिति में मुफ़्त इलाज पा सकेंगे जब पति या पत्नी में से कोई एक नसबन्दी प्रमाण-पत्र प्रस्तुत करेगा।[19]

नसबन्दी का ख़ौफ़ यों तो पूरे उत्तर भारत में गाँव-गाँव तक फैल चुका था। मगर राजधानी दिल्ली इसका केन्द्र थी। यहाँ परिवार नियोजन कार्यक्रम को प्रोत्साहित करने के लिए उपराज्यपाल कृष्ण चन्द ने एनडीएमसी (नई दिल्ली नगर निगम) की अध्यक्ष विद्या बेन शाह की अध्यक्षता में एक समिति का गठन किया। इस समिति में संजय गांधी की क़रीबी सोशलाइट रुख़साना सुल्ताना को भी सदस्य बनाया गया, जो देखते-ही-देखते ख़ासतौर से दिल्ली के जामा मस्जिद इलाक़े में परिवार नियोजन कार्यक्रम का पहले चेहरा बन गईं, और फिर ख़ौफ़ का दूसरा नाम।

उत्तर प्रदेश, बिहार, मध्य प्रदेश, राजस्थान, ओडिशा, हरियाणा, पंजाब

और हिमाचल प्रदेश में नसबन्दी की सबसे अधिक ज़्यादतियाँ देखी गईं। इसे हिन्दी पट्टी की तर्ज़ पर नसबन्दी पट्टी तक कहा गया।[20]

इस नसबन्दी पट्टी का राजनीतिक सन्देश 1977 के चुनाव में इन्दिरा गांधी को मिली करारी हार के रूप में सामने आया, जब उत्तर प्रदेश, बिहार, मध्य प्रदेश, राजस्थान, हरियाणा और पंजाब में कांग्रेस की सीटों का आँकड़ा दो अंकों में भी नहीं पहुँच सका।

आपातकाल की ज़्यादतियों में नसबन्दी एक बड़े कारण के तौर पर सामने आई। 1976 के पूरे एक साल के दौरान पूरे देश में रिकॉर्ड 62 लाख लोगों की नसबन्दी की गई। नसबन्दी शिविरों की नाज़ी शिविरों तक से तुलना की गई।

संजय गांधी के नसबन्दी-कार्यक्रम ने परिवार नियोजन कार्यक्रम को इतना धक्का पहुँचाया था कि इसका ख़ौफ़ मार्च 1977 में मोरारजी देसाई की अगुआई में बनी जनता पार्टी की सरकार में भी नज़र आया। 1970 के दशक में दिल्ली में *वाशिंगटन पोस्ट* के संवाददाता रहे पुलित्जर पुरस्कार प्राप्त पत्रकार लुइस एम. साइमन ने 4 जुलाई, 1977 की अपनी एक रिपोर्ट में लिखा, "इमरजेंसी के बाद के भारत में परिवार नियोजन, नसबन्दी और गर्भनिरोधक, ये सारे शब्द इतने बदनाम हो चुके थे कि नई सरकार ने स्वास्थ्य एवं परिवार नियोजन मंत्रालय का नाम ही बदलकर स्वास्थ्य एवं परिवार कल्याण मंत्रालय कर दिया।"[21]

नए स्वास्थ्य एवं परिवार कल्याण मंत्री राजनारायण को साइमन ने अपनी इसी रिपोर्ट में यह कहते हुए दर्ज किया :

"हम लोगों को शिक्षित करेंगे। हम उन्हें आत्मसंयम सिखाएँगे। हम उन्हें सिखाएँगे कि सामान्य यौन-जीवन कैसे व्यतीत किया जाए और गर्भनिरोधक से बचा जाए। हमारे प्राचीन ग्रंथों में लिखा है कि सेक्स कब करना है और बच्चे कब पैदा करने हैं। उनमें यहाँ तक लिखा है कि कब बच्चे पैदा करने से परहेज़ किया जाए। हम उन्हें यौगिक तरीक़े सिखाएँगे।"[22]

राजनारायण इन्दिरा गांधी को चुनाव में पराजित कर संसद में पहुँचे थे। इसी रिपोर्ट में उन्होंने बताया कि किस तरह चुनाव प्रचार के दौरान इस मुद्दे पर बात करते थे, "मैंने उनसे कहा, राम के दो बेटे थे और कृष्ण का सिर्फ़ एक बेटा था, मोहम्मद की एक बेटी थी और उसके दो बेटे थे। और भीड़ सिर हिलाकर मुझसे सहमति जताती थी।"[23]

वास्तव में जनता पार्टी के 28 महीने के कार्यकाल के दौरान परिवार

नियोजन कार्यक्रम बुरी तरह ठप्प हो गया। स्वास्थ्य और परिवार कल्याण मंत्री के रूप में राजनारायण के पहले साल के कार्यकाल में लक्ष्य की सिर्फ़ 10 फ़ीसदी नसबन्दी हुई।

अगले दो दशकों तक परिवार नियोजन कार्यक्रम नियमित रूप से चलता ज़रूर रहा, मगर इसका असर जनसंख्या-वृद्धि पर नज़र नहीं आया। 11 मई, 2000 को राजधानी दिल्ली के सफ़दरजंग अस्पताल में सुबह 5:05 बजे अंजना अरोरा नामक एक प्रसूता के एक बच्ची को जन्म देने के साथ ही देश ने आधिकारिक तौर पर जनसंख्या का सौ करोड़ का आँकड़ा पार कर लिया। अंजना और उनके पति अशोक अरोड़ा ने इस बच्ची का नाम रखा 'आस्था' और उसे 'इंडिया'ज बिलियन्थ बेबी' कहा गया।[24]

तब तक देश को आज़ाद हुए 53 वर्ष हो चुके थे। केन्द्र और राज्य सरकारें अपने-अपने स्तर पर परिवार नियोजन को प्रोत्साहित करने का प्रयास ज़रूर कर रही थीं, लेकिन उनका रवैया अमूमन सीमित परिवारों के प्रति प्रोत्साहन वाला ही था। अलबत्ता सरकारों ने पंचायत चुनावों के ज़रिये ज़रूर कुछ दबाव बनाने की कोशिश की।

बच्चे और चुनाव

अविभाजित आन्ध्र प्रदेश में आन्ध्र प्रदेश पंचायत राज्य, अधिनियम, 1994 बनाया गया। इसके मुताबिक़ दो से अधिक बच्चे वाला व्यक्ति आन्ध्र प्रदेश में पंचायत का चुनाव नहीं लड़ सकता। हालाँकि यह नियम उन लोगों पर लागू नहीं है, जिन लोगों के 30 मई, 1994 से पहले यानी इस क़ानून के अस्तित्व में आने से पहले से दो से अधिक बच्चे थे। 2 जून, 2014 को आन्ध्र प्रदेश के विभाजन के बाद अस्तित्व में आए तेलंगाना ने भी इस अधिनियम को जारी रखा और वहाँ भी यह नियम लागू है। गुजरात में नरेन्द्र मोदी के मुख्यमंत्री रहते 2005 में गुजरात प्राधिकार अधिनियम में संशोधन किया गया और दो से अधिक बच्चे वालों को स्थानीय निकायों, पंचायत, नगरपालिका और नगर निगमों के चुनाव लड़ने के अयोग्य घोषित कर दिया गया। महाराष्ट्र में भी 2005 से यह क़ानून लागू है। महाराष्ट्र में दो से अधिक बच्चे वालों के नगर निकाय और पंचायत चुनाव लड़ने पर तो रोक है ही, दो से अधिक बच्चे वाली महिलाओं को सार्वजनिक वितरण प्रणाली से मिलने वाले लाभ से भी वंचित कर दिया गया है।[25]

इन राज्यों के अलावा छत्तीसगढ़, हिमाचल प्रदेश, हरियाणा, उत्तराखंड, ओडिशा और बिहार सहित अनेक राज्यों में भी नगर निकाय और पंचायत चुनाव लड़ने के लिए दो बच्चे वाले नियम लागू किए गए। हालाँकि बाद में कुछ राज्यों ने इनमें रियायतें दे दीं या फिर यह नियम ही निरस्त कर दिया।

1970 के दशक के बुरे अनुभवों के बाद केन्द्र और राज्य की सरकारों ने नसबन्दी करवाने वाले पुरुषों और महिलाओं को नकद धन देकर या नौकरियों में वेतन-वृद्धि जैसी पेशकश कर प्रोत्साहित किया है, मगर आबादी को नियंत्रित करने के लिए राजस्थान की सरकार ने एक अनूठा तरीक़ा निकाला। क्षेत्रफल के लिहाज़ से देश के इस सबसे बड़े प्रदेश के कई ज़िलों ने 2011 में नसबन्दी के विशेष अभियान चलाकर महिलाओं और पुरुषों को मिक्सर ग्राइंडर, टेलीविज़न सेट से लेकर मोटरसाइकिल और नैनो कार तक पुरस्कार में देने की पेशकश की।[26]

उसी दौरान की एक रिपोर्ट के मुताबिक़, बाड़मेर की 25 बरस की कविता देवी को जब नसबन्दी करवाने के कारण स्थानीय प्रशासन ने तोहफ़े में 21 इंच का रंगीन टीवी देने की जानकारी दी, तो उसे यक़ीन ही नहीं हुआ। दो बच्चों की इस माँ ने कहा, "मैं बहुत ख़ुश हूँ। मैं अपनी सहेलियों को बताऊँगी कि वे ज़्यादा बच्चे पैदा न करें।" तोहफ़े के इस आकर्षण ने अधिकारियों को 2011 में 25 हज़ार जोड़ों को नसबन्दी के लिए राजी किया।[27]

आपातकाल के दौरान नसबन्दी के नाम पर हुईं ज़्यादतियों ने सरकारी तंत्र के प्रति अविश्वास पैदा कर दिया था। सरकारों के समक्ष यह सबसे बड़ी चुनौती थी कि परिवार नियोजन कार्यक्रम को आगे बढ़ाने के लिए इस अविश्वास को कैसे ख़त्म किया जाए? एक तरीक़ा गर्भनिरोधक की घर पहुँच सेवा के रूप में सामने आया। 11 जुलाई, 2011 को 17 राज्यों के 233 पायलट ज़िलों में आशा कार्यकर्ताओं द्वारा लाभार्थियों के घरों में जाकर गर्भनिरोधक पहुँचाने की नई योजना शुरू की गई। 17 दिसम्बर, 2012 को इसे पूरे देश में लागू किया गया। इस योजना के तहत एक रुपये में तीन कंडोम के पैकेट, एक रुपये का ओसीपी और दो रुपये में ईसीपी टैबलेट का पैक उपलब्ध कराया जाता है।[28]

परिवार नियोजन कार्यक्रम को आगे बढ़ाने के साथ ही देश के भीतर पिछले कुछ वर्षों में दो बच्चे की नीति को लेकर नए सिरे से बहस तेज़ हुई है। इसी बहस के बीच, असम की सर्वानन्द सोनोवाल सरकार ने अक्तूबर 2019 में एक प्रस्ताव को मंज़ूरी दी जिसके तहत राज्य में जनवरी 2021 से दो बच्चे वाली

नीति लागू की जानी थी। इसमें दो से अधिक बच्चे वालों को सरकारी नौकरी पाने के अयोग्य करार दिया गया। वैसे असम विधानसभा ने सितम्बर 2017 में ही पॉपुलेशन एंड वीमन एम्पावरमेंट पॉलिसी ऑफ़ असम को पारित कर दिया था, जिसके मुताबिक़ सिर्फ़ दो बच्चे वाले व्यक्ति ही सरकारी नौकरियों के पात्र होंगे और जो लोग पहले से सरकारी नौकरियों में हैं, उन्हें कड़ाई से इस नीति पर अमल करना होगा। असम की इस जनसंख्या-नीति के मुताबिक़ दो से अधिक बच्चे वाले लोगों के पंचायत और नगर निकाय चुनाव लड़ने पर भी रोक लगाई गई है, जैसा कि कुछ राज्यों में पहले ही किया जा चुका है।

संजय गांधी ने अपने नसबन्दी कार्यक्रम को शुरुआत में यह सोचकर मुस्लिम समुदाय को लक्षित किया था कि इससे यह आम धारणा टूटेगी कि परिवार नियोजन को लेकर उनमें कुछ बन्दिशें हैं। यदि इस समुदाय में यह कार्यक्रम सफल होता है, तो इसका व्यापक असर दूसरे समुदाय तक में जा सकता है, मगर अप्रैल, 1976 में दिल्ली के जामा मस्जिद इलाक़े में शुरू किए गए परिवार नियोजन शिविर बर्बरता का प्रतीक बन गए।

वैसे परिवार नियोजन की आड़ में मुस्लिमों को निशाना बनाने की एक राजनीति शुरू से होती रही है। चौथी लोकसभा में बिहार के बांका से चुनकर आए भारतीय जनसंघ के बेणीशंकर शर्मा ने 7 दिसम्बर, 1970 को लोकसभा में परिवार नियोजन पर चल रही बहस में हिस्सा लेते हुए जिस तरह से हस्तक्षेप किया था, उसमें इसकी झलक देखी जा सकती है। शर्मा ने कहा था, "अध्यक्ष महोदय, मैं व्यक्तिगत रूप से तो सन्तति-निरोध के वर्तमान उपायों के विरुद्ध हूँ और इसके लिए हमारे महापुरुषों ने जो उपाय बताए हैं, उन्हीं का हामी हूँ। परन्तु यह आवश्यक है कि हमारे देश की बढ़ती हुई जनसंख्या को रोका जाए और इसके लिए आवश्यक है कि गाँवों में, शहरों में सभी जगह सन्तति-निरोध के उपायों का प्रचार किया जाए। इस पृष्ठभूमि में मैं मंत्री महोदय से यह भी जानना चाहता हूँ कि हमारे यहाँ कुछ विशेष सम्प्रदाय के लोग जो मुस्लिम धर्म को मानते हैं, उनके मुल्लाओं और उलेमाओं ने फ़तवे दिए हैं कि सन्तति-निरोध के उपायों को काम में नहीं लाना चाहिए। और जहाँ तक आदिवासी क्षेत्रों का सवाल है...।" उनके इतना कहते ही लोकसभा अध्यक्ष ने हस्तक्षेप करते हुए कहा, "आप सीधे प्रश्न पूछिए। आप तो पूरा भाषण पढ़ गए।" इसके बाद शर्मा ने कहा, "मैं यही पूछ रहा था कि जहाँ तक शहरों में जनसंख्या घटाने की बात

है, वह तो ठीक है, लेकिन ट्राइबल एरियाज़ और देहातों में एक सम्प्रदाय के लोगों में इन प्रयोगों के प्रति जो विरोध की भावना फैलाई जा रही है, उसे दूर करने के लिए सरकार क्या कर रही है?"[29]

इससे पहले बेणीशंकर शर्मा परिवार नियोजन को लेकर कुछ और आशंकाएँ जता चुके थे। उन्होंने कहा, "सन्तति-निरोध के लिए तीन तरीक़े काम में लाए जाते हैं—वैक्सटॉमी, ट्यूबकेटॉमी और पिल्स। मेरी निजी सूचना है कि पिल्स के इस्तेमाल से स्त्रियों के सिर के बाल गिर जाते हैं और उनमें अरुचि पैदा होती है...। मैंने यह भी सुना है कि नसबन्दी से पुरुषों में स्त्रैण भावना उत्पन्न होती है...।"[30]

बेणीशंकर शर्मा की आशंकाओं को दूर करते हुए तत्कालीन स्वास्थ्य एवं परिवार नियोजन मंत्री के.के. शाह ने अपने जवाब में बताया कि सारे समुदायों और धर्मों में आँकड़ा कमोबेश एक जैसा ही है। 0.2-0.3 प्रतिशत का ही अन्तर है। उन्होंने कहा, "जहाँ तक गाँवों की बात है, तो मेरे सम्मानीय मित्र यह जानकर ख़ुश होंगे कि दूरस्थ ग्रामीण इलाक़ों में भी महिलाएँ अपनी साड़ी के पल्लू में गोलियाँ बाँधकर ले जा रही हैं। अब ये लोकप्रिय हो गई हैं। हम आयुर्वेदिक और यूनानी दवाओं के बारे में भी सोच रहे हैं...।"[31]

जनसंख्या-वृद्धि के लिए मुस्लिम निशाने पर रहे हैं। 1980 के दशक में दक्षिणपंथी राजनीति के उभार के साथ ही उन पर इसे लेकर तीखे हमले बढ़ गए। इसकी बानगी, *हम पाँच हमारे पचीस* जैसे नारों में देखी जा सकती है। इसका सीधा आशय मुस्लिमों की चार विवाह प्रथा से है। (पति + चार पत्नी = पाँच)। पूर्व मुख्य चुनाव आयुक्त एस.वाई. कुरैशी ने अपनी किताब *द पॉपुलेशन मिथ : इस्लाम, फैमिली प्लानिंग एंड पॉलिटिक्स इन इंडिया* के ज़रिये इस मिथक को तोड़ने की कोशिश की है। कुरैशी *हम पाँच हमारे पचीस* तथा *हम चार हमारे चालीस* जैसे नारे गढ़ने वालों को चुनौती देते हैं और कहते हैं, "मैं उन्हें चुनौती देता हूँ कि वे मुझे कोई ऐसा मुस्लिम परिवार दिखा दें जिसमें चार पत्नियाँ और पचीस बच्चे हों।"[32]

भाजपा और व्यापक रूप में संघ परिवार में परिवार नियोजन को लेकर दुविधा रही है। राष्ट्रीय स्वयंसेवक संघ ने 2015 में राँची में हुई बैठक में दो बच्चों की नीति के सम्बन्ध में एक प्रस्ताव पारित किया था। संघ-प्रमुख मोहन भागवत ने भी एकाधिक मौक़ों पर दो बच्चों की नीति का समर्थन किया। भागवत ने 2015 में दशहरा पर आरएसएस के नागपुर स्थित मुख्यालय से

दिए गए अपने सम्बोधन में जनसंख्या नीति लागू किए जाने की माँग की थी। इसके बाद 18 जनवरी, 2020 में बरेली में 'भविष्य का भारत' नाम से हुए एक कार्यक्रम में मोहन भागवत ने कहा, "मुझसे पूछा गया कि कितने बच्चे हों? मैंने कहा, सरकार और सब तय करें, नीति बने, अभी पता नहीं, जनसंख्या समस्या और समाधान, दोनों है।" उसी दौरान मुरादाबाद की एक बैठक में भी भागवत ने यह बात दोहराई। अगस्त 2016 में संघ-प्रमुख भागवत ने आगरा की एक बैठक में कहा, "कौन-सा क़ानून कहता है कि हिन्दुओं की जनसंख्या नहीं बढ़नी चाहिए? ऐसा कुछ भी नहीं है। जब दूसरों की आबादी बढ़ रही है तो उन्हें कौन रोक रहा है? यह मुद्दा व्यवस्था से जुड़ा हुआ नहीं है। ऐसा इस वजह से है कि सामाजिक माहौल ही ऐसा है।"[33]

दिल्ली भाजपा के एक नेता और वकील अश्विनी उपाध्याय ने दो बच्चों की नीति बनाने के लिए दिल्ली हाईकोर्ट में याचिका ही दायर कर दी थी, जिसे ख़ारिज कर दिया गया। बाद में उन्होंने इसे सर्वोच्च अदालत में चुनौती दी। जिस पर सर्वोच्च अदालत ने केन्द्र और राज्य-सरकारों से उनका पक्ष माँगा।

दिलचस्प है कि उपाध्याय ने दो बच्चों वाली नीति का पालन नहीं करने से होने वाले नुक़सान को रेखांकित करते हुए अपनी याचिका में 'भगवान राम द्वारा अपनाई गई दो बच्चों की नीति' का भी ज़िक्र किया। अपनी याचिका में उन्होंने तर्क दिया, "हज़ारों साल पहले भगवान राम ने *हम दो-हमारे दो* की नीति की शुरुआत की थी और आम आदमी को स्पष्ट सन्देश दिया था। उन्होंने अपने भाइयों—लक्ष्मण, भरत और शत्रुघ्न के साथ *हम दो-हमारे दो* की नीति का पालन किया। यदि इस नीति पर अमल किया जाता तो आबादी की समस्या इतनी भयंकर नहीं हो पाती।"[34]

केन्द्रीय स्वास्थ्य एवं परिवार कल्याण मंत्रालय ने सुप्रीम कोर्ट को दिए गए जवाब में उपाध्याय की माँग को ख़ारिज कर दिया और कहा कि देश में परिवार नियोजन के लिए दो बच्चों को अनिवार्य करने जैसी नीति नहीं बनाई जा सकती।

मंत्रालय ने अपने हलफ़नामे में कहा कि भारत में परिवार कल्याण कार्यक्रम स्वैच्छिक है और यह जोड़ों को सक्षम बनाता है कि वे बिना किसी दबाव में अपने परिवार का आकार तय करें और अपनी मर्ज़ी से परिवार नियोजन का तरीक़ा अपनाएँ। उसने अपने हलफ़नामे में यह भी कहा कि भारत ने संख्या एवं विकास अन्तरराष्ट्रीय सम्मेलन के प्रोग्राम ऑफ़ ऐक्शन (पीओए) 1994

पर हस्ताक्षर किए हैं, जो कि स्पष्ट रूप से परिवार नियोजन में ज़बरदस्ती के ख़िलाफ़ है। तथ्य यह है कि अन्तरराष्ट्रीय अनुभव दिखाता है कि बच्चों की निश्चित संख्या को लेकर किसी भी तरह के दबाव का प्रतिकूल असर होता है और यह जनसांख्यिकी विकृति की ओर ले जाता है।

हक़ीक़त यह है कि स्वतंत्रता-सेनानियों और हमारे संविधान-निर्माताओं ने हमें ऐसा लोकतांत्रिक देश सौंपा है, जहाँ परिवार नियोजन के लिए कम्यूनिस्ट चीन जैसी सख़्तियाँ नहीं की जा सकतीं। इसके बावजूद आज़ादी के बाद से अब तक दो बच्चों की बाध्यकारी नीति को लेकर संसद में 35 से अधिक बार प्राइवेट मेम्बर बिल पेश किए जा चुके हैं। आख़िरी बार शिवसेना के राज्यसभा-सदस्य अनिल देसाई ने फरवरी 2020 में एक बिल पेश किया था। जिसमें संविधान में संशोधन कर राज्य के नीति-निर्देशक तत्त्वों में अनुच्छेद-47 ए को जोड़ने का सुझाव दिया गया था। इसमें छोटे परिवार वालों को कर, शिक्षा और नौकरियों में रियायतें देने की बात थी। यह बिल तो काफ़ी हद तक उदार कहा जा सकता है, लेकिन कुछ ऐसे बिल भी पेश किए गए हैं, जिनमें कड़े और कुछ हद तक जीने और समानता के अधिकार से सम्बन्धित संविधान के दूसरे अनुच्छेदों को ही चुनौती देते प्रावधान दिखते हैं। मसलन, भाजपा के राज्यसभा-सदस्य राकेश शर्मा ने जो निजी बिल प्रस्तुत किया था, उसमें दो से अधिक बच्चे वालों को सार्वजनिक वितरण प्रणाली (पीडीएस) से मिलने वाली सुविधा में कटौती का सुझाव दिया गया था। जाने-माने उद्योगपति, फ़िल्म-निर्माता और कांग्रेस-नेता टी. सुब्बारामी रेड्डी ने 2005 में दो बच्चों की नीति से सम्बन्धित अपने प्राइवेट बिल में सुझाव दिया था कि एक परिवार के भीतर पति, पत्नी और दो जीवित बच्चे मान्य होंगे और इसका उल्लंघन करने वालों को पाँच साल की साधारण कैद और कम-से-कम 20 हज़ार रुपये के जुर्माने का प्रावधान हो![35]

2018 में क़रीब 125 सांसदों ने राष्ट्रपति से भारत में दो बच्चों वाली नीति लागू करने का आग्रह किया था। 2015 में गोरखपुर के तत्कालीन सांसद योगी आदित्यनाथ ने एक ऑनलाइन सर्वे कर जानना चाहा था कि क्या नरेन्द्र मोदी-सरकार को जनसंख्या को नियंत्रित करने के लिए कोई नीति लागू करनी चाहिए। आदित्यनाथ अब देश के सर्वाधिक आबादी वाले उत्तर प्रदेश के मुख्यमंत्री हैं।

1952 में आधिकारिक रूप से स्वीकार किए जाने के बाद परिवार नियोजन कार्यक्रम ने आपातकाल के दौरान ज़बरिया नसबन्दी के रूप में मिली बदनामी

और फिर जनता पार्टी की बेरुख़ी के बाद 15 अगस्त, 2019 को तब एक चक्र पूरा कर लिया, जब प्रधानमंत्री नरेन्द्र मोदी ने लाल क़िले की प्राचीर से दिए गए अपने सम्बोधन में 'जनसंख्या-विस्फोट' शब्द का इस्तेमाल किया। यह सचमुच ख़तरे की घंटी जैसा था।

मोदी ने अपने भाषण में कहा, "एक विषय है, जिसको मैं आज लाल क़िले से स्पष्ट करना चाहता हूँ और वह विषय है, हमारे यहाँ हो रहा बेतहाशा जनसंख्या-विस्फोट। यह जनसंख्या-विस्फोट हमारे लिए, हमारी आने वाली पीढ़ी के लिए अनेक नए संकट पैदा करता है, लेकिन यह बात माननी होगी कि हमारे देश में एक जागरूक वर्ग है, जो इस बात को भली-भाँति समझता है। वह अपने घर में शिशु को जन्म देने से पहले भली-भाँति सोचता है कि मैं कहीं उसके साथ अन्याय तो नहीं कर दूँगा? उसकी जो मानवीय आवश्यकताएँ हैं, उनकी पूर्ति मैं कर पाऊँगा कि नहीं कर पाऊँगा? उसके जो सपने हैं, वो सपने पूरा करने के लिए मैं अपनी भूमिका अदा कर पाऊँगा कि नहीं कर पाऊँगा? इन सारे पारामीटर्स से अपने परिवार का लेखा-जोखा लेकर हमारे देश में आज भी स्वप्रेरणा से एक छोटा वर्ग परिवार को सीमित करके अपने परिवार का भी भला करता है और देश का भला करने में बहुत बड़ा योगदान देता है। ये सभी सम्मान के अधिकारी हैं, ये आदर के अधिकारी हैं। छोटा परिवार रखकर भी वे देशभक्ति को ही प्रकट करते हैं। वो देशभक्ति को अभिव्यक्त करते हैं। मैं चाहूँगा कि हम सभी समाज के लोग इनके जीवन को बारीकी से देखें कि उन्होंने अपने परिवार में जनसंख्या-वृद्धि से अपने-आपको बचा करके परिवार की कितनी सेवा की है?"[36]

मगर उनकी ख़ुद की पार्टी की सरकारें तक उन्हें सुनती नहीं दिख रही हैं। विश्वबैंक और संयुक्त राष्ट्र सहित अनेक संस्थाएँ पिछले कुछ वर्षों से आकलन कर रही हैं कि अगले कुछ वर्षों में भारत चीन को पीछे छोड़कर आबादी के मामले में दुनिया का शीर्ष देश बन जाएगा। संयुक्त राष्ट्र के जनसंख्या विभाग द्वारा तैयार वर्ल्ड पॉपुलेशन प्रॉस्पेक्ट, 2019 के मुताबिक़ भारत 2027 तक चीन को पीछे छोड़कर दुनिया का सर्वाधिक आबादी वाला देश बन जाएगा। अनुमान है कि 2027 में भारत की आबादी 140 करोड़ को पार कर जाएगी और 2060 में यह 160 करोड़ हो जाएगी, मगर विश्वबैंक का आकलन है कि भारत आबादी के मामले में चीन को 2023 में ही पीछे छोड़ देगा। उसके

मुताबिक़ 2023 में भारत की आबादी 142 करोड़ हो जाएगी।

जैसा कि पहले उल्लेख किया गया है, स्वतंत्रता मिलने के समय भारत की आबादी 34.5 करोड़ थी। पीपुल्स रिपब्लिक ऑफ़ चाइना यानी चीनी गणराज्य की स्थापना 1 अक्तूबर, 1949 को हुई थी और तब उसकी आबादी 54 करोड़ थी। 1980 में चीन ने एक अरब का आँकड़ा पार कर लिया था। भारत को इस आँकड़े तक पहुँचने में उससे 20 साल अधिक लगे और वह वर्ष 2000 में 100 करोड़ की आबादी का देश बन गया। 100 करोड़ के क़रीब पहुँचने से थोड़ा पहले 1979 में चीन ने कड़ाई से एक बच्चा नीति लागू कर दी। पूरी दुनिया में आबादी को नियंत्रित करने का यह अनूठा ही नहीं, बर्बर तरीक़ा था। आपातकाल के दौर में भारत ने दो बच्चे वाली नीति पर अमल किया था, लेकिन यह किसी भयावह आपदा से कम साबित नहीं हुई।

लैंसेंट की एक रिपोर्ट बताती है कि 2048 में भारत की आबादी 160 करोड़ के साथ शिखर पर होगी और उसके बाद इसमें गिरावट आनी शुरू होगी। ज़ाहिर है, अगले पचीस साल भारत के लिए चुनौती भरे हैं।

भारत की आबादी फ़िलहाल 136.4 करोड़ के क़रीब है और यह अमेरिका, इंडोनेशिया, ब्राज़ील, जापान, बांग्लादेश और पाकिस्तान की कुल आबादी के बराबर है। जो लोग भारत के विभाजन के लिए महात्मा गांधी और पंडित जवाहरलाल नेहरू को कोसते हैं, उन्हें जरा इस पर ग़ौर करना चाहिए कि यदि भारत (136.4 करोड़), पाकिस्तान (21.6 करोड़) और बांग्लादेश (16.3 करोड़) एक होते तो आज इस महासंघ (भारत और अविभाजित पाकिस्तान), जैसा कि कभी राममनोहर लोहिया ने सुझाया था, उसकी आबादी कितनी होती? 174.5 करोड़।

यहाँ इसके जनसांख्यिकीय विश्लेषण की ज़रूरत नहीं है, लेकिन इतनी विशाल आबादी होने की स्थिति में उसके प्रबन्धन की चुनौतियों का अनुमान सहज ही किया जा सकता है।

वैसे क्या आपको मिजोरम के जिओना चाना की कुछ याद है, जिनका नाम कुछ वर्ष पहले सुर्ख़ियों में था? 1945 में पैदा हुए जिओना ईसाई धर्म से जुड़े चाना पॉल समुदाय से ताल्लुक़ रखते थे, जिसकी स्थापना उनके पिता ने की थी। 21 जून, 2021 को उनका निधन हो गया। उन्होंने 39 शादियाँ कीं और उनसे उनके 94 बच्चे हैं। उनके पूरे परिवार में 180 से अधिक लोग हैं और यह पूरा परिवार चार मंज़िला परिसर में रहता है![37]

सन्दर्भ

1. Paul R. Ehrlich, The Population Bomb
2. स्वास्थ्य एवं परिवार नियोजन मंत्रालय की प्राकलन समिति की रिपोर्ट, 1972-73
3. वही
4. India Today, December 31, 2007
5. https://www.newindianexpress.com/states/kerala/2014/mar/22/The-Stalwarts-Who-Faded-Away-589297.html)
6. Gyan Prakash, Emergency Chronicals, Indira Gandhi and Democracy Turing Piont, 266
7. https://www.dktinternational.org/about/ & https://en.wikipedia.org/wiki/Deep_Tyagi
8. डॉ. कर्ण सिंह से लेखक की बातचीत
9. डॉ. कर्ण सिंह से लेखक की बातचीत; नई जनसंख्या नीति, 1976
10. यूट्यूब पर उपलब्ध प्रसार भारती के आर्काइव से
11. वही
12. How did the Emergency get mixed up with sterilization? India Today February 15, 1978)
13. Shah Comission of inquiry Report III, p. 31
14. India Today, 30 June, 1978
15. Times of India, Nasbandi With Handcuffs, 21 June, 2015
16. India Today, 30 June, 1978
17. India Today, September 30, 1979
18. Shah Commission of inquiry Report III
19. John Dayal and Ajoy Bose, For Reasons of State ...Delhi Under the Emergency by, pp. 129-30
20. https://melmagazine.com/en-us/story/in-1976-more-than-6-million-men-in-india-were-coerced-into-sterilization
21. https://www.washingtonpost.com/archive/politics/1977/07/04/compulsory-sterilization-provokes-fear-contempt/c2e28747-b5f1-4551-9bfe-98b552d8603f/
22. वही
23. वही
24. https://www.hindustantimes.com/delhi/aastha-india-s-billionth-baby/story-cz65ZLjj1UStXMGlMN5E9L.html
25. https://indianexpress.com/article/india/two-child-policy-in-indian-states-6082879/
26. Times of India 30 June, 2011
27. https://www.dw.com/en/rajasthan-introduces-sterilization-incentive-

scheme/a-6677425

28. Annual Report of Department of Health & Family Welfare for the year of 2015-16
29. Loksabha Debates, Fourth series, VOL.XLXVINo19, 7.12.1970
30. वही
31. वही
32. https://www.hindustantimes.com/books/interviewsy-quraishi-author-the-population-myth-islam-family-planning-and-politics-in-india-101613741759641.html
33. https://www.hindustantimes.com/india-news/rss-to-shift-focus-to-two-child-policy-says-mohan-bhagwat/story-19zglEFSvIZrf1KIEDM9HL.html
34. https://www.barandbench.com/news/litigation/supreme-court-issues-notice-in-pil-to-control-population-explosion)
35. https://www.theleaflet.in/why-two-child-policy-is-futile-for-population-control/#
36. https://www.amarujala.com/india-news/read-full-speach-of-narendra-modi-on-73th-independence-day
37. Explained: Who was Ziona Chana, the patriarch of the 'world's largest family'?
    Updated: June 25, 2021 9:46:13 am, Indian Express https://indianexpress.com/article/explained/ziona-chana-death-world-largest-family-mizoram-religious-cult-heir-7373834/

आपातकाल

कठघरे में लोकतंत्र

15 अगस्त, 1975 की सुबह जब प्रधानमंत्री के रूप में इन्दिरा गांधी ने नौवीं बार लाल क़िले की प्राचीर पर तिरंगा फहराकर अपना भाषण शुरू किया, तब वहाँ श्रोताओं के रूप में एक विदुषी भी मौजूद थीं जो उनकी हमउम्र और क़रीबी दोस्त थीं। इन्दिरा ने अपने भाषण की शुरुआत कुछ इस तरह की, "इस साल एक नई बात हुई है। जो लोग यहाँ आए हैं, केवल वे ही मुझे नहीं देख रहे, बल्कि छह राज्यों के 2,400 गाँवों में लोग आज के ऐतिहासिक समारोह को देख पा रहे हैं। वे देख ही नहीं रहे हैं, बल्कि जो भी बोला जा रहा है, उसे सुन भी रहे हैं। न केवल भारत के इतिहास में, बल्कि विश्व के इतिहास में यह एक नई बात हुई है, क्योंकि जहाँ दूरदर्शन अभी तक सभी शहरों में पूरी तरह नहीं पहुँच पाया है, उसे संचार-उपग्रह के ज़रिये गाँवों में कार्यक्रम दिखाने-सुनाने में सफलता मिली है।..."[1]

देश के करोड़ों लोगों के लिए सचमुच यह अजूबा था। उनके लिए टेलीविज़न का बक्सा किसी चमत्कार से कम नहीं था। तब मैं ख़ुद 10 साल का था और मैंने छत्तीसगढ़ के अपने गृह ज़िले राजनांदगाँव से 25 किलोमीटर दूर स्थित डोंगरगाँव के अपने प्राथमिक स्कूल के परिसर में ही स्थित कन्या प्राथमिक स्कूल में लगे इस अजूबे को उस दिन पहली बार देखा था। ग्रामीण क्षेत्रों में, तब चुनिन्दा स्कूलों या पंचायत-भवनों में बड़ी-सी छतरी वाले एंटिना के साथ टेलीविज़न का बक्सा रखा गया था।

वह एक-एक कर अपनी उपलब्धियाँ गिनाती रहीं, मगर क़रीब 38

मिनट का उनका भाषण ख़त्म होने पर उनकी दोस्त कुछ मायूस थीं, क्योंकि इन्दिरा ने वह अहम घोषणा नहीं की, जिसकी वह इस मौक़े पर उम्मीद कर रही थीं।[2]

इन्दिरा के बेहद क़रीबी लोगों में शुमार रहीं उनकी यह दोस्त थीं, पुपुल जयकर। थोड़े दिनों पहले ही वह यूरोप और अमेरिका के अपने प्रवास से लौटी थीं। एक दिन पहले प्रधानमंत्री से उनकी मुलाक़ात हुई थी, जिसमें उन्होंने उनसे अगले दिन लाल क़िले के अपने भाषण की बाबत कुछ सुझाव भी माँगें थे। वह जो चाहती थीं, उनसे खुलकर कह न सकीं। उन्हें शायद एहसास था कि सम्भव है कि इन्दिरा ख़ुद समझ जाएँ। वैसे इन्दिरा ने उनसे पूछा था कि क्या वह लाल क़िले में उपस्थित होंगी? यों पिछले कुछ वर्षों में पुपुल लाल क़िले का भाषण सुनने कम ही गई थीं, मगर इस बार उन्होंने कहा, "हाँ!"[3]

दरअसल, पुपुल जयकर चाहती थीं कि इन्दिरा गांधी ने 50 दिन पहले देश में जो आन्तरिक आपातकाल (इमरजेंसी) लगाया है, उसे 15 अगस्त के अपने सम्बोधन में वापस लेने की घोषणा करें। उन्हें लग रहा था कि इन्दिरा कुछ बन्दिशों के साथ इसे वापस ले सकती हैं, ताकि अतीत में हुई उथल-पुथल के प्रभाव से बचा जा सके।[4]

आख़िर 25 और 26 जून, 1975 की दरम्यानी रात उठाए गए इस क़दम ने सबको स्तब्ध कर दिया था।

मगर इन्दिरा ने ऐसा कुछ नहीं किया। एक दुर्योग यह भी था कि लाल क़िले से प्रधानमंत्री के भाषण से महज़ पाँच घंटे पहले ही दिल्ली से क़रीब 1,867 किलोमीटर दूर स्थित ढाका में बांग्लादेश के संस्थापक राष्ट्रपति और इन्दिरा के दोस्त शेख़ मुजीबुर्रहमान का तख़्ता पलटकर उनकी और उनके परिजनों की हत्या कर दी गई थी। 14 और 15 अगस्त की दरम्यानी रात सेना के कुछ युवा बाग़ी अफसरों ने टैंकों के साथ मुजीब के आवास तक पहुँचकर उसे घेर लिया था। बाग़ी फ़ौजियों ने मुजीब, उनके तीनों बेटों, उनकी पत्नी, दो बहुओं, उनके भाई और दो नौकरों सहित कुल 20 लोगों की हत्या कर दी। इस क़त्लेआम में मुजीबुर्रहमान का सारा परिवार ख़त्म हो गया, सिवाय उनकी दो बेटियों शेख़ हसीना और शेख़ रेहाना के जो उस वक़्त बांग्लादेश से बाहर जर्मनी में थीं।

शेख़ मुजीबुर्रहमान बांग्लादेश के निर्माण के साथ ही लोकप्रियता के चरम

पर थे, मगर महज़ दो-तीन सालों के भीतर ही उनका शासन भ्रष्टाचार और भाई-भतीजावाद के आरोपों से घिर गया था। ख़ुद उन पर तानाशाही के आरोप लगने लगे थे। भारी विरोध के बीच शेख़ मुजीबुर्रहमान ने 25 जनवरी, 1975 को बांग्लादेश में आपातकाल लागू कर एकल पार्टी की व्यवस्था क़ायम कर दी थी।[5]

15 अगस्त, 1975 को लाल क़िले की प्राचीर से होने वाले भाषण से कुछ घंटे पहले ढाका में हुए हिंसक तख़्तापलट से इन्दिरा स्तब्ध रह गईं। उसी दिन शाम को जब पुपुल जयकर उनसे मिलने गईं, तो इन्दिरा ने आशंका जताई कि उन्हें और उनके परिवार को भी इसी तरह से निशाना बनाया जा सकता है। वह अपने परिवार की सुरक्षा को लेकर चिन्तित थीं। जैसा कि पुपुल जयकर ने इन्दिरा के हवाले से लिखा है, "मैंने ख़ुफ़िया रिपोर्ट्स को अब तक नज़रअन्दाज़ किया है, लेकिन अब मैं ऐसा नहीं कर सकती।"[6]

महज़ चार साल पहले दिसम्बर 1971 में बांग्ला मुक्ति युद्ध और बांग्लादेश के निर्माण में निर्णायक भूमिका निभाने की वजह से इन्दिरा एक कद्दावर नेता के रूप में उभरी थीं और उनकी लोकप्रियता भी उनके दोस्त मुजीब की तरह चरम पर थी, लेकिन 15 अगस्त, 1975 तड़के हुई हिंसक घटना ने सब कुछ तहस-नहस कर दिया था। क्या सचमुच इन्दिरा ने उस दिन आपातकाल हटाने और लोकसभा चुनाव कराने की घोषणा का अपना इरादा इस घटना की वजह से टाल दिया?

इस सवाल का जवाब इतिहास की गलियों में गुम है। शायद यह हम कभी जान नहीं पाएँगे, मगर आपातकाल के उनके फ़ैसले ने देश को एक ऐसे दौर में धकेल दिया था, जिसने लोकतंत्र को कमतर कर दिया और नागरिक आज़ादी पर गम्भीर सवाल खड़े कर दिए।

एक फ़ैसले से आ गया भूचाल

1971 के लोकसभा चुनाव में भारी बहुमत से सत्ता में आने वाली इन्दिरा गांधी उस रास्ते पर चल पड़ी थीं, जहाँ से लौटना उनके लिए आसान नहीं था। दो-तीन सालों में घटनाक्रम इतनी तेज़ी से बदले थे कि उन पर उनका नियंत्रण नहीं रहा था। आपातकाल लगाने की तात्कालिक वजह बना था, 12 जून, 1975 को आया इलाहाबाद हाईकोर्ट के जस्टिस जगमोहनलाल सिन्हा का वह चर्चित

फ़ैसला, जिसमें उन्होंने 1971 के लोकसभा चुनाव में उत्तर प्रदेश के रायबरेली से इन्दिरा गांधी के निर्वाचन को अवैध क़रार दिया था।

12 जून, 1975 को दो और घटनाएँ हुई थीं, जिनका सम्बन्ध इन्दिरा गांधी से था। इलाहाबाद हाईकोर्ट का फ़ैसला आने से पहले उसी दिन सुबह डी.पी. धर का निधन हो गया। कैबिनेट मंत्री रह चुके धर सोवियत संघ में भारत के राजदूत थे और इन्दिरा के क़रीबी सलाहकारों में से थे। 1971 के बांग्ला मुक्ति युद्ध में भारत के दख़ल में उनकी अहम भूमिका रही थी। मगर ऐसे समय, जब इन्दिरा को अपने राजनीतिक जीवन से जुड़े एक अहम अदालती फ़ैसले का इन्तज़ार था, उनके निधन की ख़बर एक बड़ा आघात था। इन्दिरा के पूर्व मुख्य सचिव और तब तक योजना आयोग से जुड़ चुके पी.एन. हक्सर और उनके वर्तमान मुख्य सचिव पी.एन. धर के साथ ही डी.पी. धर कश्मीरी नौकरशाहों, राजनेताओं, राजनयिकों, सलाहकारों और रणनीतिकारों के उस समूह का हिस्सा थे, जिनका प्रभाव हाल के वर्षों में प्रधानमंत्री और प्रधानमंत्री सचिवालय पर बढ़ गया था। सत्तर के दशक के पूर्वार्द्ध में यह समूह सत्ता के गलियारों में 'कश्मीरी माफ़िया' के नाम से भी बदनाम हो चुका था।

पी.एन. धर के कॉलेज के दिनों के साथी डी.पी. धर कुछ आधिकारिक मशविरे के सिलसिले में मॉस्को से दिल्ली आए थे और अचानक तबीयत ख़राब हो जाने के कारण उन्हें राजधानी के गोविन्द वल्लभ पन्त अस्पताल में भरती करवाया गया था। पी.एन. धर ने बीती शाम ही उनसे अस्पताल में मुलाक़ात की थी और अगले दिन यानी 12 जून को उन्हें पेस मेकर लगाया जाने वाला था, मगर 12 जून की सुबह पी.एन. धर की नींद 'मनहूस टेलीफ़ोन कॉल' से टूटी, जिससे पता चला कि डी.पी. धर नहीं रहे।[7]

उस सुबह इन्दिरा गांधी अपने कमरे में नाश्ता कर रही थीं कि तभी आर.के. धवन ने उनका दरवाज़ा खटखटाया और उन्हें डी.पी. धर के निधन की सूचना दी थी।[8]

पी.एन. धर जब तक अस्पताल पहुँचते, इन्दिरा वहाँ पहुँच चुकी थीं और डी.पी. धर की अन्त्येष्टि वग़ैरह के सम्बन्ध में निर्देश दे रही थीं। तब डी.पी. धर की पत्नी मॉस्को में थीं। अस्पताल से निकलकर पी.एन. धर अपने कार्यालय पहुँचे और डी.पी. धर की पत्नी से फ़ोन पर सम्पर्क की कोशिश करने लगे। इस बीच, इन्दिरा गांधी के प्रेस सलाहकार एच.वाई. शारदा प्रसाद

तक़रीबन दौड़ते हुए पी.एन. धर के कमरे में आए और उत्तेजित स्वर में उन्होंने सूचना दी, "इलाहाबाद कोर्ट का फ़ैसला आ गया है और प्रधानमंत्री का निर्वाचन रद्द कर दिया गया है।"[9]

इस फ़ैसले को लेकर पिछले कई दिनों से गहमा-गहमी थी। 12 जून की सुबह से प्रधानमंत्री सचिवालय (पीएमएस) में इसका इन्तज़ार किया जा रहा था। कालान्तर में यही यानी पीएमएस प्रधानमंत्री कार्यालय यानी पीएमओ कहलाने लगा। पीएमएस में संयुक्त सचिव के रूप में काम कर रहे बी.एन. टंडन जैसे ही दफ़्तर पहुँचे थे, थोड़ी देर बाद ही उनके कमरे में पीएमएस में पदस्थ एक अन्य संयुक्त सचिव वी.आर. यानी वी. रामचन्द्रन दाख़िल हुए। तब सुबह के 10 भी नहीं बजे थे। थोड़ी देर में ही वी.आर. उनके कमरे से चले गए। उस समय तक प्रधानमंत्री दफ़्तर नहीं पहुँची थीं। पीएमएस में व्याप्त बेचैनी साफ़ दिखाई दे रही थी।

उस दिन यानी 12 जून, 1975 की सुबह के इस असमंजस भरे समय को बी.एन. टंडन ने अपनी डायरी में कुछ यूँ दर्ज किया :

"...हम उम्मीद कर रहे थे कि 10:15 बजे तक फ़ैसला आएगा। दस बजे से थोड़ा पहले वी.आर. मेरे कमरे से चले गए। उन्होंने मुझे 10:30 बजे फ़ोन किया और बताया कि कोर्ट ने पीएम के ख़िलाफ़ फ़ैसला दिया है, लेकिन हम ख़बर की पुष्टि कर रहे हैं। मैं तुरन्त ही पीटीआई और यूएनआई के प्रिंटरों की ओर लपका, जो कि मेरे और वी.आर. के कमरों के बीच में रखे हुए थे। मैंने पढ़ा कि जस्टिस जगमोहन सिन्हा ने पीएम के निर्वाचन को निरस्त कर दिया है और उन पर लगे भ्रष्टाचार के आरोपों को सही माना है। उन्होंने उन्हें जनप्रतिनिधित्व अधिनियम के खंड 123 (7) के तहत छह सालों तक चुनाव लड़ने से प्रतिबन्धित कर दिया।..."[10]

हालाँकि इलाहाबाद हाईकोर्ट ने अपने फ़ैसले पर 20 दिनों की रोक लगा दी थी और इन्दिरा गांधी के पास सुप्रीम कोर्ट जाने का अवसर था। इसके बावजूद स्वतंत्र भारत में किसी प्रधानमंत्री के ख़िलाफ़ आए इस तरह के पहले फ़ैसले से मानो भूचाल आ गया। डी. पी. धर के निधन के बाद यह दूसरा झटका इन्दिरा के लिए मानो काफ़ी नहीं था। 12 जून, 1975 की शाम तक एक और बुरी ख़बर उनका इन्तज़ार कर रही थी। उस दिन दोपहर बाद से गुजरात विधानसभा के मध्यावधि चुनाव के नतीजे भी आने शुरू हो गए थे, जिनमें विपक्षी दलों के गठबन्धन जनता मोर्चा ने कांग्रेस को पराजित कर दिया था।

जस्टिस सिन्हा ने यह फ़ैसला समाजवादी नेता राजनारायण की याचिका पर दिया था, जिन्हें 1971 के लोकसभा चुनाव में रायबरेली से इन्दिरा गांधी ने एक लाख से अधिक मतों से परास्त किया था। चुनाव नतीजे 10 मार्च, 1971 को आए थे और राजनारायण ने 24 अप्रैल, 1971 को हाईकोर्ट में इन्दिरा के निर्वाचन को चुनौती दे दी थी। राजनारायण ने अपनी याचिका में इन्दिरा पर भ्रष्टाचार और सरकारी मशीनरी के दुरुपयोग सहित कई गम्भीर आरोप लगाए थे। इनमें भारतीय वायुसेना के विमान और सरकारी हेलीकॉप्टर के दुरुपयोग के भी आरोप शामिल थे।

अदालत ने इन्दिरा गांधी के ख़िलाफ़ मोटे तौर पर दो आरोपों को सही पाया। इनमें एक तो यह था कि उन्होंने प्रधानमंत्री कार्यालय में पदस्थ राजपत्रित अधिकारी यशपाल कपूर का इस्तेमाल अपनी चुनावी सम्भावनाओं को मज़बूत करने के लिए किया, जबकि नौकरी से उनका इस्तीफ़ा मंज़ूर नहीं हुआ था। दूसरा यह कि उन्होंने चुनाव प्रचार में मंच से लेकर बिजली वग़ैरह के इस्तेमाल में उत्तर प्रदेश के सरकारी अमले की मदद मिली।[11]

इन दोनों आरोपों के विस्तार में जाएँ, तो पता चलता है कि इन्दिरा गांधी के विरुद्ध सबसे अहम निष्कर्ष कुछ यूँ थे : उनके चुनाव अभिकर्ता यशपाल कपूर, रायबरेली के ज़िला मजिस्ट्रेट, रायबरेली के पुलिस अधीक्षक और उत्तर प्रदेश के गृह सचिव ने 1 और 25 फरवरी, 1971 के उनके चुनावी दौरे के लिए मंचों, लाउडस्पीकरों और बैरिकेडों इत्यादि का इन्तज़ाम किया और पुलिस बल की तैनाती की। हाईकोर्ट ने इसे जनप्रतिनिधित्व अधिनियम के खंड 123 (7) के तहत भ्रष्ट आचरण माना। इन्दिरा गांधी के विरुद्ध अहम निष्कर्ष उनके चुनाव अभिकर्ता यशपाल कपूर से जुड़ा था। कपूर एक सरकारी राजपत्रित अधिकारी थे और प्रधानमंत्री कार्यालय में विशेष अधिकारी (ऑफ़िसर ऑन स्पेशल ड्यूटी) के रूप में कार्यरत थे। उन्होंने इस्तीफ़ा दे दिया था और उन्हें अपीलार्थी ने यानी इन्दिरा गांधी ने निर्वाचन अभिकर्ता नियुक्त किया था। विवाद इस पर था कि कपूर के इस्तीफ़े को कब से प्रभावी माना जाए? कपूर ने प्रधानमंत्री सचिवालय से ओएसडी के रूप में 13 जनवरी, 1971 को इस्तीफ़ा दे दिया था और उसे 14 जनवरी, 1971 को मंज़ूर किया गया। हाईकोर्ट ने माना कि इन्दिरा गांधी ने 29 दिसम्बर, 1970 को अपने आपको उम्मीदवार घोषित कर दिया था। यह भी माना गया कि यशपाल कपूर का उनकी सेवा से इस्तीफ़ा 13 जनवरी, 1971

को प्रस्तुत किया गया था, लेकिन 25 जनवरी, 1971 को अधिसूचित होने तक प्रभावी नहीं हुआ था।[12]

चूँकि कपूर (इन्दिरा गांधी के निर्देशों के तहत) ने 7 जनवरी, 1971 को मुंशीगंज (रायबरेली, उत्तर प्रदेश) में चुनावी भाषण दिया और 19 जनवरी, 1971 को कलां (रायबरेली, उत्तर प्रदेश) में एक और भाषण दिया, इसलिए यह निष्कर्ष निकाला गया कि इन्दिरा ने अपनी चुनावी सम्भावनाओं को आगे बढ़ाने के लिए कपूर की मदद ली, जबकि वह उस समय सरकार में राजपत्रित अधिकारी के रूप में कार्यरत थे। अदालत ने इसे जनप्रतिनिधित्व अधिनियम के खंड 123 (7) का उल्लंघन माना।[13]

इस पूरे मामले के एक अहम किरदार थे पी.एन. हक्सर, जो इस फ़ैसले के आने के समय तक प्रधानमंत्री सचिवालय से रुख़सत होकर योजना आयोग से जुड़ चुके थे। दरअसल, 1971 के आम चुनाव के समय हक्सर प्रधानमंत्री के मुख्य सचिव थे और इस नाते यशपाल कपूर के बॉस भी। 13 जनवरी, 1971 को जब यशपाल कपूर ने इस्तीफ़ा दिया, तो उन्होंने मौखिक तौर पर उसे स्वीकार कर लिया था। जस्टिस सिन्हा ने उसे 25 जनवरी, 1971 से ही प्रभावी माना, जब उनके इस्तीफ़े की मंज़ूरी की अधिसूचना जारी की गई।[14]

हक्सर 28 साल बाद 12 फरवरी, 1975 को इलाहाबाद हाईकोर्ट में हाज़िर हुए थे, जहाँ उन्होंने कभी वकालत से अपने कॅरिअर की शुरुआत की थी, मगर इस बार वह यहाँ इन्दिरा गांधी के एक गवाह के बतौर हाज़िर हुए थे। इत्तफ़ाक़ से यह हक्सर ही थे, जिन्होंने 25 फरवरी, 1972 को प्रधानमंत्री को जगमोहनलाल सिन्हा सहित छह अन्य लोगों को इलाहाबाद हाईकोर्ट के जज के रूप में नियुक्त करने से सम्बन्धित मंज़ूरी की सलाह दी थी।[15]

राजनारायण की ओर से इस मामले में शान्तिभूषण ने पैरवी की थी, जो कि बाद में जनता पार्टी की सरकार में क़ानून मंत्री तक बने।

जस्टिस जगमोहनलाल सिन्हा के इस फ़ैसले से हड़कम्प मचना ही था। फ़ैसला आने के कुछ देर बाद ही प्रधानमंत्री आवास का नज़ारा एकदम बदल गया। एक-एक कर उनके क़रीबी सलाहकार और अधिकारी वहाँ पहुँचने लगे थे। मंत्रियों के आने का सिलसिला भी शुरू हो चुका था। इन्दिरा गांधी ने अपने क़रीबी पश्चिम बंगाल के मुख्यमंत्री सिद्धार्थ शंकर रे को कलकत्ता से पहले ही बुलवा लिया था। रे इन्दिरा के बेहद विश्वसनीय तो थे ही, उन्हें वकालत

का लम्बा अनुभव भी था। फ़ैसला जब आया, उस वक़्त इन्दिरा के 29 वर्षीय छोटे बेटे और उनके बेहद विश्वसनीय संजय गांधी रोज़ की तरह गुड़गाँव में अपनी कार फ़ैक्टरी में थे। उन्हें यह सूचना इन्दिरा गांधी के निजी सचिव एन.के. शेषन से मिली थी। अमूमन वह दोपहर के भोजन के समय 1, सफ़दरजंग लौटते थे, लेकिन उस दिन वह ज़रा जल्दी लौट आए।[16]

तब तक वहाँ कांग्रेस अध्यक्ष देवकान्त बरुआ सहित अनेक दिग्गज पहुँच चुके थे। वहाँ जगजीवन राम, यशवन्त राव चव्हाण और स्वर्ण सिंह जैसे वरिष्ठ मंत्री भी पहुँच गए थे। वहाँ मौजूद नेता और इन्दिरा के सलाहकार फ़ैसले के क़ानूनी और राजनीतिक पहलुओं पर बात कर रहे थे।

इस फ़ैसले ने जवाहरलाल नेहरू जैसे क़द्दावर नेता की बेटी इन्दिरा को क़ानूनी, नैतिक और राजनीतिक उलझन में डाल दिया था। क़ानूनी रूप से देखें, तो उन्हें इलाहाबाद हाईकोर्ट ने 20 दिन की मोहलत दे दी थी और वह सुप्रीम कोर्ट जा रही थीं। नैतिकता का तक़ाज़ा था कि उन्हें इस फ़ैसले का अन्तिम रूप से निपटारा होने तक प्रधानमंत्री पद छोड़ देना चाहिए और उनकी राजनीतिक उलझन यह थी कि उसी दिन आए गुजरात विधानसभा के उपचुनाव के नतीजे दिखा रहे थे कि उनके ख़िलाफ़ विपक्षी दल कैसे एकजुट और मज़बूत हो रहे हैं।

इंडिया इज़ इन्दिरा, इन्दिरा इज़ इंडिया

समय कभी-कभी कितना निर्मम होता है, यह उस दौर के किरदारों को देखकर कहा जा सकता है। उस दिन, 1, सफ़दरजंग रोड पर स्थित देश के सबसे ताक़तवर पते पर भी ऐसे कई किरदार मौजूद थे, जो अपने सामने इतिहास को घटित होता देख रहे थे और उसे दर्ज भी कर रहे थे। मसलन, 12 जून, 1975 को बी. एन. टंडन ने अपनी डायरी में यह भी दर्ज किया :

"...मैं जैसे ही घर पहुँचा, कम्मी (भाई की पत्नी) ने मुझसे पूछा कि यदि सुप्रीम कोर्ट ने स्टे नहीं दिया, तब पीएम क्या करेंगी? मैंने कहा, मैं पीएम को जितना समझता हूँ, मुझे लगता है कि पद छोड़ने के अलावा वह सत्ता में बने रहने के लिए किसी भी हद तक जा सकती हैं। वह अनुचित साधनों के इस्तेमाल से भी गुरेज़ नहीं करेंगी। मैंने जो कुछ कहा, कम्मी को पसन्द नहीं आया।"[17]

नैतिकता को परे रखकर अन्ततः इन्दिरा गांधी ने इस चुनौती से क़ानूनी और राजनीतिक तौर पर निपटने का फ़ैसला किया। दरअसल, थोड़े समय के लिए पद छोड़ने का विकल्प राजनीतिक तौर पर उन्हें भारी पड़ सकता था। वह अपने मंत्रिमंडल के किसी सदस्य पर भरोसा नहीं कर पा रही थीं। हालाँकि इन्दिरा की एक अन्य जीवनीकार कैथरीन फ्रैंक ने लिखा, "इन्दिरा ने अपने मित्र सिद्धार्थ शंकर रे से कहा, 'मैं इस्तीफ़ा दूँगी।' मगर रे ने उन्हें सुझाव दिया कि वह हड़बड़ी में कोई फ़ैसला न करें।"[18]

असल में, अहंकारी और दम्भी होने के बावजूद वह आम राय के साथ जाना चाहती थीं, जिसमें उन्हें सलाह दी जा रही थी कि वह सुप्रीम कोर्ट में अपनी अपील के सफल निपटारे तक अस्थायी तौर पर पद से हट जाएँ। तब तक किसी डमी को उनकी जगह पद पर बिठाया जाए और उनकी वापसी पर वह पद छोड़ दे।[19] मगर संजय को उनका यह विचार रास नहीं आया और उन्होंने अपनी माँ से कहा, "...पद से हटने के बाद वह कभी दोबारा नहीं लौट पाएँगी। सुप्रीम कोर्ट में छह महीने भी लग सकते हैं, यहाँ तक कि एक साल भी। क्या वह पूरी तरह से आश्वस्त हो सकती हैं कि जगजीवन राम या चव्हाण या स्वर्ण सिंह या कमलापति त्रिपाठी—अन्तरिम प्रधानमंत्री के रूप में सामने आए नाम—उनकी अपील पर निपटारे के बाद उनकी वापसी का स्वागत करेंगे? और कल्पना करें कि यदि वह हार गईं तो?"[20]

फ़ैसला जब आया, तब पुपुल जयकर लन्दन में थीं। इन्दिरा की जीवनी में उन्होंने बाद में लिखा, "...मैं लन्दन में थी और भारतीय उच्चायुक्त बृज किशोर (बी. के.) नेहरू के साथ ठहरी हुई थी। हमने इसके बारे में देर रात बात की। ब्रिटिश अख़बार इस फ़ैसले की ख़बर से अटे पड़े थे। द *लन्दन टाइम्स* ने टिप्पणी की, यह ऐसा है, मानो किसी ब्रिटिश प्रधानमंत्री को पार्किंग सम्बन्धी किसी अपराध में प्रतिबन्धित कर दिया जाए।..."[21]

वरिष्ठ पत्रकार कुलदीप नैयर ने लिखा, "चुनावी क़ानून का कड़ाई से पालन करते हुए, मुझे लगता है कि यह फ़ैसला एक मक्खी को मारने के लिए हथौड़े का इस्तेमाल करने जैसा है।"[22]

इन्दिरा और उनके क़रीबी लोगों तथा उनके क़ानूनी सलाहकारों में भी यह आम राय बन रही थी कि बेहद मामूली आरोपों को फ़ैसले का आधार बनाया गया है जैसा कि उनके मुख्य सचिव पी.एन. धर ने लिखा,

"...मैंने उन्हें (इन्दिरा) बताया कि मुझे लोगों से बहुत से पत्र मिले हैं, जिनमें सुझाव दिया गया है कि इस संकट से कैसे निपटें। इनमें से अधिकांश तो आम विघ्न सन्तोषी लोगों के हैं, लेकिन मैंने कुछ अलग से रख लिए हैं, जिन्हें उन्हें पढ़ना चाहिए। उन्होंने पूरा पुलिन्दा ले लिया और कहा कि वह सबको पढ़ेंगी। बातचीत के दौरान मैंने उन्हें बताया कि जिन लोगों ने भी फ़ैसले को पढ़ा है, उन सबकी राय है कि आरोप बेहद मामूली हैं। मैंने उन्हें अतिरिक्त महाधिवक्ता फली एस. नरीमन के दृष्टिकोण से भी अवगत कराया, जिन्होंने जस्टिस सिन्हा के फ़ैसले का गहराई से परीक्षण कर लिया था। नरीमन के मुताबिक़, फ़ैसला अत्यन्त कमज़ोर तर्कों के आधार पर दिया गया है, जो कि सुप्रीम कोर्ट में टिक नहीं पाएँगे। यह सुनकर वह ख़ुश हुईं और कहा कि मुझे बताया गया है कि द *गार्डियन* (लन्दन) ने आरोपों को ट्रैफ़िक नियमों के उल्लंघन जैसा बताया है। मैंने कहा, "लेकिन विपक्ष ने इन आरोपों को भ्रष्टाचार के ख़िलाफ़ अपने आन्दोलन का हिस्सा बना लिया है, इसलिए अच्छा हो कि सुप्रीम कोर्ट के फ़ैसले का इन्तज़ार किया जाए, और मुझे उम्मीद थी कि यह उनके पक्ष में आएगा। मैंने आगाह किया कि फ़ैसले के ख़िलाफ़ कांग्रेस पार्टी को कोई जवाबी आन्दोलन नहीं करना चाहिए।"[23]

दरअसल, फ़ैसले के तुरन्त बाद प्रधानमंत्री आवास के बाहर कांग्रेस कार्यकर्ता जमा होने लगे थे और उन्होंने उनके पक्ष में नारेबाज़ी शुरू कर दी थी। अब तक माँ के मामलों में परोक्ष रूप से दख़ल देने वाले संजय गांधी ने आर.के. धवन और बंसीलाल के साथ कमान सँभाल ली थी। आर.के. धवन प्रधानमंत्री यानी संजय की माँ के अतिरिक्त निजी सचिव के रूप में पदस्थ थे और यशपाल कपूर के रिश्ते के भाई भी थे। बंसीलाल राजधानी से सटे हरियाणा के मुख्यमंत्री थे और उन्होंने कुछ वर्ष पूर्व ही संजय को उनके कार उद्योग के लिए कौड़ियों के मोल ज़मीन उपलब्ध कराई थी। धवन ही वह कड़ी थे, जिन्होंने संजय को तब बंसीलाल से परिचित करवाया था, जब वह शुरुआती दिनों में अपनी कार की फ़ैक्टरी के लिए ज़मीन और धन के इन्तज़ाम में जुटे थे।[24]

मारुति कार की प्रस्तावित फ़ैक्टरी को लेकर संजय पहले ही विपक्ष के निशाने पर आ गए थे, लेकिन वह प्रत्यक्ष तौर पर राजनीति से दूर ही थे, मगर 12 जून, 1975 के उस फ़ैसले के बाद सब कुछ बदल गया।

13 जून, 1975 को इन्दिरा गांधी की ओर से सुप्रीम कोर्ट में याचिका दायर की गई और कोर्ट से आग्रह किया गया कि वह इलाहाबाद हाईकोर्ट के पूरे फैसले पर स्थगन दे दे। दूसरी ओर, प्रधानमंत्री आवास संजय और उनके क़रीबी लोगों के नेतृत्व में राजनीतिक लड़ाई के लिए 'वॉर रूम' में बदल गया। जब यह साफ़ हो गया कि इन्दिरा गांधी इस्तीफ़ा नहीं देंगी, तब संजय और उनके क़रीबी लोगों ने दो काम किए। एक तो यह कि इन्दिरा के पक्ष में कांग्रेस नेताओं के बयान जारी करवाए गए। दूसरा, राजधानी में इन्दिरा के पक्ष में जगह-जगह रैलियाँ निकलवाई गईं। इसके लिए दिल्ली परिवहन निगम (डीटीसी) की सेवाएँ ली गईं। 18 जून, 1975 को कांग्रेस संसदीय दल की बैठक हुई और उसमें इन्दिरा गांधी के नेतृत्व पर पूरी आस्था तथा विश्वास जताया गया। यह प्रस्ताव जगजीवन राम और वाई.बी. चव्हाण ने प्रस्तुत किया। इसी बैठक में कांग्रेस अध्यक्ष देवकान्त बरुआ ने चाटुकारिता की सारी हदें लाँघकर कुख्यात नारा दिया, *इंडिया इज़ इन्दिरा, इन्दिरा इज़ इंडिया।*[25]

अखिल भारतीय कांग्रेस समिति की माँग पर 13 जून, 1975 को डीटीसी के पास उस दिन मौजूद 983 बसों का रुख़ प्रधानमंत्री निवास, 1, सफ़दरजंग की ओर मोड़ दिया गया। पड़ोसी राज्यों—हरियाणा, पंजाब, उत्तर प्रदेश और राजस्थान से लोगों को जुटाया गया। 12 जून से लेकर 25 जून, 1975 के दौरान इन्दिरा के पक्ष में रैलियाँ आयोजित करने के लिए अखिल भारतीय कांग्रेस समिति ने डीटीसी से 1,761 बसों की माँग की।[26]

इन्दिरा गांधी के समर्थन में सबसे बड़ी ताक़त दिखाई गई 20 जून, 1975 को दिल्ली में संसद भवन और इंडिया गेट के नज़दीक स्थित बोट क्लब में। रैली में शामिल होने के लिए पड़ोसी राज्यों—राजस्थान, हरियाणा और उत्तर प्रदेश से विशेष ट्रेनों, बसों और ट्रकों से लोगों को लाया गया।[27]

अपनी इस लड़ाई को भावनात्मक बनाने में इन्दिरा ने कोई कसर नहीं छोड़ी। इस रैली में वह अपने दोनों बेटों और बहुओं के साथ उपस्थित थीं—छोटे बेटे संजय और उनकी पत्नी मेनका तथा बड़े बेटे राजीव और उनकी पत्नी सोनिया। राजीव तब पायलट थे और अपनी माँ के राजनीतिक मामलों से अमूमन दूर ही रहते थे। रैली में देवकान्त बरुआ ने चाटुकारिता का एक और नमूना पेश करते हुए, जैसा कि विनोद मेहता ने लिखा, कविता पर हाथ

आज़माते हुए कहा, *इन्दिरा तेरी सुबह की जय, तेरी शाम की जय, तेरे काम की जय, तेरे नाम की जय!*[28]

बी.एन. टंडन की डायरी में यह रैली कुछ यूँ दर्ज हुई :

"इंडिया गेट पर पीएम के समर्थन में विशाल रैली दर्ज हुई, जिसमें शारदा (एच.वाई. शारदा प्रसाद) भी मौजूद थे। उनके मुताबिक़, 10 लाख लोग इकट्ठा थे, लेकिन वहाँ गए अधिकारी बताते हैं कि तीन से चार लाख लोग थे। लेकिन हर कोई स्वीकार कर रहा था कि उसने दिल्ली में कभी इतनी बड़ी रैली नहीं देखी।..."[29]

इस रैली में इन्दिरा ने विपक्षी दलों पर तीखे हमले किए। वह यहाँ तक कह गईं कि विपक्ष उन्हें सत्ता से बेदख़ल करना चाहता है। उनकी और उनके परिवार की हत्या भी करवाई जा सकती है।[30]

रैली के ज़रिये इन्दिरा ने दरअसल विपक्ष को जवाब देने की कोशिश की थी, जिसने जयप्रकाश नारायण और मोरारजी देसाई के नेतृत्व में उन्हें घेरने में कोई कसर नहीं छोड़ रखी थी। इन्दिरा की रैली के तीन दिन बाद 24 जून, 1975 को सुप्रीम कोर्ट के जस्टिस वी. आर. कृष्ण अय्यर ने कुछ शर्तों के साथ इलाहाबाद हाईकोर्ट के फ़ैसले पर स्थगन दे दिया। कोर्ट ने कहा कि वह लोकसभा की सदस्य बनी रहेंगी, लेकिन वह अपील पर अन्तिम निपटारे तक संसद में वोट नहीं डाल सकेंगी। इस तरह इन्दिरा को पद पर बने रहने का एक क़ानूनी आधार मिल गया।

24 जून, 1975 को जिस दिन सुप्रीम कोर्ट के जस्टिस कृष्ण अय्यर ने इन्दिरा को राहत दी थी, राजधानी के राजनीतिक गलियारे में एक और अहम घटना घटी। उसी दिन शाम को कांग्रेस के असन्तुष्ट सांसद चन्द्रशेखर ने विपक्ष की धुरी बन गए जयप्रकाश नारायण यानी जेपी के सम्मान में एक रात्रिभोज का आयोजन किया। जेपी एक दिन पहले ही 23 जून, 1975 को विपक्षी दलों के आमंत्रण पर इन्दिरा गांधी के विरोध में प्रस्तावित रैली के सिलसिले में दिल्ली आए थे। हालाँकि ख़ुफ़िया रिपोर्ट के अनुसार 80 सांसद युवा तुर्कों यानी चन्द्रशेखर, मोहन धारिया, रामधन और कृष्णकान्त जैसे असन्तुष्ट कांग्रेस साथियों से संतुष्ट थे, लेकिन रात्रिभोज में सिर्फ़ 20 सांसद ही पहुँचे थे।[31]

सरकार के कान खड़े करने के लिए यही काफ़ी था कि यह रात्रिभोज जेपी के सम्मान में दिया गया था।

जेपी और इन्दिरा

वैसे अब तक जेपी और इन्दिरा के रिश्ते आम तौर पर बेहद आत्मीय ही रहे थे। जेपी पंडित जवाहरलाल नेहरू को 'भाई' कहते थे, तो उनकी पत्नी प्रभावती और इन्दिरा की माँ कमला नेहरू भी एक-दूसरे के काफ़ी क़रीब थीं। जेपी का इन्दिरा के प्रति स्नेह जगज़ाहिर था, लेकिन उनके रिश्ते में ऐसी दरारें पड़ गईं कि सत्तर के दशक के मध्य तक दोनों दो छोरों पर खड़े थे।

24 जनवरी, 1966 को इन्दिरा के प्रधानमंत्री बनने के बाद जेपी से उनके रिश्ते कई वर्षों तक बहुत मधुर बने रहे, यह उनके बीच हुए पत्र-व्यवहारों से भी पता चलता है। उन पत्रों में उनके रिश्तों की प्रगाढ़ता तो पता चलती ही है, एक-दूसरे पर विश्वास भी झलकता है और देश के मुद्दों को लेकर चिन्ता भी। जेपी उन्हें सलाह देने से गुरेज़ नहीं करते थे। गोवध पर प्रतिबन्ध के मुद्दे पर दोनों के बीच हुए पत्र-व्यवहार में इसकी झलक दिखती है। इन्दिरा के प्रधानमंत्री बनने के कुछ महीने बाद गोवध पर प्रतिबन्ध को लेकर चल रहे आन्दोलन को लेकर जेपी ने उन्हें 21 सितम्बर, 1966 को एक पत्र लिखा और आग्रह किया :

"मैं आपका ध्यान एक अत्यन्त गम्भीर होती स्थिति की ओर दिलाने के लिए लिख रहा हूँ। आप गोवध पर प्रतिबन्ध को लेकर लम्बे समय से चल रहे आन्दोलन के बारे में जानती हैं। संसद के पिछले सत्र में भी यह मुद्दा उठा था। मुझे पता चला है कि जगद्गुरु शंकराचार्यों जैसे शीर्ष हिन्दू नेताओं ने इस वर्ष 20 नवम्बर से आमरण अनशन करने का फ़ैसला किया है। मैं समझ सकता हूँ कि इस हताशापूर्ण क़दम पर पूरी गम्भीरता से विचार किया गया है। आप कल्पना कर सकती हैं कि इसके क्या गम्भीर परिणाम हो सकते हैं? पिछले कुछ वर्षों में यह एक सामान्य बात हो गई है कि सरकार तब तक कोई कार्रवाई नहीं करती, जब तक कि स्थिति गम्भीर न हो जाए। ...नतीजतन, अक्सर सरकार को दबाव में कुछ ऐसे अस्वस्थकर क़दम उठाने पड़ते हैं, जिनसे लोगों की नज़र में सरकार की छवि नीचे गिरती है।...मैं समझ नहीं पाता कि हिन्दू बहुल भारत जैसे देश में जहाँ गोवध को लेकर सही हो या ग़लत तीव्र भावनाएँ हैं, वहाँ क़ानूनी प्रतिबन्ध क्यों नहीं लग सकता?..."[32]

जेपी के इस पत्र का इन्दिरा ने 13 अक्तूबर, 1966 को जवाब दिया। छोटे-से पत्र में इन्दिरा ने देर से जवाब देने के लिए अफ़सोस जताया और लिखा, "सरकार इस समस्या के सारे पहलुओं पर विचार कर रही है।" इन्दिरा

ने इस पत्र का समापन इस तरह किया, "मुझे यह जानकर दुख हुआ कि हाल ही में आप इन्फ्लुएंजा से पीड़ित थे। उम्मीद है, आप पूरी तरह स्वस्थ होंगे।"[33]

प्रधानमंत्री बनने के बाद इन्दिरा गांधी को जिन शुरुआती मुद्दों का सामना करना पड़ा था, उसमें गोवध पर प्रतिबन्ध को लेकर चल रहा आन्दोलन भी शामिल था। 7 नवम्बर, 1966 को हज़ारों साधुओं और अन्य धार्मिक नेताओं ने गोवध पर प्रतिबन्ध के लिए क़ानून बनाने की माँग को लेकर संसद की ओर कूच किया। इसमें पुरी के शंकराचार्य और राष्ट्रीय स्वयंसेवक संघ और उससे जुड़े संगठन के लोग शामिल थे। इस प्रदर्शन का नेतृत्व जनसंघ के करनाल से चुने गए सांसद स्वामी रामेश्वरानन्द कर रहे थे।[34]

उन दिनों संसद की सुरक्षा आज जैसी नहीं होती थी। जब प्रदर्शनकारी संसद के नज़दीक पहुँच गए तब स्वामी रामेश्वरानन्द ने साधुओं का आह्वान किया कि वे संसद का घेराव करें। उत्तेजित भीड़ 'स्वामी रामेश्वरानन्द की जय' के नारे लगाने लगी। इतिहासकार रामचन्द्र गुहा लिखते हैं, "ठीक इसी समय जनसंघ नेता अटल बिहारी वाजपेयी ने स्वामी से अपील की कि वह आन्दोलन वापस ले लें, मगर तब तक बहुत देर हो चुकी थी। साधु जैसे ही संसद के प्रवेश द्वारों की ओर बढ़ने लगे, तो पुलिस ने उन्हें रोकने की कोशिश की। दोनों ओर से संघर्ष शुरू हो गया। एक ओर से अश्रुगैस के गोले और रबर की गोलियाँ छोड़ी गईं तो दूसरी ओर से लाठियाँ और पत्थर चलने लगे।..."[35]

उत्तेजित भीड़ को संसद भवन में प्रवेश करने से तो रोक दिया गया, मगर उसके बाद उसने संसद मार्ग स्थित भवनों को नुक़सान पहुँचाया। पुलिस को गोलियाँ चलानी पड़ीं, जिनसे आठ लोगों की मौत हो गई! पुलिस की इस कार्रवाई को लेकर भारी नाराज़गी को देखते हुए इन्दिरा ने गृह मंत्री गुलज़ारीलाल नन्दा को हटा दिया।

क्या इन्दिरा गोवध पर रोक के लिए क़ानून लाने के जेपी के सुझाव पर अमल करतीं, तो यह नौबत आती? क्या आरएसएस और जनसंघ को समझने में इन्दिरा ने चूक की? क्या जेपी को प्रधानमंत्री इन्दिरा गांधी से कुछ ज़्यादा ही अपेक्षा थी, जैसा कि 1960 के दशक के अन्तिम वर्षों में और 1970 के दशक के एकदम शुरुआती वर्षों में विभिन्न मुद्दों पर उनके द्वारा लिखे गए पत्रों से लगता है? क्या जेपी ख़ुद को इन्दिरा के संरक्षक के तौर पर सरकार से बाहर अपने लिए किसी बड़ी भूमिका की तलाश में थे?

आज इन सवालों के जवाब तलाशना बेमानी है, लेकिन इनसे उस वक़्त के हालात को समझने में मदद तो मिलती ही है। वैसे यह इन्दिरा और आरएसएस के बीच सीधे टकराव का पहला वाक़या था।

समाजवाद और सर्वोदय के बीच रास्ता तलाशते जेपी

दरअसल, 1960 के दशक के उत्तरार्द्ध में जब साधु-संतों ने गोवध पर रोक को लेकर आन्दोलन किया था, उससे कई वर्ष पहले ही जेपी ख़ुद को मुख्य धारा की राजनीति से अलग कर चुके थे और विनोबा भावे के साथ सर्वोदय आन्दोलन को मज़बूत करने में जुटे थे। 1942 के *भारत छोड़ो आन्दोलन* में युवा क्रान्तिकारी के रूप में उभरे जेपी के लिए यों स्वतंत्र भारत की पहली सरकार में मंत्री बनने का अवसर भी था, लेकिन उन्होंने ख़ुद को इससे अलग रखा था। कांग्रेरा रो अलग होकर उन्होंने सोशलिस्ट पार्टी का गठन किया था। सोशलिस्ट पार्टी ने 1952 के पहले लोकसभा चुनाव में हिस्सा भी लिया, उसे 10 फ़ीसदी से अधिक वोट भी मिले थे, लेकिन वह सिर्फ़ 12 सीटें ही जीत सकी थी।

सर्वोदय की पूरी यात्रा पर गहन शोध करने वाले ब्रिटिश राजनीतिविज्ञानी और शोधकर्ता ज्यॉफ्रे ऑस्टरगार्ड ने अपनी अत्यन्त शोधपरक किताब *नॉन वॉयलेंट रिवॉल्यूशन इन इंडिया* में लिखा, "...1952 के चुनाव के दो साल बाद ही जेपी ने 18 अप्रैल, 1954 को बोधगया में हुए सर्वोदय सम्मेलन में अपना जीवन भू-दान को समर्पित करने का फ़ैसला कर लिया था।"[36]

यह जेपी के वैचारिक रूपान्तरण का दौर था। 1922-29 के दौरान अपने युवा दिनों में अमेरिका में पढ़ाई करते हुए वे मार्क्सवाद के नज़दीक चले गए थे। भारत लौटने पर वे कांग्रेस से जुड़ गए थे। मगर 1934 में मीनू मसानी, आचार्य नरेन्द्र देव, राममनोहर लोहिया और अशोक मेहता जैसे समान और समाजवादी विचारधारा वाले नेताओं के साथ मिलकर उन्होंने कांग्रेस के भीतर ही कांग्रेस सोशलिस्ट पार्टी नाम से एक अलग समूह बना लिया था। यही कांग्रेस सोशलिस्ट पार्टी आज़ादी मिलने के बाद सोशलिस्ट पार्टी बन गई, मगर आज़ादी मिलने के एक दशक के भीतर ही वह एक और वैचारिक द्वंद्व से गुज़र रहे थे।

गांधीवादी आचार्य विनोबा भावे को भू-दान में मिली शुरुआती सफलता ने जेपी को सर्वोदय के क़रीब ला दिया था। यह पहले आम चुनाव के थोड़े समय के बाद की ही बात है। इस चुनाव के सालभर बाद ही 1953 में जेपी ने

बिहार में एक हफ़्ते की पदयात्रा की थी, जिसमें उन्हें सात हज़ार एकड़ ज़मीन भू-दान के रूप में हासिल करने में मदद मिली थी। उसी समय उन्होंने पार्टी और सत्ता की राजनीति से अलग होने का फ़ैसला कर लिया था।

1954 के बोधगया सम्मेलन के क़रीब तीन साल बाद 25 अक्तूबर, 1957 को उन्होंने प्रजा सोशलिस्ट पार्टी के अपने साथियों के नाम *फ्रॉम सोशलिज़्म टू सर्वोदय* (समाजवाद से सर्वोदय तक) शीर्षक से एक खुला पत्र लिखा।[37] इस पत्र में उन्होंने असहयोग आन्दोलन से साम्यवाद (फ्रॉम नॉन कोऑपरेशन टू कम्यूनिज़्म), फिर साम्यवाद से लोकतांत्रिक समाजवाद (कम्यूनिज़्म टू डेमोक्रेटिक सोशलिज़्म) और फिर समाजवाद से सर्वोदय (सोशलिज़्म टू सर्वोदय) तक की अपनी वैचारिक यात्रा के बारे में विस्तार से लिखा, जिससे उनके भीतर चल रहे द्वंद्व का पता चलता है। जेपी का यह खुला पत्र चुनावी और दलगत राजनीति से ख़ुद को पूरी तरह से अलग करने का ऐलान ही था। जेपी के विपरीत विनोबा में ऐसा कोई द्वंद्व नहीं था। वह सर्वोदय के अग्रणी नेता थे और उन्हें महात्मा गांधी का आध्यात्मिक उत्तराधिकारी माना जाता था। गांधी की हत्या के बाद मार्च, 1948 में विनोबा की पहल पर सेवाग्राम में हुए एक सम्मेलन में लोक सेवक के रूप में रचनात्मक काम हाथ में लिया गया। लोक सेवक से ही सर्वोदय समाज बना। इसके केन्द्र में गांधीवाद था।

18 अप्रैल, 1951 आन्ध्र प्रदेश के तेलंगाना ज़िले के पोचमपल्ली गाँव में हुए एक सम्मेलन से इसकी ओर व्यापक रूप से ध्यान गया। इस सम्मेलन में एक ज़मींदार ने अपनी सौ एकड़ ज़मीन विनोबा को दी, ताकि गाँव के भूमिहीन हरिजनों (दलितों) में उसका वितरण किया जा सके। इस तरह 'भू-दान' का जन्म हुआ। तेलंगाना में हुए इस कार्यक्रम का एक सांकेतिक महत्त्व यह भी था कि 1948 से वहाँ कम्यूनिस्ट चीन में माओ की तर्ज़ पर हिंसक किसान क्रान्ति को भड़काने की कोशिश कर रहे थे। विनोबा की वहाँ की यात्रा एक तरह से 'शान्ति अभियान' जैसी भी थी।[38]

2 अक्तूबर, 1969 को गांधी की जन्मशती के आते-आते सर्वोदय आन्दोलन शिखर पर पहुँच चुका था। गांधी जन्मशती-वर्ष में बिहार के राजगीर में एक विशाल सम्मेलन का आयोजन किया गया, जिसका उद्घाटन राष्ट्रपति वी.वी. गिरि ने किया और उसमें दलाई लामा भी उपस्थित थे। सम्मेलन में देश-विदेश के 22 हज़ार प्रतिनिधि शामिल हुए थे। इस सम्मेलन में आए दो लाख से

अधिक लोगों के बीच में ग्रामदान का विस्तार करते हुए राज्यदान का ऐलान किया गया।[39]

सर्वोदय का यह सम्मेलन वाक़ई इस अहिंसक क्रान्ति की एक बड़ी कामयाबी थी, मगर उत्साह के बीच सर्वोदय कार्यकर्ताओं में एक तरह की बेचैनी भी नज़र आ रही थी। उन्हें लग रहा था कि आन्दोलन बिखरने के कगार पर है। इसके पीछे एक कारण था 1967 में भड़का हिंसक नक्सल आन्दोलन जिसकी आँच दूसरे राज्यों में पहुँच रही थी। नक्सल आन्दोलन भी भूमिसुधार के नाम पर भड़का था और उसके केन्द्र में भी किसान ही थे। हालाँकि अगले तीन-चार सालों के दौरान ही नक्सली हिंसा को पुलिसिया कार्रवाई के ज़रिये दबा भी दिया गया। इसके सबसे बड़े नेता चारु मजूमदार को जुलाई 1972 में गिरफ़्तार कर लिया गया और हिरासत में उनकी मौत हो गई।

1960 के दशक के अन्तिम और 1970 के दशक के शुरुआती वर्षों में इन दो आन्दोलनों—सर्वोदय और नक्सल—ने जनमानस को उद्वेलित कर दिया था। इन दोनों के केन्द्र में भले ही भूमि-सुधार और किसान थे, लेकिन दोनों की धाराएँ एकदम विपरीत दिशा में थीं। एक का रास्ता बन्दूक की नली से निकलता था, तो दूसरा अहिंसा के रास्ते पर थे। कभी मार्क्सवादी रहे जेपी के लिए भी यह एक और वैचारिक द्वंद्व का दौर था। वह सर्वोदय के रास्ते पर थे, और जैसा कि सर्वोदयी होने में जीवनदान अन्तर्निहित था, वह अपना जीवन इस आन्दोलन को समर्पित कर चुके थे। इसके बावजूद वह जिस लोकनीति की बात करते थे, उसके केन्द्र में लोगों की राजनीति शामिल थी। यहीं पर उनमें और विनोबा में मतभेद थे। विनोबा राजनीति से पूरी तरह अलग थे, उनका रास्ता अध्यात्म का रास्ता था। जेपी भले ही दलगत राजनीति से अलग थे, लेकिन राजनीति से वह अलग कभी नहीं रहे।

दोनों के मतभेद जुलाई में 1972 में बंगलोर के नज़दीक थिप्पागोंडानहल्ली में हुई सर्वोदय की एक बैठक में सतह पर आ गए। जेपी ने इस बैठक में अपने भाषण में दलविहीन लोकतंत्र के आह्वान के साथ ही सर्वोदय कार्यकर्ताओं से देश की मुख्यधारा की राजनीति में लौटने की अपील की। उनकी इस अपील की प्रेस में मिली-जुली प्रतिक्रिया हुई। द *फ्री प्रेस जर्नल* ने लिखा, "जेपी से दो दशक पहले ही बस छूट गई थी!" मगर उद्योगपति रामनाथ गोयनका के अख़बार *इंडियन एक्सप्रेस* ने जेपी के राजनीति में लौटने के फ़ैसले को 'अच्छी

ख़बर' क़रार दिया और लिखा, "गांधी की राजनीति से दूर रहने की सलाह आन्तरिक रूप से अव्यावहारिक और आदर्शवादी थी।"[40]

इंडियन एक्सप्रेस में छपी इस ख़बर का राजनीतिक निहितार्थ स्पष्ट था और इसकी पृष्ठभूमि अहम थी। इस बैठक से क़रीब डेढ़ साल पहले, 1971 में हुए आम चुनाव में ख़ुद रामनाथ गोयनका मध्य प्रदेश के विदिशा से भारतीय जनसंघ के टिकट पर चुनाव जीतकर लोकसभा पहुँचे थे। वैसे दो दशक पहले 1951-52 में हुए पहले आम चुनाव में उन्होंने मद्रास के टिंडिवनम क्षेत्र से कांग्रेस के टिकट पर चुनाव लड़ा था, लेकिन वह हार गए थे। 1942 के *भारत छोड़ो आन्दोलन* में भी वह हिस्सा ले चुके थे और संविधान-सभा के सदस्य भी रह चुके थे।[41]

गोयनका और जयप्रकाश नारायण एक दूसरे के लिए अनजाने नहीं थे और आगे चलकर उन्हें साथ काम करना था।

इंडियन एक्सप्रेस की जेपी के राजनीति में लौटने की ख़बर इसलिए भी अहम थी, क्योंकि बंगलोर की बैठक में मौजूद अनेक सर्वोदय कार्यकर्ताओं ने राजनीतिक मसलों को उठाए जाने पर एतराज़ किया था।[42]

इस बैठक में अर्थशास्त्र के एक युवा प्रोफ़ेसर डॉ. सुब्रमण्यम स्वामी भी मौजूद थे। उनकी मौजूदगी के इस बैठक में ख़ास मायने थे। डॉ. स्वामी हार्वर्ड में अर्थशास्त्र के प्रोफ़ेसर रह चुके थे। वहीं 1968 में जेपी से उनकी मुलाक़ात हुई थी। जेपी ने उनसे भारत लौटने और सर्वोदय से जुड़ने का आग्रह किया था। जेपी के आग्रह पर डॉ. स्वामी सितम्बर 1969 में भारत लौट आए और मदुरै के नज़दीक स्थित बाटलगुंडू में सर्वोदय के आश्रम से जुड़ गए। अमेरिका से लौटने का यह फ़ैसला आसान नहीं था। बची-खुची कसर सर्वोदय के कार्यकर्ताओं के बीच व्याप्त हताशा ने कर दी।

इस वाक़ये के 53 साल बाद नवम्बर 2021 के आख़िरी हफ़्ते की एक सुबह निर्माणाधीन सेंट्रल विस्टा के कारण बदलती दिल्ली में पंडारा रोड स्थित अपने बँगले में डॉ. स्वामी ने मुझे इस पूरे घटना-क्रम के बारे में विस्तार से बताया। डॉ. स्वामी ने कहा, "अमेरिका में हुई मुलाक़ात में जेपी ने मुझे कहा कि तुम दो महीने सर्वोदय में काम करके देखो और पसन्द आए, तो इससे जुड़ जाओ। उसके बाद मैं और श्रीमती स्वामी मदुरै के छोटे से गाँव बाटलगुंडू स्थित सर्वोदय आश्रम चले गए। मैंने जब लोगों से बात की, तो एहसास हुआ

कि लोगों को भरोसा नहीं है कि सर्वोदय से कोई बदलाव आएगा। स्वतंत्रता आन्दोलन में जेपी की भूमिका के कारण कुछ लोग उनका नाम तो जानते थे, लेकिन बहुत से लोग उनसे अनजाने थे। दो महीने बाद मैं वापस आ गया। मुझे कुछ ख़ास एहसास नहीं था कि सर्वोदय से बदलाव होगा या नहीं?"

मदुरै से लौटने के बाद नवम्बर 1969 में दिल्ली में जेपी से हुई अगली मुलाक़ात के बारे में डॉ. स्वामी ने जो कुछ बताया, उस पर यक़ीन करना शायद आज सम्भव न हो। जैसा कि उन्होंने मुझसे कहा, "...जेपी ने मुझे बताया था कि एक बैठक के सिलसिले में वह ट्रेन से पटना से दिल्ली आ रहे हैं। मैं उन्हें लेने के लिए रेलवे स्टेशन गया। वह जब ट्रेन से उतरे, तो उनके साथ सिर्फ़ उनके सचिव भर थे। उन्हें किसी ने नहीं पहचाना। स्टेशन पर उन्हें कोई और लेने नहीं आया था, सिर्फ़ मैं अकेला व्यक्ति था।..."[43]

डॉ. स्वामी के मुताबिक़, इस मुलाक़ात में उन्होंने जेपी से स्पष्ट कर दिया कि उन्हें सर्वोदय में कोई रास्ता नज़र नहीं आ रहा है। इसके बाद वह 1970 में आईआईटी दिल्ली में प्रोफ़ेसर बन गए। इस बीच, जैसा कि उन्होंने कहा, "जेपी से सम्पर्क तक़रीबन टूट-सा गया। 1971 में बांग्लादेश युद्ध के समय एक बैठक में हम साथ थे, जिसमें मोरारजी देसाई और जनसंघ के नेता शामिल थे। मैं ख़ुद दिसम्बर 1969 में जनसंघ से जुड़ गया था।...वैसे मैं कांग्रेस परिवार से आता हूँ। मेरे पिताजी कांग्रेस से जुड़े थे, कामराज के क़रीबी थे और जेपी से प्रभावित थे।"

इसी बीच, जुलाई 1972 में एक दिन अचानक जेपी ने डॉ. स्वामी को टेलीग्राम भेजकर बंगलोर के नज़दीक थिप्पागोंडानहल्ली में होने वाली सर्वोदय की बैठक में शामिल होने के लिए आमंत्रित किया। जेपी ने डॉ. स्वामी के लिए हवाई टिकट भेजी। यह उस समय बड़ी बात थी। बैठक में सर्वोदय के कुछ चुनिन्दा नेता ही शामिल हुए थे।

उस समय प्रधानमंत्री इन्दिरा गांधी बेहद मज़बूत स्थिति में थीं और राजनीतिक तौर पर उन्हें कोई बड़ी चुनौती नहीं थी। लोकसभा में तो उनके पास अच्छा-ख़ासा बहुमत था ही, 1972 में हुए मध्य प्रदेश, आन्ध्र प्रदेश, महाराष्ट्र, गुजरात, कर्नाटक, राजस्थान और पश्चिम बंगाल सहित अनेक राज्यों के विधानसभा चुनावों में कांग्रेस की जीत हुई थी। बांग्लादेश युद्ध ने उनकी लोकप्रियता को सर्वोच्च शिखर पर पहुँचा दिया था, मगर जेपी उनकी इस बढ़ती ताक़त को देखकर सशंकित थे।

डॉ. स्वामी ने कहा, "एक सत्र में जेपी ने सवाल किया कि यदि इन्दिरा गांधी ने सैन्य शासन थोप दिया, तब उनकी भूमिका क्या होनी चाहिए? इसे रोकने के लिए वह क्या कर सकते हैं? सर्वोदय के नेता उपवास और पत्र लिखने वग़ैरह तक अपने आन्दोलन को सीमित रखना चाहते थे। मैं अकेला ऐसा व्यक्ति था, जिसने सुझाव दिया कि जेपी ने राजनीति से अलग होकर ग़लती की और अब उन्हें इसे सुधारना चाहिए और राजनीति में आना चाहिए, इससे सबको धक्का लगा। बैठक में मौजूद सारे सर्वोदय नेताओं ने मेरी आलोचना की और मुझे अपरिपक्व क़रार दिया, लेकिन सबको हैरत हुई कि जेपी ने अपने समापन भाषण में मुझसे सहमति जताई कि इन्दिरा गांधी की तानाशाही को रोकने के लिए उन्हें दोबारा राजनीति में आना चाहिए।..."[44]

जेपी इस बात की पुष्टि करने के लिए उपस्थित नहीं हैं कि क्या वाक़ई उन्होंने डॉ.स्वामी के सुझाव पर मन बदला? मगर यह स्पष्ट है कि 1972 के जुलाई के महीने में हुई इस बैठक से उनकी दिशा विनोबा से पूरी तरह अलग हो चुकी थी। उस बैठक में राजनीतिक मसलों पर ज़ोर दिए जाने का सर्वोदय के वरिष्ठ नेताओं ने पुरज़ोर विरोध किया था। विरोध करने वालों में विनोबा के आश्रम की सदस्य तथा आश्रम की पत्रिका *मैत्रेयी* की सम्पादक निर्मला देशपांडे भी थीं।[45]

बंगलोर की बैठक के अगले कुछ महीने तक अमूमन कोई विशेष गतिविधि नहीं हुई। अलबत्ता अपना सत्तरवाँ जन्मदिन नज़दीक आते-आते जेपी ने 11 अक्तूबर, 1972 से एक वर्ष का अवकाश लेकर स्वास्थ्य लाभ करने का फ़ैसला किया। अवकाश पर जाने से पहले सितम्बर के महीने में उन्होंने पवनार जाकर विनोबा से मुलाक़ात की। ज्याफ्रे ऑस्टरगार्ड ने लिखा, "...यह पता नहीं चला कि जेपी की हाल की पहल पर क्या विनोबा ने ख़ास उत्साह नहीं दिखाया, लेकिन इस मुलाक़ात के बाद के उनके बयानों से स्पष्ट था कि दोनों नेता अलग वेवलेंथ पर काम कर रहे हैं।..."[46]

उधर, दिसम्बर 1971 में बांग्लादेश के निर्माण और 2 जुलाई, 1972 को शिमला में ज़ुल्फ़िकार अली भुट्टो के साथ हुए समझौते के बाद इन्दिरा गांधी की शख़्सियत अलग ढंग से उभरी थी। उन दिनों जेपी बंगलोर में ही थे और वहाँ से 5 जुलाई, 1972 को उन्होंने इन्दिरा को पत्र लिखकर शिमला वार्ता की बधाई दी। इस पत्र में उन्होंने बांग्लादेश में बिहारी मुस्लिमों की दुर्दशा की

ओर भी ध्यान दिलाया और इस सिलसिले में जारी किए गए अपने बयान का भी हवाला दिया। यह पत्र जेपी और इन्दिरा के बीच उस वक़्त तक क़ायम सौहार्द को भी रेखांकित करता है, जिसका समापन जेपी ने कुछ इस तरह से किया, "...मुझे एहसास है कि आप बहुत कठोर परिश्रम कर रही हैं, लेकिन यह उम्मीद भी है कि आप अपनी सेहत का भी ख़याल रख रही होंगी। मुझे यह जानकर ख़ुशी हुई कि आप कुछ दिन शिमला में ही रुककर आराम करेंगी। प्रभा और मैं यहाँ पन्द्रह दिन पहले ही आराम करने के लिए आए हैं और हम यहाँ एक पखवाड़ा और रहेंगे।..."[47]

महँगाई से भड़का छात्र आन्दोलन

विपक्ष तो 1971 के आम चुनाव में मिली हार से पस्त था ही। यह ज़रूर है कि विपक्ष किसी मौक़े और नेता की तलाश में था। इसी बीच फरवरी 1973 में उड़ीसा के नेता बीजू पटनायक ने जेपी से आग्रह किया कि वह विपक्षी दलों की एकजुटता के लिए प्रयास करें। कभी इन्दिरा के क़रीबी रहे बीजू पटनायक ने 1969 के राष्ट्रपति चुनाव के दौरान दोनों के बीच उभरे मतभेद के बाद कांग्रेस छोड़कर उत्कल कांग्रेस के नाम से अपनी अलग पार्टी बना रखी थी। हालाँकि जेपी ने पटनायक का आग्रह ठुकरा दिया, लेकिन उन्होंने यह ज़रूर कहा कि ऐसे किसी भी लक्ष्य को उनका नैतिक समर्थन है और वह सलाह-मशविरे के लिए उपलब्ध रहेंगे।[48]

इस बीच 15 अप्रैल, 1973 को जेपी की पत्नी प्रभावती का निधन हो गया, जिसने उन्हें भीतर से तोड़ दिया। लेकिन जेपी जिस तरह के क्रियाशील व्यक्ति थे, वह जनहित से जुड़े मुद्दों से ख़ुद को अलग नहीं रख सकते थे।

वास्तव में 1972 के आख़िरी महीनों में ख़राब मानसून का असर दिखने लगा था। 1973 की शुरुआत में इसकी वजह से खाद्यान्न संकट साफ़ नज़र आने लगा। ज़रूरी चीज़ों के दाम बढ़ने लगे। इन्दिरा सरकार ने, जैसा कि ग़रीबी वाले अध्याय में मैंने ज़िक्र किया है, 1967 के अपने दस सूत्री कार्यक्रम में खाद्यान्न का नियंत्रण अपने हाथ में लेने का फ़ैसला किया था, उस पर अमल का वक़्त आ गया। इन्दिरा सरकार ने खाद्यान्न का थोक व्यापार अपने हाथ में लेने का फ़ैसला कर लिया। जेपी ने इस पर एतराज़ किया। पहले एक बयान के ज़रिये और उसके बाद इन्दिरा गांधी

को सीधे पत्र लिखकर जेपी ने इस फ़ैसले को वापस लेने की माँग की। जेपी ने प्रधानमंत्री इन्दिरा गांधी को 16 मार्च, 1973 को भेजे पत्र में लिखा, "...मैं जानता हूँ कि लम्बी मंत्रणा के बाद इस नीति पर फ़ैसला लिया गया है, लेकिन मुझे लगता है कि इसके अमल के बारे में सही तरीक़े से विचार नहीं किया गया है।...मैं समझता हूँ कि यह एक राजनीतिक कारणों से लिया गया फ़ैसला है और इसे वापस लेना सम्भव नहीं होगा। यदि ऐसा है, तो मैं आपसे आग्रह करता हूँ कि कम-से-कम लोगों के भोजन से राजनीति को दूर रखें।"[49]

खाद्यान्न को सरकारी नियंत्रण में लेने के बावजूद हालात नहीं सुधरे। अनाज की कालाबाज़ारी शुरू हो गई। महँगाई ने लोगों की कमर तोड़ दी। जैसा कि मैंने ग़रीबी वाले अध्याय में ज़िक्र किया है कि प्रधानमंत्री इन्दिरा गांधी ने 15 अगस्त, 1973 को लाल क़िले से दिए गए अपने भाषण में भी महँगाई का ज़िक्र किया और उसके लिए देश के बड़े हिस्से में मानसून की ख़राब स्थिति और सूखे को इसके लिए ज़िम्मेदार ठहराया। अक्तूबर 1973 में जब तेल उत्पादक देशों के उत्पादन घटाने पर तेल के दाम बेतहाशा बढ़ने लगे तो उसका सीधा असर महँगाई पर भी पड़ने लगा।

भीषण सूखे और महँगाई का असर यों तो पूरे देश में था, लेकिन गुजरात में खाद्यान्न और खाने के तेल की क़ीमतें सौ फ़ीसदी तक बढ़ गईं। केन्द्र से मिलने वाले खाद्यान्न में साठ फ़ीसदी की कटौती के कारण राशन-दुकानों में अनाज की आपूर्ति में कटौती कर दी गई। यही नहीं, राशन की दुकानों से मिलने वाले अनाज की गुणवत्ता भी ख़राब थी। आम लोग तो महँगाई और घटिया अनाज से परेशान थे ही, अपने घरों से दूर हॉस्टल में रहने वाले छात्रों के लिए यह मुसीबत पहाड़ जैसी थी, क्योंकि उनका मेस का बिल बढ़ने लगा। दिसम्बर के आते-आते इसमें चालीस फ़ीसदी की बढ़ोतरी हो गई। छात्रों में राज्य की चिमनभाई पटेल की अगुआई वाली कांग्रेस सरकार के ख़िलाफ़ ग़ुस्सा भड़कने लगा। 20 दिसम्बर, 1973 को अहमदाबाद के एल.डी. इंजीनियरिंग कॉलेज के छात्रों ने मेस बिल में बढ़ोतरी के विरोध में कॉलेज की कैंटीन में आग लगा दी और रेक्टर के घर पर हमला कर दिया।

3 जनवरी, 1974 को छात्रों ने कॉलेज और हॉस्टल में भारी तोड़-फोड़ की। छात्रों का आन्दोलन बेकाबू होने लगा। परिसर में पुलिस को बुलाना पड़ा।

बड़ी संख्या में छात्रों को गिरफ़्तार कर लिया गया। अब यह आन्दोलन परिसर से निकलकर सड़कों पर आ गया। 10 जनवरी को छात्रों ने मूल्यवृद्धि और पुलिस कार्रवाई के विरोध में अहमदाबाद में बड़ा प्रदर्शन किया।[50]

11 जनवरी, 1974 को आन्दोलन को विस्तार देते हुए गुजरात नवनिर्माण समिति का गठन किया गया। मूल्यवृद्धि के ख़िलाफ़ शुरू हुआ यह आन्दोलन अब गुजरात नवनिर्माण आन्दोलन में बदल गया और संगठन कांग्रेस के नेता मोरारजी देसाई जैसे दिग्गज के साथ ही जनसंघ और सर्वोदय कार्यकर्ता भी इससे जुड़ गए। अगले कई दिनों तक अहमदाबाद और वड़ोदरा सहित कई जगहों पर हिंसक प्रदर्शन हुए। प्रदर्शनकारियों और पुलिस के बीच हुई झड़पों में अनेक लोगों की जानें चली गईं। प्रदर्शनकारियों के निशाने पर थे, मुख्यमंत्री चिमनभाई पटेल। प्रदर्शनकारी छात्र चिमनभाई पटेल के इस्तीफ़े और विधानसभा भंग करने की माँग करने लगे। आख़िरकार 9 फरवरी को चिमनभाई पटेल को इस्तीफ़ा देना पड़ा, जबकि छह-सात महीने पहले ही जुलाई 1973 में उन्हें घनश्याम ओझा की जगह मुख्यमंत्री बनाया गया था।

विपक्षी दलों की मौजूदगी के बावजूद छात्रों का यह आन्दोलन इस मायने में अनूठा था कि उनके दबाव में एक मुख्यमंत्री को हटना पड़ा। चिमनभाई पटेल को मुख्यमंत्री पद से हटाने के बाद गुजरात में राष्ट्रपति शासन लगा दिया गया था, मगर प्रदर्शनकारी छात्र और विपक्षी दल विधानसभा भंग कर नए चुनाव कराने की माँग करने लगे।

इस बीच, गुजरात के वरिष्ठ सर्वोदय नेता रविशंकर महाराज ने दिल्ली में जेपी से मुलाक़ात की और उन्हें अहमदाबाद आने का निमंत्रण दिया। जेपी उन दिनों उत्तर प्रदेश के विभिन्न शहरों में छात्रों की कई बैठकों को सम्बोधित कर चुके थे। गुजरात के हालात का जेपी को अन्दाज़ा था। उन्होंने अपने सारे कार्यक्रम स्थगित कर रविशंकर महाराज का आमंत्रण स्वीकार कर लिया। 11 फरवरी को जयप्रकाश नारायण गुजरात आए और अहमदाबाद में उन्होंने छात्रों को सम्बोधित किया।[51]

जेपी की गुजरात नवनिर्माण आन्दोलन में मौजूदगी का राजनीतिक सन्देश स्पष्ट था। उनकी वहाँ मौजूदगी विनोबा से उनकी बढ़ती दूरी को ही रेखांकित कर रही थी। 3 जनवरी, 1974 को अहमदाबाद के एल.डी. इंजीनियरिंग कॉलेज में हुई तोड़-फोड़ से एक दिन पहले यानी 2 जनवरी, 1974 को प्रधानमंत्री

इन्दिरा गांधी ने पवनार जाकर विनोबा भावे से मुलाक़ात की थी। आश्रम से डेढ़ किलोमीटर दूर इन्दिरा के हेलीकॉप्टर के उतरने के लिए हैलीपैड बनवाया गया था। ख़ुद विनोबा ने आश्रम स्थित अपनी कुटी से बाहर निकलकर उनकी अगवानी की थी।

इस मुलाक़ात के ज़रिये निकला सन्देश स्पष्ट था कि विनोबा राजनीतिक मामलों में भले ही दख़ल नहीं देना चाहते, मगर इन्दिरा के प्रति उनका रुख़ उदार है। इन्दिरा और विनोबा की मुलाक़ात के बाद गांधी स्मारक निधि के सचिव देवेन्द्र कुमार ने लिखा, "बाबा (विनोबा भावे) सोचते हैं कि हालाँकि इन्दिरा गांधी दलगत राजनीति से जुड़ी राजनेता हैं, लेकिन एक व्यक्ति के रूप में उनका मानसिक दृष्टिकोण और मूल्य उनके यानी बाबा के क़रीब है।"[52]

जेपी तब तक 'पीपुल्स डेमोक्रेसी' के अपने राजनीतिक विकल्प के लिए प्रयास तेज़ कर चुके थे। अहमदाबाद जाने से एक हफ़्ते पहले ही 3 फरवरी, 1974 को कानपुर में छात्रों की एक सभा को सम्बोधित करते हुए जेपी ने जो कुछ कहा, उसका लब्बोलुआब यह था कि उन्हें लग रहा है कि देश एक नई क्रान्ति की ओर बढ़ रहा है। उन्होंने कहा, "1942 जैसा एक और आन्दोलन क़रीब दिख रहा है, जो इतिहास की धारा बदल देगा।" जेपी यहीं नहीं रुके। उन्होंने छात्रों से कहा, "मैंने अपने सबक गांधी जी और लेनिन से सीखे हैं!"[53]

उनका यह बयान मानो उनकी भावी रणनीति का पूर्वाभ्यास था। वह गुजरात के छात्र आन्दोलन से ख़ासे प्रभावित थे। हालाँकि जब वह अहमदाबाद गए, तब तक नवनिर्माण आन्दोलन में मोरारजी देसाई जैसे नेता का प्रभाव बढ़ चुका था। मोरारजी देसाई ने राष्ट्रपति शासन हटाकर विधानसभा भंग करने और नए चुनाव कराने की माँग करते हुए 11 मार्च, 1974 को अनशन शुरू कर दिया था। अन्ततः इन्दिरा सरकार ने 15 मार्च, 1974 को विधानसभा भंग कर दी।[54]

क्या मोरारजी देसाई इन्दिरा से राजनीतिक प्रतिद्वंद्विता में पिछड़ जाने के बाद इसे एक बड़े मौक़े के रूप में देख रहे थे? हक़ीक़त यह है कि राजनीति में ऐसे सवालों के जवाब अक्सर सीधे नहीं मिलते!

गुजरात के नवनिर्माण आन्दोलन की आँच देश के दूसरे हिस्सों तक पहुँच गई थी, लेकिन इसका सर्वाधिक असर दिखा बिहार में। नवनिर्माण आन्दोलन के दौरान मार्च, 1974 में बिहार में छात्रों ने उसी तरह की माँगों को लेकर

आन्दोलन शुरू कर दिया। अपने युवा दिनों में क्रान्तिकारी रहे जेपी रणनीतिक तौर पर स्पष्ट थे कि हालात को सिर्फ़ युवा और छात्र ही बदल सकते हैं। उस समय अब्दुल गफ़ूर बिहार के मुख्यमंत्री थे और उनके ख़िलाफ़ छात्रों में ग़ुस्सा भड़क रहा था।

गुजरात के आन्दोलन के बीच ही बिहार में छात्र संघर्ष समिति बन चुकी थी, जिसमें समाजवादी पार्टी और लोकदल से जुड़ा छात्र संगठन समाजवादी युवजन सभा, सर्वोदय से जुड़ा युवाओं का संगठन तरुण शान्ति सेना के साथ ही आरएसएस का छात्र संगठन अखिल भारतीय विद्यार्थी परिषद (एबीवीपी) भी शामिल था। ज़ाहिर है, बिहार का छात्र आन्दोलन अपने शुरुआती चरण से ही स्वरूप में पूरी तरह से राजनीतिक था। 18 मार्च, 1974 को बिहार छात्र संघर्ष समिति ने पटना में विधानसभा का घेराव का फ़ैसला किया। उस दिन विधानसभा खुलने वाली थी। विधानसभा के नज़दीक पहुँचते-पहुँचते छात्रों और पुलिस में बढ़ते टकराव ने हिंसक रूप ले लिया। पुलिस ने भीड़ पर फ़ायरिंग भी कर दी थी, जिससे अनेक लोगों को गम्भीर चोटें आईं। काफ़ी तोड़-फोड़ और लूटपाट भी की गई। जेपी इससे काफ़ी आहत थे। जेपी ने दो दिन बाद 20 मार्च, 1974 को कड़ा बयान जारी करते हुए मुख्यमंत्री अब्दुल गफ़ूर के इस्तीफ़े की माँग की। उन्होंने बयान में लिखा, "बिहार की आत्मा से ख़ून बह रहा है।"[55]

इसके अगले कुछ दिनों के भीतर जेपी के कुछ और बयान भी आए। उनके बयानों से उत्साही छात्र संघर्ष समिति के छात्रों को मानो जेपी के रूप में एक संरक्षक मिल गया। 6 अप्रैल, 1974 को पटना विश्वविद्यालय के छात्र संगठन के अध्यक्ष लालू प्रसाद यादव के नेतृत्व में छात्रों के एक प्रतिनिधिमंडल ने जेपी से मुलाक़ात की और उनसे आन्दोलन का नेतृत्व करने का आग्रह किया। जेपी ने उनका आग्रह स्वीकार तो किया, लेकिन यह भी स्पष्ट कर दिया, "मैं सिर्फ़ नाम के लिए नेतृत्व नहीं करूँगा। मैं छात्रों, लोगों और छात्र संघर्ष समिति—सबसे सलाह लूँगा, लेकिन निर्णय मेरा होगा और उसे सबको स्वीकार करना होगा।" इसके साथ ही जेपी ने उनके सामने एक तरह से आन्दोलन की रूपरेखा ही रख दी और स्पष्ट कर दिया कि यह आन्दोलन भ्रष्टाचार, कुशासन, कालाबाज़ारी और जमाख़ोरी के ख़िलाफ़ तथा शिक्षा में सुधार और कुल मिलाकर लोगों का लोकतंत्र (लोकनीति) स्थापित करने के लिए होगा। जेपी के जुड़ते ही इस

आन्दोलन को अब जेपी मूवमेंट कहा जाने लगा।[56]

इससे पहले भी लालू प्रसाद यादव की जेपी से मुलाक़ात हो चुकी थी। लालू प्रसाद यादव ने अपनी आत्मकथा *गोपालगंज से रायसीना, मेरी राजनीतिक यात्रा* में लिखा है कि—पटना यूनिवर्सिटी स्टूडेंट यूनियन (पीयूएसयू)—के अध्यक्ष के रूप में अपने अन्य साथियों के साथ उन्होंने जेपी से पहली बार जनवरी, 1974 में उनके कदमकुआँ स्थित आवास पर मुलाक़ात की थी और उनसे आन्दोलन में उन्हें दिशा-निर्देश देने का अनुरोध किया था। 22 जनवरी, 1974 को जेपी ने छात्रों की एक बैठक को सम्बोधित किया। लालू ने लिखा है, "जेपी ने हमारे परिसर में जिस बैठक को सम्बोधित किया मैंने उसकी अध्यक्षता की और वह अवसर मेरे जीवन में एक नया मोड़ देने वाला अवसर था।" इस बैठक में पूरे बिहार से ग़ैर कांग्रेसी राजनीतिक दलों से जुड़े छात्र संगठन के प्रतिनिधि शामिल हुए थे। इसमें बिहार छात्र संघर्ष समिति (बीसीएसएस) का गठन किया गया। बीसीएसएस का मक़सद था, छात्रों की माँगों को पूरा करनवाने के लिए संघर्ष करना, जिनमें खाद्यान्न और अन्य ज़रूरी चीज़ों के दामों में कमी, फ़ीस और पाठ्य पुस्तकों के दामों में कमी, हॉस्टल में बेहतर सुविधाएँ और मेस बिल में कमी के साथ ही सिनेमा टिकट के दामों में कमी और बेरोज़गारों के लिए नौकरियाँ मुहैया कराने जैसी माँगें शामिल थीं।[57]

गुजरात से बिहार तक

इस तरह अब 1,680 किलोमीटर के फ़ासले में स्थित अहमदाबाद और पटना छात्र असन्तोष के दो केन्द्र बन गए। इन दोनों आन्दोलनों की कमान दो बुज़ुर्गों के हाथों में थी। एक थे, 78 साल के मोरारजी देसाई और दूसरे थे, 72 साल के जयप्रकाश नारायण। 57 साल की इन्दिरा गांधी के लिए यह वाक़ई बड़ी चुनौती थी। देसाई और जेपी, दोनों इन्दिरा के पिता जवाहरलाल नेहरू के समकालीन थे। देसाई के साथ तो इन्दिरा के रिश्ते शुरू से कोई बेहतर नहीं थे, बावजूद इसके कि वह उनके मंत्रिमंडल में भी रह चुके थे। जेपी से उनके रिश्ते यों तो स्नेहपूर्ण रहे थे, लेकिन इन्दिरा गांधी की निरन्तर सत्ता में बढ़ती पकड़ और उनके काम-काज के तरीक़ों के कारण दोनों के बीच तल्ख़ी बढ़ती जा रही थी। राजनीतिक हालात ने देसाई और जेपी को क़रीब ला दिया था।

जेपी से मुलाक़ात से पहले ही छात्र संघर्ष समिति ने अब्दुल गफ़ूर को

8 अप्रैल तक इस्तीफ़ा देने का अल्टीमेटम दे रखा था। 8 अप्रैल, 1974 को जेपी की अगुआई में पटना में मौन जुलूस निकाला गया। हालाँकि शुरुआत में जेपी मंत्रिमंडल के इस्तीफ़े और विधानसभा भंग करने की माँग से सहमत नहीं थे, लेकिन चार दिन बाद 12 अप्रैल को बिहार के गया में प्रदर्शनकारियों पर पुलिस की फ़ायरिंग से सब कुछ बदल गया, जिसमें अनेक लोगों की मौत हुई थीं।[58] उस दिन जेपी सिटिजन फॉर डेमोक्रेसी नामक अपने संगठन की स्थापना के सिलसिले में दिल्ली में थे। जेपी ने अपने भाषण में महँगे होते चुनाव और चुनाव सुधारों पर ख़ासा ज़ोर दिया था।[59]

अब आन्दोलन उस दिशा में जा रहा था, जहाँ से लौटना सम्भव नहीं था। जेपी बिहार के छात्र आन्दोलन के ज़रिये एक बड़े परिवर्तन की कल्पना कर रहे थे। 1957 में अपने समाजवादी साथियों को लिखे पत्र में वह स्पष्ट कर चुके थे कि उनके लिए राजनीति और लोकनीति में फ़र्क़ है। राजनीति यानी पॉलिटिक्स ऑफ़ स्टेट और लोकनीति यानी पॉलिटिक्स ऑफ़ द पीपुल। इस पर अमल का वक़्त आ चुका था।

छात्र संघर्ष समिति ने 5 जून, 1974 को पटना के गांधी मैदान में बड़ी रैली का आयोजन किया, जिसमें जेपी अपने क्रान्तिकारी रूप में नज़र आए। उस दिन मानो पटना की सारी सड़कें गांधी मैदान की ओर ही जा रही थीं। विशालकाय ऐतिहासिक गांधी मैदान जेपी का भाषण शुरू होने से घंटों पहले ही लोगों के हुजूम से भर गया था। हर तरफ़ सिर्फ़ लोग ही लोग नज़र आ रहे थे। यह सिर्फ़ आयोजकों की तैयारी का मामला नहीं था। लोग स्वस्फूर्त रूप से वहाँ पहुँच रहे थे। ख़ासतौर से युवा और छात्रों में इसे लेकर ख़ासा उत्साह था।

यह सिर्फ़ छात्र नेताओं का आन्दोलन नहीं रह गया था। वहाँ अखिलेश्वर सहाय जैसे नौजवान भी थे, जो इस रैली में शामिल होने के उत्साह में रात भर जागते रहे। अब रेलवे विशेषज्ञ और ब्लॉगर अखिलेश्वर सहाय ने उस रैली को याद करते हुए 5 जून, 2021 को लिखा, "...उस दिन की स्मृति एकदम स्पष्ट है। मैं देर से उठने वालों में रहा हूँ, सो लोकनायक (इसी रैली के बाद जेपी को लोकनायक कहा जाने लगा) को सुनने के उत्साह में मैं रातभर जागता रहा और सूर्योदय से पहले ही गांधी मैदान पहुँच गया था। मैं आम लोगों के लिए तय की गई पहली क़तार में ऐसी जगह बैठना चाहता था, जहाँ से मैं जेपी के कहे एक-एक शब्द को सुन सकूँ।..."[60]

उस दिन वहाँ बिहार ही नहीं, बल्कि देश के दूसरे हिस्सों से आए लोग भी मौजूद थे। उनमें पिछले कुछ वर्षों से जेपी के सहयोगी के बतौर काम कर रहे इन्दौर के युवा श्रवण गर्ग भी थे। तक़रीबन पाँच दशक से पत्रकारिता में सक्रिय वरिष्ठ पत्रकार श्रवण गर्ग एकाधिक बार इस रैली के बारे में लिख चुके हैं। मुझसे हुई लम्बी बातचीत में उन्होंने याद किया, "गांधी मैदान की सभा से पहले राज्यपाल को ज्ञापन सौंपने के लिए जेपी के कदमकुआँ स्थित आवास के पास से राजभवन तक लम्बा जुलूस निकला। पटना ही नहीं, स्वतंत्र भारत के राजनीतिक इतिहास में यह अनूठी घटना थी, क्योंकि जुलूस सात किलोमीटर लम्बा था। लोग ख़ुद उसमें शामिल होते चले गए थे। 5 जून की इस रैली में बिहार का छात्र आन्दोलन अपने निर्णायक मोड़ पर पहुँच गया। जुलूस में जेपी के साथ फणीश्वरनाथ रेणु और नागार्जुन जैसे साहित्यकार भी साथ चल रहे थे। सभा में रेणु ने कवि रामधारी सिंह दिनकर की सुप्रसिद्ध कविता का वाचन कर माहौल में जोश भर दिया :

सदियों की ठंडी-बुझी राख सुगबुगा उठी,
मिट्टी सोने का ताज पहन इठलाती है;
दो राह, समय के रथ का घर्घर-नाद सुनो,
सिंहासन ख़ाली करो कि जनता आती है।[61]

लोगों के ताप को जेपी महसूस कर रहे थे। जेपी ने कहा, "मैं देशभर में आग लगाता नहीं फिरता हूँ। हुकूमत की कुर्सियों के नीचे आग है। जो उन पर बैठे हैं, उनको यह आग न दिखे, यह अलग बात है। गर्मी बढ़ेगी, तो यह बात उनको समझ में आएगी। यह कोई जयप्रकाश नारायण आग लगा रहा है, यह कोई युवक या छात्र आग लगा रहे हैं, ऐसी बात नहीं है। जनता कष्ट से अपना जीवन बिता रही है। महँगाई की चक्की में पिस रही है। जो भी काम जनता का हो, बग़ैर रिश्वत के होता नहीं। रेल की टिकट नहीं मिलती... "[62]

जेपी धारा प्रवाह बोले जा रहे थे और लोगों का उत्साह बढ़ता जा रहा था। उन्होंने कहा, "यह एक क्रान्ति है, मित्रो! हम सिर्फ़ विधानसभा भंग कराने नहीं आए हैं। यह हमारी यात्रा का मील का पत्थर है। आज़ादी के 27 साल बाद हमारे लोग भूख, महँगाई, भ्रष्टाचार से परेशान हैं, अन्याय से दबे हैं। यह सम्पूर्ण क्रान्ति है, उससे कुछ कम नहीं।"

जेपी यहीं नहीं रुके। वहाँ मौजूद जनसैलाब को देखकर उनका उत्साहित होना स्वाभाविक था। उन्होंने कहा, "सम्पूर्ण क्रान्ति अब नारा है, भावी इतिहास हमारा है।"[63]

यह इस लड़ाई को दिल्ली तक ले जाने का साफ़ संकेत था। 5 जून की यह सभा बिहार के मुख्यमंत्री अब्दुल गफ़ूर को ही नहीं, बल्कि प्रधानमंत्री इन्दिरा गांधी को भी सीधी चुनौती थी।

इन्दिरा गांधी की सरकार के लिए गुजरात के बाद बिहार में भड़का छात्र आन्दोलन ही अकेली चुनौती नहीं थी। 1972 के ख़त्म होते-होते इन्दिरा सरकार को आर्थिक चुनौतियों ने घेर लिया था। आर्थिक मन्दी, बेरोज़गारी और बढ़ती क़ीमतों ने कामगारों की वास्तविक आय बुरी तरह से कम कर दी, जिससे औद्योगिक क्षेत्र में भारी उथल-पुथल होने लगी, और अन्ततः देश के विभिन्न हिस्सों में हड़तालों का सैलाब आ गया। अकेले बम्बई में अक्तूबर 1973 से जून 1974 के दौरान 13 हज़ार से अधिक हड़तालें हुईं! 1974 में उद्योगों को 3.1 करोड़ कार्यदिवसों का नुक़सान हुआ। 1965 में 65 लाख कार्यदिवसों का नुक़सान हुआ था।[64]

ऐसे ही उथल-पुथल के बीच समाजवादी नेता और ऑल इंडिया रेलवेमेन्स फ़ेडरेशन ऑफ़ इंडिया (एआईआरएफ) के अध्यक्ष जार्ज फ़र्नांडीस के आह्वान पर हुई रेल हड़ताल ने सरकार की मुश्किलें बढ़ा दीं। 1948 के आसपास भरी जवानी में मंगलोर से काम की तलाश में बम्बई पहुँचे जार्ज फ़र्नांडीस की अपनी कहानी कम दिलचस्प नहीं थी। अगले कुछ वर्षों में ही वह बम्बई के एक बड़े ट्रेड यूनियन नेता बन गए थे और 1967 के आम चुनाव में समाजवादी पार्टी के टिकट पर दक्षिण बम्बई सीट से उन्होंने कांग्रेस के दिग्गज एस.के. पाटील को पराजित कर दिया था। यह वह दौर था, जब बम्बई की टैक्सी यूनियन में जॉर्ज का ऐसा नियंत्रण था कि यहाँ तक कहा जाता था कि वह जब चाहें बम्बई की रफ़्तार थाम सकते हैं! क़रीब दो दशक पहले बम्बई की एक यात्रा के दौरान मृणाल गोरे, हिम्मत भाई झवेरी और शरद राव जैसे उनके पूर्व साथियों ने उनसे हुई मुलाक़ातों में जॉर्ज के इस जलवे के बारे में मुझे विस्तार से बताया था। हालाँकि झवेरी और मृणाल गोरे का तब तक उनसे मोहभंग हो चुका था।

1971 के आम चुनाव में जार्ज फ़र्नांडीस हार ज़रूर गए थे, लेकिन

तब तक वह देश के बड़े श्रमिक नेता बन चुके थे। अक्तूबर 1973 में उन्हें एआईआरएफ का अध्यक्ष चुना गया था। रेलवे से जुड़े श्रमिक संगठन कई वर्षों से लोकोमोटिव स्टाफ़ के लिए आठ घंटे के कार्यदिवस और वेतन में वृद्धि की माँग कर रहे थे। इन्हीं माँगों को लेकर 8 मई, 1974 को जार्ज फ़र्नांडीस के नेतृत्व में एआईआरएफ ने हड़ताल शुरू कर दी।

मई 1974 की रेल-हड़ताल औद्योगिक उथल-पुथल का चरम था। विपक्षी दलों ने इसे पूरा समर्थन दिया था। यों तो हड़ताल 8 मई, 1974 को शुरू हुई, लेकिन उससे पहले रेलवे से जुड़ी ट्रेड यूनियन के नेताओं और कार्यकर्ताओं की धर-पकड़ शुरू हो गई। जार्ज फ़र्नांडीस को भी 2 मई, 1974 को गिरफ़्तार कर लिया गया। हड़ताल के कारण सैकड़ों ट्रेनों के पहिये थम गए। रेलवे को भारत की जीवन-रेखा माना जाता है। ऐसे में ट्रेनों के पहियों के थमने से कैसे भयावह हालात हो गए होंगे, अन्दाज़ा लगाया जा सकता है। सरकार ने डिफ़ेंस ऑफ़ इंडिया रूल के तहत रेलवे की हड़ताल को अवैध घोषित कर दिया। अंग्रेज़ों के समय के डिफेंस ऑफ़ इंडिया ऐक्ट की जगह 1962 में लाया गया डिफेंस ऑफ़ इंडिया रूल ऐसा क़ानून था, जिसके तहत पुलिस को किसी भी संदिग्ध व्यक्ति को गिरफ़्तार करने और मौलिक अधिकार को निलम्बित करने का अधिकार मिल जाता है।[65]

रेल हड़ताल शुरू होने से पहले ही जेपी तमिलनाडु के वेल्लूर शहर चले गए थे। वहाँ से उन्होंने 15 मई, 1974 को जेल में बन्द जार्ज फ़र्नांडीस के नाम टेलीग्राम भेजा और उनसे समझौते की अपील की। उन्होंने जॉर्ज को इस हड़ताल से देश को होने वाले नुक़सान को लेकर आगाह किया। उन्होंने यह भी लिखा कि उन्होंने इन्दिरा सरकार से भी समझौते की अपील की है।[66]

हड़ताल के दौरान सरकार बहुत बर्बरता से पेश आई। हज़ारों कर्मचारियों और नेताओं को तो गिरफ़्तार किया ही गया था, अनेक लोगों की नौकरियाँ चली गईं। अन्ततः 22 दिन बाद रेल-हड़ताल टूट गई, मगर हड़ताल के बीच में ही इन्दिरा गांधी ने 18 मई, 1974 को देश में पहला परमाणु परीक्षण कर अचानक देश और दुनिया का ध्यान खींचा। हालाँकि इससे उनकी घरेलू चिन्ताएँ कम नहीं हुईं।

रेल-हड़ताल टूट तो गई, लेकिन इसने देश के भीतर बढ़ रही हताशा और अनिश्चितता को और बढ़ा दिया। वास्तव में गुजरात और बिहार के छात्र आन्दोलन के अलावा उत्तर प्रदेश में राज्य के सशस्त्र बल प्राविंशियल फोर्स

(पीएसी) के जवानों के विद्रोह से भी हालात अराजक हो गए थे। रेल-हड़ताल से साल भर पहले मई, 1973 में देश के सबसे बड़े प्रान्त उत्तर प्रदेश में पीएसी के जवानों ने विद्रोह कर दिया था। इसे दबाने के लिए वहाँ सेना तक भेजनी पड़ी थी। इस संघर्ष में 35 कांस्टेबल और सेना के जवान मारे गए थे। इसकी वजह से मुख्यमंत्री कमलापति त्रिपाठी को पद तक छोड़ना पड़ा।[67]

इस विद्रोह की शुरुआत हुई थी 21 मई, 1973 को लखनऊ यूनिवर्सिटी को अनिश्चितकाल के लिए बन्द किए जाने से। इसके विरोध में छात्रों ने प्रदर्शन और आगजनी शुरू कर दी। रजिस्ट्रार के कमरे में घुसकर रिकॉर्ड नष्ट कर दिए। पीएसी की एक बटालियन को कैम्पस में तैनात किया गया, मगर छात्रों और पीएसी के बीच समझौता हो गया और आधी रात को छात्रों और पीएसी के जवानों ने एक साथ जुलूस निकाला। अगले दिन पीएसी को वापस जाने के लिए कहा गया, लेकिन तब तक विद्रोह भड़क गया।[68]

उन वर्षों को याद करें तो पता चलता है कि देश कैसे उथल-पुथल भरे दौर से गुज़र रहा था?

5 जून, 1974 की रैली के बाद जेपी मूवमेंट की दिशा बदल चुकी थी। जेपी 'सम्पूर्ण क्रान्ति' की बात कर रहे थे। इसके लिए उन्हें लोगों का समर्थन भी मिल रहा था, लेकिन यह बहुत स्पष्ट नहीं था कि उनके लक्ष्यों को हासिल कैसे किया जाएगा? आखिर वह सिर्फ़ राजनीतिक बदलाव की बात नहीं कर रहे थे। जुलाई में जैसे ही स्कूल-कॉलेज खुले, आन्दोलन अगले दौर में पहुँच गया। जेपी ने पहले ही छात्रों से एक साल तक स्कूल-कॉलेज का बहिष्कार करने की अपील कर रखी थी। जेपी आन्दोलन के आगे बढ़ने के साथ ही सर्वोदय की दरारें भी और चौड़ी होती चली गईं। वर्धा में 9 से 12 जुलाई, 1974 के दौरान हुई सर्वोदय की छमाही बैठक में जेपी ने दो घंटे लम्बा भाषण देकर अपनी दिशा स्पष्ट कर दी।

जेपी ने कहा, "...यदि आप बिहार के आन्दोलन का समर्थन करते हैं, तो यह अच्छी बात है। आप समर्थन नहीं करते हैं, तो मैं आपसे आग्रह भी नहीं करूँगा।...मैंने यह आन्दोलन अपनी ज़िम्मेदारी से शुरू किया है। समानान्तर सरकार ज़रूर काम करेगी।..."[69]

सर्वोदय के इतिहास पर गम्भीरता से काम करने वाले ज्यॉफ्रे आस्टरगार्ड ने लिखा है, "यह सर्वोदय के इतिहास की सबसे विचारोत्तेजक बैठक थी।"

बैठक में जेपी से 'राजनीति से लोकनीति' की उनकी अवधारणा और कार्यक्रमों को लेकर भी सवाल किए गए।

बैठक में विनोबा बीच का रास्ता अपनाते दिखे। वह पहले ही स्पष्ट कर चुके थे कि उनका गंतव्य राजनीति नहीं है।

विनोबा ने कहा, "मेरा जेपी, इन्दिरा जी, भुट्टो, मुजीब, मुख्यमंत्री बहुगुणा, एस.एम. जोशी में विश्वास है। मैं सब पर विश्वास करता हूँ और उन पर भी, जो मुझ पर विश्वास नहीं करते।"[70]

15 जुलाई को जब बिहार में कॉलेज और विश्वविद्यालय फिर से खुले, तो छात्रों ने उनका पूर्ण बहिष्कार कर दिया। इस बीच रैलियाँ-जुलूस वग़ैरह निकलते रहे। जेपी के साथ सिर्फ़ छात्र और विपक्षी दल ही नहीं थे, बल्कि उन्हें व्यापक जनसमर्थन भी हासिल था। इसके बावजूद अब्दुल गफ़ूर की राज्य-सरकार को फ़र्क़ नहीं पड़ रहा था। जेपी अपने आन्दोलन के लिए लोकतंत्र में उपलब्ध हर तरीक़े को अख़्तियार कर रहे थे। जेपी ने 3 से 5 अक्तूबर, 1974 के बीच बिहार बन्द का आह्वान किया। 27 सितम्बर, 1974 को जेपी ने बन्द के सिलसिले में हर तबक़े को सम्बोधित करते हुए एक विस्तृत अपील जारी की। जेपी ने इसमें लिखा, "बिहार का छात्र और जन संघर्ष अपने निर्णायक चरण में पहुँच चुका है। मैं राज्य के सभी वर्गों से अपील करता हूँ कि वे बिहार के मंत्रिमंडल की बर्ख़ास्तगी और विधानसभा भंग किए जाने की माँग के लिए इसमें सक्रिय रूप से भाग लें।"[71]

चूँकि उस दौरान (30 सितम्बर से 14 अक्तूबर के बीच) पितृपक्ष भी शुरू हो रहा था, जेपी ने गया आने वाले तीर्थयात्रियों को आगाह किया कि उस दौरान रेल और सड़क परिवहन बन्द रहेगा। जेपी ने छात्रों से अपनी अपील दोहराई कि वे एक साल तक कॉलेज और यूनिवर्सिटी का बहिष्कार करें। यही नहीं, उन्होंने शिक्षकों से भी बन्द के दौरान स्कूल और कॉलेज को बन्द रखने की अपील की। वकीलों से भी उन्होंने 3 अक्तूबर से एक हफ़्ते के लिए अदालतों का बहिष्कार करने की अपील की। छोटे दुकानदारों, होटलों और रेस्तरां मालिकों से भी 3 से 5 अक्तूबर के दौरान अपने प्रतिष्ठान बन्द रखने की अपील भी जेपी ने की। जेपी ने तृतीय और चतुर्थ वर्ग के सरकारी कर्मचारियों से भी अपील की कि वे विधानसभा भंग होने की माँग के पूरा होने तक अपने कार्यस्थलों में न जाएँ। जेपी ने मुख्य सचिव और उनसे नीचे

तक के अधिकारियों से भी अपील की कि वे राजनीति का शिकार न बनें और निष्पक्षता के साथ क़ानून का पालन करें। सब इंस्पेक्टर से नीचे के स्तर के पुलिसकर्मियों से उन्होंने अपील की कि वे अपने कर्तव्य के पालन के अलावा भड़काने वाली कोई कार्रवाई न करें। सारे पुलिस अधिकारियों से उन्होंने अपील कि वे राजनीतिक पक्षधरता न लेते हुए निष्पक्षता से अपना काम करें और सरकार को ख़ुश करने के अति उत्साह में ग़ैरक़ानूनी काम और ज़्यादतियाँ न करें, जिनके लिए बिहार बदनाम हो चुका है।

यही नहीं, जेपी ने पटना उच्च न्यायालय के मुख्य न्यायाधीश से लेकर निचले स्तर तक के न्यायिक अधिकारियों तक से अपील की कि वे क़ानून की निष्पक्षता बनाए रखें और बिना किसी भय और पक्षपात के न्यायिक ज़िम्मेदारी का निर्वहन करें।[72]

जेपी की यह अपील बताती है कि वह हर वर्ग को साथ लेकर सरकार को चौतरफ़ा घेरने की कोशिश कर रहे थे और यह भी पता चलता है कि उन्होंने न्यायपालिका और पुलिस जैसी संस्थाओं से सरकार के ख़िलाफ़ किए जा रहे आन्दोलन से जुड़ने की अपील करने से परहेज़ नहीं किया! आज इसकी कल्पना करना मुश्किल है।

बन्द मोटे तौर पर सफल रहा। बन्द के बाद 6 अक्तूबर, 1974 को पटना में हुई सभा में जेपी ने जनता सरकार के गठन का आह्वान किया। यह एक तरह से पंचायत से लेकर उच्च स्तर तक समानान्तर सरकार की अवधारणा थी। दूसरे अर्थों में कहें, तो यह विश्वास खोती जा रही चुनी हुई सरकार के ख़िलाफ़ एक समानान्तर सरकार का आह्वान था। इस सभा में जेपी ने कांग्रेस नेताओं द्वारा उन पर लगाए जा रहे जनसंघ और आरएसएस तथा आनन्दमार्गियों के हाथों खेलने के आरोप का पुरज़ोर खंडन किया। जेपी ने कहा, "शंकरदयाल शर्मा कहते हैं कि जयप्रकाश नारायण कुछ नहीं बस जनसंघ और आनन्दमार्गियों के हाथों का खिलौना हैं। बेशक आरएसएस आन्दोलन में साथ है, मगर इसमें आनन्दमार्गी कहाँ हैं? और आरएसएस की इसमें बहुत सीमित भूमिका है...।"[73]

इस बन्द के ज़रिये जेपी ने यह तो जता ही दिया कि वह पीछे नहीं लौटने वाले हैं। उनके समर्थकों का दायरा भी बढ़ता जा रहा था। जेपी लगातार सभाएँ और बैठकें करते रहे। इसी बीच जेपी और इन्दिरा में सुलह की एक और

कोशिश हुई। 1 नवम्बर, 1974 को पी.एन. धर की पहल पर दिल्ली में जेपी और इन्दिरा की मुलाक़ात हुई। दोनों के बीच 19 मिनट बातचीत हुई, जिसमें महँगाई, भ्रष्टाचार, चुनाव-सुधार और शिक्षा में सुधार पर चर्चा हुई। इन्दिरा ने जेपी से सहयोग माँगा, लेकिन दोनों के बीच बिहार विधानसभा को भंग करने पर कोई सहमति नहीं बनी। इन्दिरा ने जेपी से कहा कि उन्हें लोगों की राय जानने के लिए अगले चुनाव तक इन्तज़ार करना चाहिए। जेपी ने इसे चुनौती की तरह लिया और कहा कि चुनाव उनके संघर्ष का हिस्सा है। चुनाव दो दलों के बीच है। एक वे, जो उनके संघर्ष का समर्थन करते हैं और दूसरे वे, जो उसका विरोध करते हैं।[74]

इस मुलाक़ात के तीन दिन बाद 4 नवम्बर, 1974 को जेपी की अपील पर पटना में एक बड़ा प्रदर्शन किया गया और गफ़ूर-मंत्रिमंडल के इस्तीफ़े के लिए दबाव बनाया गया। जेपी के नेतृत्व में हज़ारों लोग मंत्रियों पर इस्तीफ़े का दबाव बनाने के लिए सचिवालय का घेराव करने के लिए आगे बढ़ने लगे। वहाँ बड़ी संख्या में पुलिस भी मौजूद थी। पुलिस प्रदर्शनकारियों को खदेड़ने लगी, तभी एक लाठी जेपी को भी लग गई। इस घटना के एक चश्मदीद मशहूर फ़ोटोग्राफ़र रघु रॉय भी थे। रघु रॉय ने बिहार के आन्दोलन को कवर किया था और उस दिन वह जेपी के साथ ही थे। इनसे सम्बन्धित उनकी तस्वीरों की एक किताब भी प्रकाशित हुई। इस किताब के प्रकाशन के मौक़े पर *इंडिया टुडे* को दिए इंटरव्यू में रघु रॉय ने बताया था कि वह उन दिनों जेपी के साथ ही थे और रैली वाले दिन भी जीप में उनके साथ सवार थे। उन्होंने *इंडिया टुडे* से कहा, "...लोगों का हुजूम जीप के पीछे चल रहा था। तभी पुलिस ने लाठियाँ चलानी शुरू कर दीं। जेपी ने जीप से उतरकर छात्रों के बीच जाने की कोशिश की। वह अपने समर्थकों से घिरे हुए थे, लेकिन उन्हें भी एक-दो लाठी पड़ गई।..." यह इस आन्दोलन के निर्णायक क्षणों में से एक था। किसी ने कल्पना भी नहीं की थी कि स्वतंत्रता आन्दोलन के एक नायक को अपनी ही चुनी हुई सरकार के ख़िलाफ़ प्रदर्शन करने के कारण लाठी खानी पड़ेगी![75]

उसी दिन पवनार में उनसे मिलने आए जनसंघ के अध्यक्ष लालकृष्ण आडवाणी से विनोबा भावे ने कहा, "सभी पार्टियाँ कहती हैं कि भ्रष्टाचार के ख़िलाफ़ हैं, लेकिन यह पर्याप्त नहीं है। उन्हें इन्दिरा गांधी के साथ बैठकर इसे ख़त्म करने का रास्ता निकालना चाहिए।"[76]

4 नवम्बर की रैली के जवाब में पहले सरकार की सहयोगी भारतीय कम्यूनिस्ट पार्टी (सीपीआई) ने 11 नवम्बर को प्रदर्शन किया और उसके बाद कांग्रेस के नवनियुक्ति अध्यक्ष डी.के. बरुआ की अगुआई में 16 नवम्बर को कांग्रेस ने भी लोकतंत्र बचाओ के नाम से रैली आयोजित की। इसका साफ़ मतलब था कि इन्दिरा सरकार जेपी और छात्र संघर्ष समिति की माँग को स्वीकार करने को तैयार नहीं है। आख़िरकार 18 नवम्बर को एक और बड़ी सभा आयोजित की गई। सभा में जेपी ने रामधारी सिंह दिनकर की कविता की पंक्तियाँ दोहराईं, *सिंहासन ख़ाली करो कि जनता आती है,* और कहा, "पटना के बाद अब रथ की गड़गड़ाहट दिल्ली में भी सुनाई देगी।"[77]

यहाँ तक आते-आते दो बातें साफ़ हो चुकी थीं। एक तो यह कि इन्दिरा गांधी ने विधानसभा भंग करने की माँग सिरे से ख़ारिज कर दी थी। उनका सीधा तर्क था कि विधानसभा के चुनाव सात-आठ महीने बाद अपने नियत समय पर होंगे। दूसरा यह कि अब यह सिर्फ़ छात्र आन्दोलन नहीं रह गया था। वास्तव में इसने जेपी बनाम इन्दिरा का रूप ले लिया था। बावजूद इसके कि उनके बीच सुलह की कोशिशें भी होती रहीं। इसमें अहम भूमिका निभा रहे थे चन्द्रशेखर। 5 जून, 1974 की सभा से पहले जब जेपी अपने इलाज के लिए वेल्लूर में थे, चन्द्रशेखर ने उनसे वहाँ जाकर मुलाक़ात की थी। जेपी के क़रीबी लोगों में शामिल रहे भोला चटर्जी ने अपनी किताब *कन्फ़्लिक्ट्स इन जेपीज़ पॉलिटिक्स* में इस बारे में विस्तार से लिखा है। चन्द्रशेखर जब वेल्लूर में उनसे पहली बार मिलने गए तब जेपी का एक ऑपरेशन हुआ था और डॉक्टरों ने उन्हें बातचीत करने से परहेज़ करने का सुझाव दिया था। हफ़्ते भर बाद चन्द्रशेखर उनसे दोबारा मिलने गए और तब तक वह प्रधानमंत्री इन्दिरा गांधी से भी मिल चुके थे। इन्दिरा ने चन्द्रशेखर से पूछा था कि आख़िर जेपी चाहते क्या हैं? चन्द्रशेखर ने उनसे कहा कि जेपी का रुख़ सकारात्मक है। उन्होंने इन्दिरा को सलाह दी कि वह जेपी को पत्र क्यों नहीं लिखतीं? दरअसल, जैसा कि चन्द्रशेखर ने भोला चटर्जी से कहा था, "श्रीमती गांधी ने भुवनेश्वर में एक सभा में जेपी की ईमानदारी पर सवाल उठाए थे और कहा था कि वह अमीर लोगों से पैसे लेते हैं। मैंने उनसे कहा कि यह अत्यन्त दुर्भाग्यपूर्ण बयान है। आपको ऐसा नहीं कहना चाहिए था। इससे जेपी बहुत आहत हुए और उन्होंने एक बयान जारी किया। इसीलिए मैंने इन्दिरा से कहा कि वह

जेपी को पत्र लिखें।"[78]

चन्द्रशेखर की सलाह पर इन्दिरा ने 22 मई, 1974 को जेपी को पत्र भेजा। इन्दिरा ने लिखा, "कई दोस्त इस बात से परेशान होते हैं कि हमारे बीच कहीं ग़लतफ़हमी न हो जाए। आपकी मित्रता का सौभाग्य मुझे कई वर्षों से मिला है।" इस पत्र में इन्दिरा ने जेपी को रेल-हड़ताल के सिलसिले में विपक्षी नेताओं से अपनी मुलाक़ात की भी जानकारी दी।[79]

चन्द्रशेखर मानते थे कि जेपी और इन्दिरा के इर्द-गिर्द ऐसे लोग हैं जो नहीं चाहते कि दोनों के बीच सुलह हो। इस सिलसिले में चन्द्रशेखर ने जेपी और इन्दिरा, दोनों को अलग-अलग पत्र लिखे। चन्द्रशेखर ने भोला चटर्जी से कहा, "मैंने उन पत्रों में स्पष्ट शब्दों में लिखा कि आप लोगों को (जयप्रकाश नारायण और इन्दिरा गांधी) ऐसे लोग घेरे हुए हैं, जो नहीं चाहते कि आपके बीच कोई सुलह हो।"[80]

आख़िर वे कौन लोग थे, जो इन्दिरा और जयप्रकाश नारायण के बीच दरार देखना चाहते थे? यदि उस समय के हालात को देखें, तो पता चलता है कि समाजवादियों के साथ ही जनसंघ के लोग जेपी के क़रीबी सहयोगी थे। दूसरी ओर 1971 का लोकसभा चुनाव जीतने के बाद इन्दिरा गांधी पर व्यक्तिगत तौर पर और सामान्य रूप से उनकी सरकार और कांग्रेस पार्टी में कम्यूनिस्टों का प्रभाव बढ़ गया था।

क्या जेपी और इन्दिरा के बीच में विचारधारा के दो ध्रुवों पर खड़ी जनसंघ और कम्यूनिस्ट पार्टी के लोग आड़े आ रहे थे?

इसका जवाब देने के लिए जेपी और इन्दिरा, दोनों उपस्थित नहीं हैं। घटना-क्रम बताते हैं कि उस उथल-पुथल भरे दौर में जेपी और इन्दिरा के बीच दूरियाँ इतनी बढ़ गईं कि उनके बीच सुलह की गुंजाइश क्षीण होती चली गई बल्कि जेपी ने अपने दिल्ली प्रवास के दौरान 31 अक्तूबर, 1974 को आशंका जताई कि सरकार उन्हें गिरफ़्तार कर सकती है या फिर उनके बिहार लौटने पर रोक लगा सकती है।

दूसरी ओर 1974 के आख़िरी महीनों में जेपी आन्दोलन को लेकर छात्रों में असमंजस बढ़ने लगा। उन्हें आगे की दिशा साफ़ नहीं दिख रही थी। दरअसल, छात्रों ने अपना आन्दोलन शुल्क वृद्धि और महँगाई के ख़िलाफ़ शुरू किया था, लेकिन इसमें मुख्यमंत्री के इस्तीफ़े और विधानसभा भंग किए जाने की

माँगें जुड़ गई थीं। जेपी बिहार और उसके बाहर निरन्तर सक्रिय थे। जेपी ने 18 नवम्बर को पटना की सभा के बाद दिल्ली में दो अहम बैठकें आयोजित कीं। पहली बैठक 23 और 24 नवम्बर को हुई, जिसमें देशभर के छात्र संगठनों के नेताओं को आमंत्रित किया गया था। इसके आयोजन में जवाहरलाल नेहरू विश्वविद्यालय छात्र संघ के अध्यक्ष आनन्द कुमार और दिल्ली विश्वविद्यालय छात्र संघ के अध्यक्ष अरुण जेटली की अहम भूमिका थी। आनन्द कुमार समाजवादी युवजन सभा से जुड़े थे, तो अरुण जेटली अखिल भारतीय विद्यार्थी परिषद से। इसमें 20 से अधिक छात्र संगठनों ने हिस्सा लिया और बिहार के आन्दोलन का समर्थन किया।[81]

छात्रों की बैठक के बाद 25 और 26 नवम्बर को जेपी के आमंत्रण पर ग़ैर विपक्षी दलों की बैठक हुई। इस बैठक में कुछ ग़ैर राजनीतिक लोगों को भी आमंत्रित किया गया था। इसमें आम तौर पर ग़ैर कम्यूनिस्ट विपक्षी दल शामिल हुए थे, जिनमें कांग्रेस से मोरारजी देसाई, अशोक मेहता, जनसंघ से लालकृष्ण आडवाणी, वाजपेयी, नानाजी देशमुख और सुब्रमण्यम स्वामी, सोशलिस्ट पार्टी से एन. जी. गोरे, जार्ज फ़र्नांडीस, मधु लिमये, प्रमिला दंडवते, भारतीय लोकदल से चरण सिंह, राजनारायण, पीलू मोदी, कर्पूरी ठाकुर और पी.के. सिंहदेव, डीएमके से इरा सेझियन, अकाली दल से प्रकाश सिंह बादल, रिवॉल्यूशनरी सोशलिस्ट पार्टी से त्रिदिब चौधरी, आर्य समाज से स्वामी अग्निवेश, सर्वोदय नेता सिद्धराज डड्ढा और *हिन्दुस्तान टाइम्स* के सम्पादक बी. जी. वर्गीज़ शामिल थे। सीपीएम इससे अलग थी और उसने स्पष्ट किया था कि वह जनसंघ और संगठन कांग्रेस जैसी दक्षिणपंथी पार्टियों के साथ नहीं बैठ सकती। हालाँकि ई.एम.एस. नम्बूदरीपाद ने सम्मेलन से पहले जेपी से मुलाक़ात की थी। इसी बैठक में चरण सिंह ने जेपी को राष्ट्रीय विकल्प के नेता के रूप में प्रस्तावित किया। राजनारायण ने उनका समर्थन किया और कहा कि हमें अपना राजनीतिक अतीत भुलाकर एक अनुशासन, एक झंडा और एक कार्यक्रम के साथ जेपी के नेतृत्व में आन्दोलन में शामिल होना चाहिए। अटल बिहारी वाजपेयी ने इसका विरोध किया। ख़ुद जेपी ने चरण सिंह का सुझाव ख़ारिज कर दिया। अन्ततः सम्मेलन के बाद राष्ट्रीय समन्वय समिति बनाई गई और जेपी को उसका अध्यक्ष चुन लिया गया।[82]

आरएसएस को लेकर दुविधा

कुछ मतभेदों के साथ ही यह साफ़ दिख रहा था कि विपक्षी दल भी जेपी की पहल को इन्दिरा की सरकार को चुनौती देने के लिए एक बड़े अवसर की तरह देख रहे थे। गुजरात के आन्दोलन ने दिखाया था कि नवनिर्माण आन्दोलन भले ही छात्रों ने शुरू किया था, लेकिन विपक्षी दलों के दबाव में इन्दिरा को मुख्यमंत्री चिमनभाई पटेल को हटाकर विधानसभा भंग करनी पड़ी। मोरारजी देसाई जैसे नेता गुजरात में राष्ट्रपति शासन हटाकर जल्द विधानसभा चुनाव करवाने के लिए दबाव बना रहे थे, लेकिन इन्दिरा ने तब तक ऐसा कोई संकेत नहीं दिया बल्कि बिहार में तो मुख्यमंत्री अब्दुल गफ़ूर को भी उन्होंने नहीं हटाया था।

आगे की दिशा को लेकर असमंजस था, जैसा कि पाँच दशक बाद आनन्द कुमार ने मुझसे हुई लम्बी बातचीत में स्वीकार किया। जेएनयू में प्रोफ़ेसर रह चुके और 2014 में आम आदमी पार्टी से दिल्ली से लोकसभा का चुनाव लड़ चुके आनन्द कुमार को उस दौर की घटनाएँ जुबानी याद हैं। उन्होंने बताया, "मैं उस समय रिसर्च स्कॉलर था। मेरे जैसे लोगों ने जयप्रकाश जी से पूछा, हम तो विद्यार्थी हैं और हमारी चुनाव में न तो रुचि है और न हमारी उसमें कोई भूमिका होगी, तो हमें क्या करना चाहिए? उन्होंने हमसे जन संघर्ष समिति और छात्र संघर्ष समिति बनाने और गाँवों में जाने की बात कही। मैं तो बनारस का था। दिल्ली और हरियाणा में गतिविधियाँ बढ़ रही थीं, लेकिन जब जयप्रकाश जी ने चुनाव की चुनौती स्वीकार कर ली, तब विद्यार्थियों के बजाय दलों के नेताओं की भूमिका बढ़ गई। सारी तैयारी बदल गई कि चुनाव कैसे लड़ा जाए? मिलकर लड़ा जाए इत्यादि। बिहार में गुजरात की शैली से काम करने की सम्भावना कम थी। गुजरात में जनता पक्ष के नाम का मंच बन गया, जिसमें संगठन कांग्रेस, जनसंघ, लोकदल और सोशलिस्ट पार्टी का मोर्चा बन गया, लेकिन बिहार में ऐसा करना कठिन था। जयप्रकाश जी भी इसे लेकर आशावान नहीं थे।...छात्र भी दुविधा में थे। उन्हें आगे की राह नहीं दिख रही थी।"[83]

इसी बीच आनन्द कुमार को पी-एच.डी. करने के लिए स्कॉलरशिप मिल गई और वह 30 दिसम्बर, 1974 को अमेरिका चले गए।

उस समय तक जेपी मूवमेंट छात्रों के हाथों से निकलकर विपक्षी नेताओं के हाथों में चला गया था और विपक्षी दलों की अपनी परेशानियाँ भी कम नहीं

थीं। 1973 की शुरुआत से इन्दिरा सरकार के ख़िलाफ़ शुरू हुई विपक्ष की गोलबन्दी 1974 के अन्त तक इन्दिरा बनाम जेपी में बदल चुकी थी। हताशा भरे क्षणों में अपने तमाग अन्तर्विरोध के बावजूद जेपी विपक्ष को एक लैम्पपोस्ट की तरह नज़र आ रहे थे।

नए साल की शुरुआत इन्दिरा के लिए अच्छी साबित नहीं हुई। 2 जनवरी, 1975 की शाम बिहार के समस्तीपुर में उनके विश्वसनीय साथी और रेलमंत्री ललित नारायण मिश्र एक सभा में हुए बम धमाके में बुरी तरह घायल हो गए। मिश्र वहाँ ब्रॉडगेज रेलवे लाइन का उद्घाटन करने गए थे। अगले दिन 3 जनवरी की सुबह उनकी अस्पताल में मौत हो गई। स्वतंत्र भारत में इस तरह की हिंसा में किसी बड़ी राजनीतिक शख़्सियत की हत्या की यह पहली घटना थी। इसकी धुँधली-सी याद मेरे ज़ेहन में भी है। यह ख़बर मैंने छत्तीसगढ़ के बेमेतरा (अब ज़िला) के सरकारी स्कूल में पदस्थ अपने शिक्षक पिता (दिवंगत) रविभूषण ठाकुर के रेडियो पर सुनी थी, जो कि नियमित तौर पर सुबह और शाम को आकाशवाणी से प्रसारित होने वाले समाचार सुनते थे।

इस घटना के चार दशक बाद इन्दिरा गांधी की जीवनी लिखने वाली कैथरीन फ्रैंक ने लिखा, "...1974 की रेल-हड़ताल को बर्बरता से कुचल दिए जाने के बाद से मिश्र ने अपने सहयोगियों से आशंका जताई थी कि श्रमिक संगठन उनकी हत्या कर सकते हैं।..."[84]

वैसे सच तो यह है कि ललित नारायण मिश्र की कोई अच्छी छवि नहीं थी। उन्हें भ्रष्ट माना जाता था और यह भी कि वह कांग्रेस के लिए धन जुटाते हैं, मगर उनकी हत्या ने इन्दिरा और जेपी के बीच दूरियाँ और बढ़ा दी।

1974 के नवम्बर के आख़िरी हफ़्ते में दिल्ली में हुई बैठक में साफ़ हो गया था कि थोड़े मतभेदों और अन्तर्विरोधों के बावजूद जेपी को विपक्षी दलों का व्यापक रूप से समर्थन हासिल है, मगर दुविधा आरएसएस और उसके राजनीतिक संगठन भारतीय जनसंघ को लेकर थी।

दरअसल, जयप्रकाश नारायण राष्ट्रीय स्वयंसेवक संघ और जनसंघ को साम्प्रदायिक मानते आए थे। जेपी ने 28-29 दिसम्बर, 1968 को दिल्ली में एक ग़ैर सरकारी संगठन साम्प्रदायिकता विरोधी कमेटी के 11 वें वार्षिक साम्प्रदायिकता विरोधी राष्ट्रीय सम्मेलन की अध्यक्षता की थी। अपने अध्यक्षीय

भाषण में जेपी ने आरएसएस और जनसंघ के बारे में जो कुछ कहा था, उससे तो आज उनके ख़िलाफ़ 'देशद्रोह' तक का मामला दर्ज हो सकता था। पाँच दशक पहले दिया गया उनका यह भाषण आज बहुत-से लोगों को असहज कर सकता है।

इस सम्मेलन में जेपी ने कहा :

"अनेक धर्मों का देश होने के नाते भारत में तक़रीबन हर धर्म की अपनी साम्प्रदायिकता भी है। ये सभी घातक हैं, लेकिन हिन्दू साम्प्रदायिकता कहीं अधिक घातक है। इसका एक कारण यह है कि हिन्दू आबादी बहुसंख्यक है। हिन्दू साम्प्रदायिकता आसानी से भारतीय राष्ट्रवाद का छद्म आवरण ढक लेती है और अपने सारे विरोधियों पर राष्ट्रविरोधी होने का आरोप लगाती है। राष्ट्रीय स्वयंसेवक संघ (आरएसएस) जैसे कुछ (संगठन) खुले तौर पर भारतीय राष्ट्र को हिन्दू राष्ट्र से जोड़ते हैं, जबकि अन्य संगठन ऐसा और अधिक सूक्ष्मता से कर सकते हैं। लेकिन ऐसी हर पहचान राष्ट्रीय विघटन को जन्म देती है क्योंकि अन्य समुदायों के लोग दोयम दर्जे की नागरिकता कभी स्वीकार नहीं करेंगे।..."[85]

जेपी यहीं नहीं रुके। उन्होंने अपना भाषण जारी रखते हुए कहा, "...आरएसएस के बारे में, जिसका मैंने पहले उल्लेख किया था, मैं दो टिप्पणियाँ करना चाहता हूँ। जब गांधी जी की हत्या के बाद संघ सन्देह के घेरे में था, तब इसके पूर्णतया एक सांस्कृतिक संगठन होने के बारे में कई दावे किए गए। लेकिन धर्मनिरपेक्ष ताक़तों की बुज़दिली से प्रोत्साहित होकर इसने अपना आवरण फेंक दिया और यह भारतीय जनसंघ को नियंत्रित करने वाली असली ताक़त के रूप में उभरकर सामने आया है। जनसंघ के धर्मनिरपेक्ष होने के दावे को तब तक गम्भीरता से नहीं लिया जाएगा, जब तक कि वह आरएसएस से अपने मज़बूत रिश्ते को तोड़ नहीं देता न ही आरएसएस को तब तक एक सांस्कृतिक संगठन माना जा सकता है, जब तक कि वह एक राजनीतिक दल का संरक्षक बना रहे और उसे प्रभावी तरीक़े से नियंत्रित करता रहे। मैं दूसरी बात जो कहना चाहता हूँ, वह आरएसएस के बारे में है। अगर उसके दिल में भारत की भलाई है तो उसे ख़ुद को एक संकीर्ण सोच वाले हिन्दू संगठन से एक व्यापक आधार वाले भारतीय संगठन में बदलना चाहिए और सभी समुदायों के युवाओं को अपने पाले में स्वीकार करना चाहिए और उन्हें प्रशिक्षित करना चाहिए, क्योंकि वे ऐसा कर

सकते हैं ताकि वे भारत के अनुशासित, वफ़ादार और एकजुट नागरिक बनें।"[86]

इसके बावजूद सच यह है कि जेपी निरन्तर समाजवादी नेताओं के साथ ही नानाजी देशमुख, सुब्रमण्यम स्वामी और अटल बिहारी वाजपेयी जैसे जनसंघ के नेताओं के सम्पर्क में थे। यही नहीं, वह 5 मार्च, 1975 को जनसंघ के बीसवें स्थापना दिवस में भी शामिल हुए। अगले दिन 6 मार्च, 1975 को जनसंघ के मुखपत्र *मदरलैंड* ने जेपी को यह कहते हुए दर्ज किया, "यदि जनसंघ को मानने वाले फासिस्ट हैं, तो मैं भी फासिस्ट हूँ!"[87]

जेपी के इस बयान को आरएसएस ने ख़ुद की वैधता की तरह लिया। यह कहना मुश्किल है कि जेपी ने ऐसा भावुकता में कहा या फिर रणनीतिक रूप से जनसंघ और आरएसएस को साथ जोड़े रखने की वजह से? क्या उनके रुख़ में आए इस बदलाव को जेपी के एक और वैचारिक द्वंद्व की तरह देखा जाना चाहिए?

यह ऐसा प्रश्न है, जिसका जवाब अपनी सुविधा से लोगों ने तलाशने की कोशिश की है और यह सन्दर्भों के साथ बदलता भी रहा है।

जनसंघ के स्थापना दिवस के कार्यक्रम के अगले दिन 6 मार्च, 1975 को जेपी के नेतृत्व में विपक्षी दलों ने दिल्ली में संसद तक 6-7 किलोमीटर लम्बा जुलूस निकाला। यह कई दिनों की तैयारी का नतीजा था। इससे पहले जेपी ने अगने अख़बार *एवरीमैंस* के 2 मार्च, 1975 के अंक में देशभर के लोगों से अपील की कि वे 6 मार्च को संसद में होने वाले प्रदर्शन में हिस्सा लें और बिहार के आन्दोलन का समर्थन करें। जेपी ने अपील की कि इस प्रदर्शन में कम-से-कम 10 लाख लोग पहुँचें। इसके लिए विपक्षी दलों की बाक़ायदा राष्ट्रीय समन्वय समिति पहले ही बन चुकी थी।[88]

यह प्रदर्शन यों तो बिहार के आन्दोलन के समर्थन में आयोजित किया गया था, लेकिन यह इन्दिरा गांधी की सरकार के ख़िलाफ़ एक बड़े प्रदर्शन में बदल गया। प्रदर्शन रामलीला मैदान में एक विशाल सभा से शुरू हुआ। इसके बाद जेपी के नेतृत्व में विशाल जुलूस संसद की ओर चल पड़ा। जेपी ने वहाँ लोकसभा अध्यक्ष और राज्यसभा के सभापति को लम्बा-चौड़ा माँग पत्र सौंपा, जिसमें देश में 1971 के बांग्लादेश युद्ध के समय से लागू बाह्य आपातकाल को हटाने, बिहार में मंत्रिमंडल को बरख़ास्त कर विधानसभा भंग करने और बिहार तथा गुजरात में तुरन्त चुनाव करवाने, आनुपातिक प्रतिनिधित्व के साथ

व्यापक चुनाव सुधार लागू करने और राजनीतिक सत्ता का विकेन्द्रीकरण करने से सम्बन्धित माँगें शामिल थीं।[89]

जेपी ने इस रैली की तुलना मार्च 1930 में अंग्रेज़ों के ख़िलाफ़ नमक सत्याग्रह के रूप में की गई महात्मा गांधी की दांडी-यात्रा से की। अमेरिका के मशहूर अख़बार द *न्यूयॉर्क टाइम्स* ने इस रैली को कवर करते हुए लिखा, "...काँपती आवाज़ से श्री नारायण ने कहा, 'आज का यह मार्च भारत के इतिहास को बदल देगा। यह एक नए अध्याय की शुरुआत है। शासकों को जनता की आवाज़ सुनने को मजबूर होना पड़ेगा।'... "[90]

और इन्दिरा गांधी और उनके क़रीबी इसे कैसे देख रहे थे? बी.पी. टंडन ने इस दिन को अपनी डायरी में इस तरह दर्ज किया, "...जेपी ने आज रामलीला मैदान में विशाल रैली आयोजित की। इसमें दो से तीन लाख लोग मौजूद थे, लेकिन सरकार की ओर से बताया गया कि इसमें सिर्फ़ एक लाख लोग मौजूद थे। विपक्ष ने कहा, पाँच से दस लाख लोग थे। ...दिल्ली के डीआईजी वेद मारवाह दिल्ली के प्रशासन से नाख़ुश थे, क्योंकि पड़ोसी राज्यों से लोगों को दिल्ली आने से रोक दिया गया। रामलीला मैदान की ओर जाने वाली बस सेवाएँ स्थगित कर दी गईं। यदि तीस-चालीस हज़ार और लोग रैली में शामिल भी हो जाते, तो क्या फ़र्क़ पड़ता? कांग्रेस के कई सांसद भी वहाँ यह देखने गए थे कि भीड़ कैसी है, लेकिन उन्होंने पीएम को लौटकर बताया कि सिर्फ़ तीस-चालीस हज़ार लोग ही थे। आख़िर चाटुकारिता का इससे बड़ा उदाहरण और क्या होगा?... "[91]

उस दौर के पन्ने उलटने से पता चलता है कि जेपी और मोरारजी देसाई के साथ ही अनेक ऐसे नेता थे, जो 1971 के बाद से लागू आपातकाल को लेकर संशकित थे और उन्हें लगता था कि इन्दिरा इसका दायरा बढ़ा सकती हैं। मसलन, मधु लिमये ने 16 मार्च, 1975 के *एवरीमैंस* के अंक में एक लेख लिखा, व्हाई दिस एंडलेस इमरजेंसी? (यह अन्तहीन आपातकाल क्यों?) उन्होंने इस लेख में याद दिलाया कि बांग्लादेश को कैसे सांविधानिक साधनों का दुरुपयोग कर इमरजेंसी की आड़ में एकल पार्टी की तानाशाही में बदल दिया गया है![92]

6 मार्च की रैली ने दिखाया कि अहमदाबाद और पटना से शुरू हुआ टकराव दिल्ली तक आ गया है। हालाँकि गुजरात के विपरीत बिहार में विपक्ष में दरारें भी दिख रही थीं। जेपी के आह्वान पर विपक्ष के 88 में से सिर्फ़ 38

विधायकों ने और कुल 318 विधायकों में से सिर्फ़ 42 विधायकों ने गफ़ूर सरकार को बरख़ास्त करने की माँग को लेकर इस्तीफ़ा दिया था। इस सवाल पर जनसंघ भी बँट गया था।[93]

लेकिन जेपी ने इन्दिरा के ख़िलाफ़ विपक्षी दलों को जोड़ने का जो प्रयोग किया था, उसके कुछ नतीजे भी दिख रहे थे। मसलन, 1974 के आख़िर में हुए जबलपुर लोकसभा क्षेत्र के उपचुनाव में संयुक्त विपक्ष के उम्मीदवार छात्र नेता शरद यादव ने चुनाव जीता था। शरद यादव को जेपी ने उम्मीदवार बनाया था। इस उपचुनाव के नतीजे 21 जनवरी, 1975 को आए थे और तब तक जेपी और इन्दिरा के बीच की दूरियाँ और बढ़ गई थीं और दोनों में सुलह की सम्भावनाएँ अत्यन्त क्षीण हो चुकी थीं।

6 मार्च की रैली के बाद जेपी की सक्रियता और बढ़ गई। वह दिल्ली और बिहार के साथ ही देश के दूसरे हिस्सों में भी जा रहे थे। अन्ततः 26 मार्च, 1975 को इन्दिरा ने अब्दुल ग़फ़ूर को हटाकर ललित नारायण मिश्र के छोटे भाई जगन्नाथ मिश्र को बिहार का मुख्यमंत्री बनवा दिया यानी बिहार विधानसभा को भंग किए जाने की माँग ख़ारिज कर दी गई। यही नहीं, इन्दिरा उस समय तक गुजरात से राष्ट्रपति शासन हटाकर जल्द चुनाव करवाने को भी राज़ी नहीं हुई थीं। ऐसे में मोरारजी देसाई ने गुजरात में जल्द चुनाव करवाने की माँग को लेकर 6 अप्रैल, 1975 को एक बार फिर अनशन शुरू कर दिया।

द *न्यूयॉर्क टाइम्स* ने देसाई के अनशन को जिस तरह रिपोर्ट किया, उस पर ग़ौर किया जा सकता है, "...अपनी संयमी आदतों के लिए पहचाने जाने वाले 80 वर्षीय गांधीवादी नेता ने यहाँ (6 अप्रैल को दिल्ली में) अपने आवास पर उपवास शुरू कर दिया। उनके समर्थक वहाँ हिन्दू धर्मग्रंथों, क़ुरान और बाइबिल के उद्धरणों के साथ प्रार्थना कर रहे हैं। माथे पर तिलक लगाए देसाई ने प्रार्थनाओं के साथ ही अन्य नेताओं के भाषण भी सुने, जिनमें लोकतंत्र के लिए उपवास के उनके फ़ैसले को सराहा जा रहा था। उसके बाद वह बग़ल के कमरे में जाकर चरखे से सूत कातने लगे। यह ऐसी परम्परा है, जिसके लिए मोहनदास करमचन्द गांधी का स्मरण किया जाता है।..."[94]

देसाई के समर्थन में गुजरात में छात्रों ने भी 24 घंटे का उपवास शुरू कर दिया। जेपी ने भी अपने समर्थकों से पूरे देश में 12 घंटे उपवास रखने की अपील की। इस बार इन्दिरा सरकार को झुकाने में देसाई सफल हो गए। अन्ततः गुजरात

में जून में विधानसभा चुनाव करवाने की घोषणा हो गई।

गुजरात विधानसभा के मध्यावधि चुनाव में देसाई की संगठन कांग्रेस के नेतृत्व में ग़ैर कम्यूनिस्ट विपक्षी दलों ने जनता मोर्चा बना लिया था, जिसमें भारतीय जनसंघ, भारतीय लोकदल और समाजवादी पार्टी के साथ ही कुछ अन्य छोटे दल भी शामिल थे। दिलचस्प यह भी है कि सालभर पहले छात्रों के आन्दोलन के कारण मुख्यमंत्री पद से हटने वाले चिमनभाई पटेल अपने किसान मज़दूर लोक पक्ष (केएलपी) के साथ चुनाव मैदान में थे। दरअसल, पटेल ख़ुद किसान परिवार से आते थे और जब उनके ख़िलाफ़ आन्दोलन तेज़ होने लगा था, तब सौराष्ट्र और उत्तर गुजरात के अमीर किसान उनके बचाव में आगे आए थे। इस चुनाव में भारतीय कम्यूनिस्ट पार्टी और मार्क्सवादी कम्यूनिस्ट पार्टी भी मैदान में थी।[95]

गुजरात का आन्दोलन बेशक चिमनभाई पटेल के ख़िलाफ़ शुरू हुआ था, लेकिन चुनाव में सबसे बड़ा मुद्दा इन्दिरा गांधी और उनकी सरकार बन गई। इस चुनाव को इन्दिरा गांधी ने चुनौती की तरह लिया और पूरे राज्य में उन्होंने 119 सभाओं को सम्बोधित किया।[96]

इसके बावजूद वह कांग्रेस को सत्ता से बेदख़ल होने से नहीं रोक सकी। 182 सदस्यीय विधानसभा में कांग्रेस 75 सीटों के साथ सबसे बड़े दल के रूप में उभरी ज़रूर थी, लेकिन वह बहुमत से दूर थी। संगठन कांग्रेस ने सिर्फ़ 56 सीटें जीतीं, लेकिन उसकी अगुआई वाले जनता मोर्चा ने 79 सीटें जीती थीं और वह भी बहुमत से दूर था। मगर 12 सीटें जीतने वाले चिमनभाई पटेल के किसान मज़दूर लोक पक्ष ने जनता मोर्चा का समर्थन कर दिया यानी जिन चिमनभाई पटेल के भ्रष्टाचार के ख़िलाफ़ गुजरात का नवनिर्माण आन्दोलन शुरू हुआ था, उन्हीं के समर्थन से उन लोगों के सरकार बनाने का रास्ता साफ़ हो गया, जिन्होंने उनके ख़िलाफ़ आन्दोलन किया था!

यहाँ तक आते-आते अहमदाबाद में साबरमती में, पटना में गंगा में और दिल्ली में यमुना में काफ़ी पानी बह चुका था।

सीख़चों में नागरिक आज़ादी

गुजरात की चुनावी सफलता ने मोरारजी देसाई के साथ ही जेपी को भी नई ताक़त दी। 12 जून, 1975 को गुजरात विधानसभा चुनाव के नतीजे देखने के

बाद जेपी ने माना कि इन्दिरा का जादू और इन्दिरा लहर ख़त्म हो गई है। इन्दिरा को इसी दिन सुबह आए इलाहाबाद हाईकोर्ट के फ़ैसले से पहले ही धक्का लगा था। जेपी को लगा कि इन्दिरा गांधी इस्तीफ़ा दे देंगी। हालाँकि ख़ुद उस समय तक उन्होंने बिहार लौटकर वहाँ आन्दोलन को मज़बूत करने का मन बना लिया था, लेकिन इस फ़ैसले को गुजरात विधानसभा चुनाव में जनता मोर्चा की जीत से उत्साहित विपक्ष ने एक अवसर की तरह देखा। राष्ट्रीय समन्वय समिति की आपात बैठक बुलाई गई। रूप नारायण और राजनारायण जेपी से यह आग्रह करने के लिए पटना गए कि उनकी मौजूदगी क्यों ज़रूरी है। 21 जून का मार्च टाल दिया गया। जेपी मान गए। उनके दिल्ली आने में एक दिन की देरी हुई, क्योंकि पटना से दिल्ली की फ़्लाइट रद्द कर दी गई थी। वह रात वाली ट्रेन से चलकर 23 जून को सुबह दिल्ली पहुँचे।[97]

मगर विपक्ष की रैली से पहले ही 20 जून को इन्दिरा ने दिल्ली में इंडिया गेट के नज़दीक बोट क्लब में रैली आयोजित कर अपनी ताक़त दिखाई। इसका साफ़ मतलब था कि वह इस्तीफ़ा नहीं दे रही हैं। यह रैली इन्दिरा गांधी के लिए कितनी अहम थी, यह इससे भी पता चलता है कि अगले दिन इसके कवरेज को लेकर तत्कालीन सूचना प्रसारण मंत्री इन्द्र कुमार गुजराल को संजय गांधी ने धमकाने की कोशिश की थी। कांग्रेस भी इस पर बँटी हुई थी। चन्द्रशेखर ने विपक्ष की रैली से एक दिन पहले जेपी के सम्मान में भोज देकर संकेत दे ही दिए थे कि वह किसी भी हद तक जा सकते हैं।

25 जून, 1975 को रामलीला मैदान की ऐतिहासिक रैली में जेपी ने क़रीब 90 मिनट तक भाषण दिया। जैसा कि डॉ. सुब्रमण्यम स्वामी ने 27 नवम्बर, 2022 को हुई मुलाक़ात में मुझसे कहा, "सभा के समय को लेकर जेपी और मोरारजी देसाई में कुछ मतभेद थे। देसाई चाहते थे कि सभा शाम होने से पहले ख़त्म हो जाए। जेपी और उनके सहयोगी चाहते थे कि गर्मी का समय है, लिहाज़ा सभा थोड़ी देर से होनी चाहिए।"

डॉ. स्वामी यह भी बताते हैं कि जनसंघ के अनेक नेताओं ने ख़ुद को इस रैली से अलग रखा था, जिनमें अटल बिहारी वाजपेयी भी थे जबकि डॉ. स्वामी के साथ ही नानाजी देशमुख और दिल्ली में जनसंघ के अध्यक्ष मदनलाल खुराना की इसमें अहम भूमिका थी। डॉ. स्वामी हमारी बातचीत के ख़त्म होने के बाद मुझे पंडारा रोड स्थित आवास के अपने अध्ययन कक्ष में ले

जाते हैं और वहाँ उस सभा की तस्वीरें दिखाने लगते हैं, जिनमें मंच पर बैठे हुए जेपी, मोरारजी देसाई, मधु दंडवते, राजनारायण, मदनलाल खुराना और अन्य नेताओं के साथ ही डॉ. स्वामी भी नज़र आ रहे हैं। वह बताते हैं कि जेपी के कहने पर रामलीला मैदान की उस ऐतिहासिक सभा की अध्यक्षता उन्होंने की थी।

उसी दिन देर रात, जैसा कि डॉ. स्वामी ने मुझे बताया कि उन्हें और अटल बिहारी वाजपेयी सहित कुछ अन्य सांसदों को संसद की लोक लेखा समिति की बैठक के सिलसिले में विशेष विमान से बंगलोर जाना था। डॉ. स्वामी ने कहा, "सभा ख़त्म होने के बाद जेपी को मैंने अपने कार्यक्रम की जानकारी दी, तो उन्होंने मेरा हाथ पकड़ा और मुझे अपने साथ गांधी शान्ति प्रतिष्ठान चलने के लिए कहा।" जेपी हमेशा की तरह रामलीला मैदान से क़रीब तीन किलोमीटर दूर स्थित अपने सहायक और गांधी शान्ति प्रतिष्ठान के अध्यक्ष राधाकृष्णन के घर पर ठहरे हुए थे। स्वामी ने कहा, "सभा के बाद जब मैंने यह कहा कि इन्दिरा मार्शल लॉ लागू कर सकती हैं तो जेपी और मोरारजी देसाई, दोनों की प्रतिक्रिया थी कि जवाहरलाल नेहरू की बेटी ऐसा नहीं कर सकती।" डॉ. स्वामी को वाजपेयी के साथ रात 11 बजे विमान से बंगलोर जाना था, लेकिन उन्हें गांधी शान्ति प्रतिष्ठान में ही काफ़ी देर हो गई और वह वहाँ से हवाई अड्डा जाने के बजाय ग्रेटर कैलाश स्थित अपने घर चले गए।[98]

गांधी शान्ति प्रतिष्ठान में जिस समय जेपी विपक्ष के नेताओं के साथ चर्चा कर रहे थे, वहाँ से क़रीब साढ़े सात किलोमीटर दूर प्रधानमंत्री निवास 1, सफ़दरजंग रोड पर कुछ और ही हलचल थी। 25 और 26 जून, 1975 की उस उमस भरी दरम्यानी रात राजधानी दिल्ली में अगले कुछ घटों में ऐसा कुछ होने जा रहा था, जिससे देश की दशा और दिशा बदल जाने वाली थी। रात दो बजे के आसपास पुलिस के दल ने राधाकृष्ण के घर पर दस्तक दी। पुलिस जेपी को अपने साथ ले जाने के लिए आई थी। पुलिस जेपी को संसद मार्ग स्थित पुलिस थाने ले गई। उनके साथ राधाकृष्ण भी थे। थाने में पहुँचने के बाद जैसे ही जेपी को बताया गया कि देश में इमरजेंसी लगा दी गई है और उन्हें गिरफ़्तार किया जा रहा है, उनके मुँह से निकला, "विनाश काले विपरीत बुद्धि!"[99]

यह भी इत्तफ़ाक़ था कि इन्दिरा के क़रीबी लोगों में उनके सूचना सलाहकार एच.वाई. शारदा प्रसाद भी थे, जो कि जेपी के सहायक राधाकृष्ण के बहनोई थे। उस रात जिस समय जेपी राधाकृष्ण के साथ संसद मार्ग थाने में थे, शारदा

प्रसाद प्रधानमंत्री आवास में पी.एन. धर के साथ प्रधानमंत्री के एक अहम भाषण को अन्तिम रूप दे रहे थे, जो वह सुबह प्रसारित करने वाली थीं।

भारत के लोकतांत्रिक इतिहास में एक निर्णायक मोड़ के रूप में दर्ज होने वाली इस दास्तान के चश्मदीद पी.एन. धर ने बाद में लिखा, "...रात 11 बजे मुझे प्रधानमंत्री ने फ़ोन कर अपने आवास में बुलवाया। आवास का वातावरण बेहद तनावपूर्ण था। राय और बरुआ पहले से वहाँ थे। राय जहाँ गम्भीर नज़र आ रहे थे, वहीं बरुआ हमेशा की तरह मुस्करा रहे थे और सहज दिखने की कोशिश कर रहे थे। श्रीमती गांधी ने मुझे संक्षेप में कहा, "देश के हालात बहुत ख़राब हैं। हमने आन्तरिक आपातकाल लागू करने का फ़ैसला किया है। कल अलस्सुबह कैबिनेट की बैठक होगी और उसके बाद मैं ऑल इंडिया रेडियो से इस फ़ैसले की जानकारी दूँगी।" इतना कहने के बाद उन्होंने मुझे प्रस्तावित भाषण का मसौदा थमाया। ठीक उसी समय शारदा प्रसाद, जिन्हें भी बुलावा भेजा गया था, वहाँ आ गए। शारदा के साथ मैं वह मसौदा लेकर बाहर निकला और मसौदे के आख़िरी हिस्से में हमने यह पंक्ति जोड़ी, "मुझे विश्वास है कि आन्तरिक स्थितियों में तेज़ी से सुधार होगा, जिससे हम इस घोषणा को जितनी जल्दी सम्भव हो, वापस ले लें।"[100]

दरअसल 25 जून, 1975 की रामलीला मैदान की सभा इन्दिरा गांधी को विपक्ष की ओर से अब तक की सबसे बड़ी चुनौती साबित हुई थी। उस सभा में जेपी और मोरारजी देसाई के साथ ही विपक्षी नेताओं ने अपने भाषणों में कहा था कि इन्दिरा को सत्ता में बने रहने का कोई नैतिक अधिकार नहीं रह गया है। उस दिन जेपी ने पुलिस और सशस्त्र बलों से फिर अपील की कि वे ग़ैरक़ानूनी और असंवैधानिक आदेशों का पालन न करें। जेपी ने अपने भाषण के दौरान एक बार फिर रामधारी सिंह दिनकर की पंक्तियाँ दोहराईं, जो तब तक जेपी आन्दोलन की पहचान बन चुकी थीं : *सिंहासन ख़ाली करो कि जनता आती है!*

वैसे सभा से पहले उसी दिन एक इतालवी पत्रकार ओरिआना फैलेसी को दिए गए मोरारजी देसाई के एक इंटरव्यू से भी हड़कम्प मचा हुआ था। इस इंटरव्यू में देसाई ने विपक्ष की रणनीति का खुलासा करते हुए दावा किया था, "हम उन्हें इस्तीफ़ा देने को मजबूर कर देंगे, हम उन्हें सत्ता से उखाड़ फेकेंगे। सदा के लिए। यह महिला हमारे आन्दोलन के आगे टिक नहीं पाएगी।...हम

मज़बूत हैं, हम सत्याग्रह कर रहे हैं। सत्याग्रह का अर्थ है, नागरिक अवज्ञा।... हज़ारों लोग उनके घर का घेराव करेंगे और किसी को भी अन्दर नहीं जाने दिया जाएगा। हम दिन-रात वहाँ डेरा डाल देंगे और नारे लगाएँगे कि वह इस्तीफ़ा दें, चाहे पुलिस हमें गिरफ़्तार करे या मारे, या क़त्लेआम करे। वे कितने लोगों का क़त्लेआम कर सकते हैं?"[101]

देसाई के ये दावे राजनीतिक बयानबाजी का हिस्सा थे या वास्तव में आन्दोलन की रणनीति का हिस्सा थे, आज यह कहना मुश्किल है, लेकिन तथ्य बताते हैं कि जेपी की पहल पर विपक्षी दलों के जनता मोर्चा तथा अन्य सामाजिक कार्यकर्ताओं के साथ लोक संघर्ष समिति का गठन किया गया। मोरारजी देसाई को इसका अध्यक्ष बनाया गया था और नानाजी देशमुख को महासचिव। 25 जून की रैली के बाद 29 जून से 356 ज़िला मुख्यालयों और राज्यों की राजधानियों में एक हफ़्ते तक नागरिक अवज्ञा आन्दोलन चलाने की योजना थी। इसके तहत रोज़ाना प्रधानमंत्री आवास के बाहर क्रमिक रूप से प्रदर्शन शामिल था।[102]

वैसे पाठक ग़ौर कर सकते हैं कि 1970 के दशक के उन वर्षों में प्रधानमंत्री आवास सहित अन्य अहम संस्थानों और जगहों पर आज जैसी सुरक्षा नहीं होती थी।

इन्दिरा ने 20 जून की बोट क्लब की सभा के ज़रिये यह साफ़ कर ही दिया था कि वह पद नहीं छोड़ रही हैं। 24 जून को सुप्रीम कोर्ट ने इलाहाबाद हाईकोर्ट के फ़ैसले के ख़िलाफ़ उनकी अपील पर उन्हें कुछ राहत भी दे दी थी। 25 जून की रामलीला मैदान की जेपी की सभा के ज़रिये विपक्ष ने भी जता दिया था कि वह भी पीछे नहीं लौट रहा है।

अन्ततः 25 और 26 जून की दरम्यानी रात इन्दिरा गांधी ने देश के लोकतांत्रिक इतिहास का एक ऐसा अध्याय लिख दिया, जिसने नागरिक आज़ादी को कठघरे में खड़ा कर दिया। उस वक़्त के ब्योरे बताते हैं कि संविधान के अनुच्छेद 352 के तहत आन्तरिक आपातकाल लागू किए जाने के फ़ैसले तक पहुँचने में जिन किरदारों ने अहम भूमिका निभाई थी, उनमें सिद्धार्थ शंकर रे और संजय गांधी के साथ ही ख़ुद इन्दिरा शामिल थीं। देवकान्त बरुआ भी घटना-क्रम से अवगत ज़रूर थे, लेकिन उनकी स्थिति शामिलबाजा जैसी कही जा सकती है। संविधान का अनुच्छेद 352 राष्ट्रपति को यह अधिकार देता है

कि वह युद्ध या बाह्य आक्रमण या सशस्त्र विद्रोह के समय राष्ट्रीय सुरक्षा के मद्देनज़र राष्ट्रीय आपातकाल घोषित कर सकता है।

इन्दिरा की जीवनीकारों पुपुल जयकर तथा कैथरीन फ्रैंक उनके सलाहकार और मुख्य सचिव पी.एन. धर, इतिहासकार बिपन चन्द्र, प्रधानमंत्री कार्यालय में मौजूद बी.एन. टंडन, इन सबने उस दिन के घटना-क्रम को दर्ज किया है। पुपुल जयकर ने लिखा है, "सिद्धार्थ शंकर रे की सलाह पर इन्दिरा गांधी ने अनुच्छेद 352 के तहत आपातकाल लागू करने का फ़ैसला किया। उस रात 8:00 बजे इन्दिरा गांधी ने सिद्धार्थ शंकर रे के साथ राष्ट्रपति फ़ख़रुद्दीन अली अहमद से मुलाक़ात की। रे ने उन्हें संविधान के उन अनुच्छेदों के बारे में बताया, जिनके तहत आपातकाल लगाया जा सकता है। इस फ़ैसले पर अमल से पहले राष्ट्रपति के हस्ताक्षर अनिवार्य हैं।...फ़ख़रुद्दीन, जो कि ख़ुद भी एक वकील थे, तुरन्त सहमत हो गए और उन्होंने कहा कि उनके पास हस्ताक्षर के लिए आदेश भेजा जाए।"[103]

उस रात बी.एन. टंडन देर से सोए थे। सुबह जब वह उठे तो मानो सब कुछ बदल चुका था। 26 जून, 1975 को बी.एन. टंडन ने अपनी डायरी में लिखा, "...जब सुबह उठा, तो कम्मी ने मुझे बताया कि वर्धन (अतिरिक्त गृह सचिव टी.सी.ए. श्रीवर्धन) ने फ़ोन कर कहा कि मैं उनसे बात कर लूँ। मेरे जानने वाले एक पत्रकार ने भी यह बताने के लिए फ़ोन किया था कि रात को सौ से अधिक विपक्षी नेताओं को गिरफ़्तार कर लिया गया। सिर्फ़ द *स्टेट्समैन* और *हिन्दुस्तान टाइम्स* अख़बार ही निकले हैं, बाक़ी अख़बारों का प्रकाशन नहीं हुआ है। उसी पत्रकार ने कम्मी (बी.एन. टंडन के भाई जी.एन. टंडन की पत्नी) को यह भी बताया कि पॉवर कट ऑफ़ हो जाने के कारण बाक़ी अख़बार नहीं निकल सके। सुबह के समय मैं रेडियो नहीं सुनता, लेकिन उस दिन कम्मी ने मेरे कमरे में एक ट्रांजिस्टर रख दिया था। थोड़ी देर बाद ही प्रधानमंत्री ने राष्ट्र के नाम एक प्रसारण किया।..."[104]

इस प्रसारण से थोड़ी देर पहले क़रीब साढ़े पाँच बजे आपातकाल लागू किए जाने से सम्बन्धित आदेश राष्ट्रपति फ़ख़रुद्दीन अली अहमद के पास उनके दस्तख़त के लिए भेज दिया गया था। इससे पहले प्रधानमंत्री के भाषण के मसौदे को अन्तिम रूप देकर, जैसा कि पी.एन. धर ने लिखा, "शारदा और मैं, हम दोनों मायूस होकर आवास (प्रधानमंत्री) से चले गए।"

उस दिन, इतिहास में दर्ज की जाने वाली एक और घटना हुई। प्रधानमंत्री ने सुबह छह बजे मंत्रिमंडल की बैठक बुलाई। इसमें उस वक़्त दिल्ली में मौजूद सारे मंत्रियों ने हिस्सा लिया। इन्दिरा ने उन्हें अपने फ़ैसले की जानकारी दी। किसी भी मंत्री ने उनका विरोध नहीं किया।[105]

मंत्रिमंडल की बैठक में तत्कालीन स्वास्थ्य एवं परिवार नियोजन मंत्री डॉ. कर्ण सिंह भी शामिल थे। वह तब भी दिल्ली के मालचा रोड स्थित अपने बँगले में ही रह रहे थे। 47 साल बाद 2022 की फरवरी के दूसरे हफ़्ते में जब मैंने उनसे मुलाक़ात की, तो इसी बँगले की स्टडी में उनसे हो रही बातचीत में उन्होंने बताया कि सुबह-सुबह उन्हें मंत्रिमंडल की बैठक का सन्देश मिला। डॉ. कर्ण सिंह ने कहा, "मैं जैसे ही वहाँ गया, तो मैंने देखा सन्नाटा छाया हुआ था। इन्दिरा जी बैठी हुई थीं। जेपी ने अपनी सभा में सेना और पुलिस से जो आह्वान किया था, उससे स्थिति गम्भीर हो गई थी। घेराव वग़ैरह तो पहले से हो रहे थे। बग़ावत होने जैसी स्थिति थी। ऐसे में इन्दिरा जी ने आपातकाल लगाने का फ़ैसला किया था। उस वक़्त हम दुविधा में पड़ गए। मीटिंग के बाद मैं और एक व्यक्ति, जिनका मैं नाम नहीं लूँगा, हम दोनों ड्राइव पर निकल गए। हमने कहा विरोध करना है, तो आज करना पड़ेगा और इसका मतलब है कि रात तक तिहाड़ जेल में जाना होगा! फिर हमने कहा कि इस समय हमें इन्दिरा जी को अकेला नहीं छोड़ना चाहिए।"[106]

मंत्रिमंडल की बैठक के बाद सुबह आकाशवाणी से इन्दिरा ने राष्ट्र को सम्बोधित किया। यह संक्षिप्त-सा सम्बोधन था और इसका समापन उन्होंने उन्हीं पंक्तियों से किया था, जैसा कि पी.एन. धर ने मसौदे में सुझाया था और जिसका ऊपर ज़िक्र आया है।

दिल्ली सहित देश के विभिन्न शहरों में उस रात विपक्षी नेताओं की धर-पकड़ शुरू हो चुकी थी। जयप्रकाश नारायण के अलावा जिन प्रमुख नेताओं को 26 जून की सुबह होने से पहले ही गिरफ़्तार कर लिया गया था, उनमें मोराराजी देसाई, चरण सिंह, अशोक मेहता, अटल बिहारी वाजपेयी और तक़रीबन 30 सांसद थे, जिनमें कांग्रेस के असन्तुष्ट चन्द्रशेखर और मोहन धारिया भी शामिल थे। हालाँकि नानाजी देशमुख, जार्ज फ़र्नांडीस और बलराज मधोक जैसे कुछ प्रमुख विपक्षी नेताओं तक पुलिस नहीं पहुँच सकी थी और वे गिरफ़्तारी से बचे हुए थे।[107]

कुछ दिनों बाद ही, जैसा कि डॉ. स्वामी ने मुझे बताया, नानाजी देशमुख

को भी गिरफ़्तार कर लिया गया। उन दिनों स्वामी नानाजी देशमुख के सहायक के बतौर उनकी जीप चलाते थे। स्वामी ने दाढ़ी बढ़ा रखी थी और सिख के वेश में रहते थे। इन गिरफ़्तारियों के अलावा राष्ट्रीय स्वयंसेवक संघ (आरएसएस), आनन्द मार्ग, जमाते इस्लामी और माओवादी सीपीआई (एमएल) को प्रतिबन्धित कर दिया गया।

ये गिरफ़्तारियाँ—मेंटनेंस ऑफ़ इंटरर्नल सिक्योरिटी ऐक्ट (मीसा) और डिफेंस ऑफ़ इंडिया रूल (डीआईआर)—के तहत की गई थीं। मीसा एक ऐसा क़ानून था, जिसका ख़ौफ़ अगले कुछ महीनों तक पूरे देश में फैल गया। मीसा 1950 के प्रिवेंटिव डिटेंशन ऐक्ट का ही बदला रूप था और यह जुलाई 1971 में अस्तित्व में आया था, जिसके तहत सरकार और उसकी एजेंसियों को असीमित अधिकार मिल गए थे। मीसा और डीआईआर ने नागरिक आज़ादी को स्थगित कर दिया। आने वाले समय में मीसा के तहत गिरफ़्तार विपक्षी नेताओं को एक नया नाम भी मिलने वाला था, 'मीसाबन्दी'! यह अलग बात है कि बाद में मीसा और डीआरआई के तहत हुई ये गिरफ़्तारियाँ विपक्षी नेताओं के लिए एक बड़ा राजनीतिक निवेश साबित होने वाली थीं।

अगले दिन 27 जून, 1975 को राष्ट्रपति फ़ख़रुद्दीन अली अहमद ने संविधान के अनुच्छेद 359 के तहत एक और घोषणा पर हस्ताक्षर कर दिए, जिसके तहत संविधान के अनुच्छेद 14, 21 और 22 के तहत मिले अधिकारों पर अंकुश लगाए जाने को अदालत में चुनौती नहीं दी जा सकती थी![108]

एक तरह से यह नागरिक आज़ादी को ज़ंजीरों में जकड़ने जैसा था।

क्या इन्दिरा गांधी को एहसास था कि 25 और 26 जून, 1975 की दरम्यानी रात उनके एक क़दम से देश 14-15 अगस्त, 1947 की दरम्यानी रात से यह देश कितनी दूर चला आया है, जब उनके पिता और प्रथम प्रधानमंत्री जवाहरलाल नेहरू ने नियति से साक्षात्कार किया था? इन्दिरा और उनके सलाहकार जिस तरह उस समय आगे बढ़ रहे थे, उससे तो लगता नहीं कि उन्हें तब इसका जरा भी एहसास था।

क्या जेपी, मोरारजी देसाई और ख़ासतौर से आरएसएस के नेताओं के लिए इन्दिरा सरकार के साथ सुलह के रास्ते बन्द हो गए थे? आख़िर इन्दिरा के ख़िलाफ़ ये प्रदर्शन और हड़तालें वग़ैरह जब हो रही थीं, वह एक पूर्ण बहुमत की सरकार चला रही थीं।

ख़ुद जेपी हालात को कैसे देख रहे थे, इसका कुछ जवाब मिलता है जेपी की जेल डायरी से। दिल्ली के संसद मार्ग थाने में गिरफ़्तार किए जाने के बाद जेपी को हरियाणा के सोहना स्थित डाक बँगले में रखा गया था और फिर 1 जुलाई, 1975 की रात को भारतीय वायुसेना के विशेष विमान से उन्हें चंडीगढ़ ले जाया गया। जेपी उन दिनों अस्वस्थ थे, इसलिए उन्हें चंडीगढ़ के पोस्ट ग्रेजुएट इंस्टीट्यूट ऑफ़ मेडिकल एजुकेशन एंड रिसर्च (पीजीआईएमईआर) में भरती करवाया गया। पीजीआईएमईआर के एक वार्ड को जेल में तब्दील कर दिया गया था और वहाँ जेपी को नज़रबन्द रखा गया। उन दिनों चंडीगढ़ की कमान युवा कलेक्टर एम.जी. देवसहायम के हाथों में थी। देवसहायम जेपी से ख़ासे प्रभावित थे और उन्होंने उनका पूरा ख़याल रखा। वास्तव में देवसहायम जेपी के विश्वस्त सहायक जैसे हो गए थे। बाद में देवसहायम ने जेपी के उन दिनों के बारे में लिखा भी।[109]

जेपी ने चंडीगढ़ में नज़रबन्दी के दौरान डायरी लिखना शुरू किया। डायरी की शुरुआत करते हुए 21 जुलाई को जेपी ने ख़ुद से सवाल करते हुए लिखा, "मेरा आकलन कहाँ ग़लत हो गया?" इस सवाल का जवाब देते हुए वह लिखते हैं, "मैं यह अनुमान लगाने में ग़लत हो गया कि एक लोकतंत्र में प्रधानमंत्री शान्तिपूर्ण लोकतांत्रिक आन्दोलन को शिकस्त देने के लिए सामान्य और असामान्य क़ानूनों का उपयोग तो कर सकती हैं, लेकिन वह लोकतंत्र को ही ध्वस्त कर देंगी और उसकी जगह निरंकुश सत्ता क़ायम करेंगी? मैं यक़ीन नहीं कर सकता था कि यदि प्रधानमंत्री ऐसा करना भी चाहें, तो उनके वरिष्ठ सहयोगी और उनकी पार्टी ऐसा करने की इजाज़त देगी, जिसकी ख़ुद की उच्च लोकतांत्रिक परम्परा रही है।"[110]

चंडीगढ़ में नज़रबन्दी के दौरान जेपी ने जिस दिन अपनी डायरी में यह दर्ज किया, ठीक उसी दिन 21 जुलाई, 1975 को संसद के दोनों सदनों में व्हाई इमरजेंसी शीर्षक से तैयार श्वेत पत्र जारी कर सरकार ने इस फ़ैसले को जायज़ ठहराने की कोशिश की।

श्वेत पत्र में सरकार की ओर से लिखा गया, "...फ़ासीवादी झुकाव वाले कुछ राजनीतिक दल कुंठित राजनेताओं के एक समूह के साथ मिलकर लोकतांत्रिक काम-काज के मूल आधार को ही चुनौती दे रहे थे और देश के आत्मविश्वास को नष्ट करने की कोशिश कर रहे थे। उन्होंने लोकतंत्र के नाम

पर राष्ट्रीय अर्थव्यवस्था को पंगु बनाने, लोकतांत्रिक संस्थाओं को नष्ट करने और विधिवत निर्वाचित सरकार को उखाड़ फेंकने के लिए अराजकता और अव्यवस्था पैदा करने के लिए अभियान चलाया। पिछले दो वर्षों के दौरान प्रधानमंत्री और देश के अन्य नेताओं ने राष्ट्र को बार-बार उपद्रवियों की गतिविधियों और दिग्भ्रमित राजनेताओं की गतिविधियों के परिणामों को लेकर आगाह किया था। जब सुसंगठित फ़ासीवादी समूह की ऐसी गतिविधियों ने सभी जायज़ सीमाओं को पार कर लिया, तभी सरकार को आपातकाल की घोषणा करने के लिए बाध्य होना पड़ा।"[111]

यही नहीं, श्वेत पत्र में इसकी पृष्ठभूमि 1967 के आम चुनाव में तलाशी गई, जब इन्दिरा गांधी को कांग्रेस के बाहर और भीतर, दोनों ओर से राजनीतिक तौर पर चुनौती मिल रही थी और जिसके परिणामस्वरूप कांग्रेस में विभाजन तक हो गया था।

श्वेत पत्र में साफ़तौर पर जेपी, मोरारजी देसाई के साथ ही राष्ट्रीय स्वयंसेवक संघ को एक ख़तरे के रूप में देखा जा रहा था। बेशक एक राजनीतिक दल के रूप में जनसंघ पहले आम चुनाव से अपनी उपस्थिति दर्ज कराता आया था, लेकिन उसकी मातृ संस्था राष्ट्रीय स्वयंसेवक संघ ख़ुद को सांस्कृतिक संगठन बताता आया था। दूसरी ओर संघ परोक्ष रूप से मुख्यधारा में जगह बनाने की कोशिश भी कर रहा था और उसे जेपी आन्दोलन ने एक बड़ा अवसर दिया था। सरकार के श्वेत पत्र में उसे परोक्ष रूप से फ़ासीवादी संगठन क़रार दिया गया था, मगर जेपी आन्दोलन के ज़रिये उसने वैधता हासिल कर ली थी।

जिन लोगों को गिरफ़्तार किया गया था, उनमें बड़े विपक्षी नेताओं के साथ ही पूरे देश भर में हज़ारों की संख्या में राजनीतिक कार्यकर्ताओं, सामाजिक कार्यकर्ताओं, ट्रेड यूनियन नेता और छात्र भी शामिल थे। राजनीतिक रैलियों, हड़ताल और प्रदर्शन वग़ैरह प्रतिबन्धित कर दिए गए।

विपक्षी नेता तो सरकार के निशाने पर थे ही, प्रेस को भी नहीं बख़्शा गया। 20 जून की कांग्रेस की बोट क्लब की रैली के कवरेज को लेकर संजय गांधी के निशाने पर आ गए इन्द्र कुमार गुजराल को हटाकर इन्दिरा गांधी ने विद्याचरण शुक्ल को सूचना एवं प्रसारण मंत्री बना दिया। 26 जून को सुबह कैबिनेट की बैठक के बाद दिन में राजनीतिक मामलों की मंत्रिमंडल की भी

बैठक हुई। इस बैठक के बाद जैसे ही गुजराल शिक्षा मंत्री नूरुल हसन के साथ कमरे से बाहर निकले, उनका सामना संजय गांधी से हो गया। संजय ने हसन से विश्वविद्यालयों में पदस्थ आरएसएस से जुड़े लेक्चरर की सूची माँगी। इसके बाद वह गुजराल से मुख़ातिब हुए और उनसे कहा, "मैं प्रसारण से पहले समाचार बुलेटिन देखना चाहता हूँ।" गुजराल ने कहा, "यह सम्भव नहीं है। बुलेटिन गोपनीय होते हैं और गोपनीयता भंग नहीं की जा सकती।" बग़ल से गुज़र रहीं इन्दिरा ने गुजराल को बाद में प्रधानमंत्री आवास बुलाया, मगर जब तक गुजराल वहाँ पहुँचे, इन्दिरा वहाँ से जा चुकी थीं। वहाँ मौजूद संजय ने गुजराल से बेहद रूखे ढंग से सुबह प्रधानमंत्री के प्रसारण को लेकर कुछ एतराज़ किया। इस पर, जैसा कि कई जगह ज़िक्र आया है, गुजराल आपा खो बैठे। गुजराल ने संजय से कहा, "यदि आप मुझसे बात करना चाहते हैं, तो आपको बात करने का सलीक़ा सीखना होगा। आप उम्र में मेरे बेटे से भी छोटे हो और मैं आपके प्रति जवाबदेह नहीं हूँ!"[112]

यह इस बात का भी संकेत था कि गुजराल अब इस पद पर अधिक दिनों तक नहीं रहेंगे। दरअसल इसके अगले दिन संजय गांधी के क़रीबी दोस्त मोहम्मद यूनुस ने गुजराल को फ़ोन कर कहा कि वह दिल्ली में बीबीसी का दफ़्तर बन्द करवा दें और उसके ब्यूरो चीफ़ मार्क टली को गिरफ़्तार कर लें, क्योंकि उन्होंने कथित रूप से यह झूठी ख़बर प्रसारित की है कि जगजीवन राम और स्वर्ण सिंह को घर में नज़रबन्द कर दिया गया है। हालाँकि यह झूठ था। इस घटना के छियालीस साल बाद जाने-माने पत्रकार मार्क टली ने मुझसे हुई बातचीत में यह पूरा वाक़या बताया। वैसे, उन्होंने इसका ज़िक्र अपनी किताब *फ्रॉम राज टू राजीव* में किया है।

मार्क टली ने कहा, "यूनुस ने गुजराल को हुक्म दिया कि मार्क टली को बुलवाओ और उसकी पैंट उतरवाकर उसकी बेंत से पिटाई करवाओ और जेल में ठूँस दो। गुजराल ने जवाब दिया कि एक विदेशी संवाददाता को गिरफ़्तार करवाना सूचना और प्रसारण मंत्रालय का काम नहीं है।"[113]

वास्तव में बीबीसी ने ऐसी कोई ख़बर प्रसारित ही नहीं की थी। अन्ततः गुजराल को दूसरे मंत्रालय में भेज दिया गया। उनकी जगह सूचना प्रसारण मंत्री बनने वाले मध्य प्रदेश के पहले मुख्यमंत्री रविशंकर शुक्ल के बेटे विद्याचरण शुक्ल इन्दिरा ही नहीं, संजय के भी वफ़ादार थे। वह संजय की उस मंडली का

हिस्सा बन गए, जिसमें पहले से बंसीलाल, आर.के. धवन और ओम मेहता जैसे लोग शामिल थे। विद्याचरण शुक्ल के सूचना प्रसारण मंत्री बनने के बाद प्रेस सेंसरशिप कड़ाई से लागू कर दी गई।

प्रेस सेंसरशिप सिर्फ़ भारतीय प्रकाशनों तक ही सीमित नहीं थी। भारत में पदस्थ विदेशी पत्रकारों को भी नियंत्रित करने की कोशिश की गई। *वाशिंगटन पोस्ट* के दिल्ली स्थित संवाददाता लेविस एम. साइमंस को चौबीस घंटे के भीतर दिल्ली छोड़ने के निर्देश दिए गए। ऐसे निर्देश अन्य विदेशी संवाददाताओं को भी दिए गए थे। मार्क टली तो पहले निशाने पर थे ही। अब पचासी वर्ष के हो चुके टली ने मुझसे हुई बातचीत में बताया कि किस तरह से आपातकाल लागू किए जाने के बाद सरकार के नुमाइंदों ने संविधानेतर शक्ति की तरह काम करना शुरू कर दिया था।

टली ने कहा, "मैं दिल्ली में अपने घर पर सो रहा था। मेरे बीबीसी के पूर्व सहयोगी और उस समय वीओए में कार्यरत गौरीशंकर जोशी ने रात तीन-चार बजे के आसपास मुझे फ़ोन कर जगाया और इमरजेंसी लगाए जाने की सूचना दी।" वह कहते हैं, "एक दिन पहले शाम को ही जेपी की बड़ी सभा हुई थी। उसके बाद लग ज़रूर रहा था कि इन्दिरा कोई क़दम उठा सकती हैं, लेकिन इमरजेंसी जैसे क़दम की कल्पना नहीं थी।"[114]

क़रीब महीने भर बाद विदेशी संवाददाताओं को एक फ़ार्म दिया गया था, जिसमें लिखा था कि वे सेंसरशिप के नियमों का उल्लंघन नहीं करेंगे। मार्क टली ने कहा, "सरकार ने मुझे और अन्य फ़ॉरेन करस्पांडेंस (विदेशी संवाददाताओं) को एक फ़ार्म दिया और कहा कि उस पर हम दस्तख़त करें। इस फ़ार्म में लिखा था कि हम सेंसरशिप के नियमों का उल्लंघन नहीं करेंगे और हम सेंसरशिप के सारे नियम मानेंगे। हमारे हेडक्वार्टर और दूसरे फ़ॉरेन करस्पांडेंस के हेडक्वार्टर्स ने इससे इनकार कर दिया। मैंने जनसम्पर्क विभाग के संयुक्त सचिव शील हक्सर से कहा कि हम इसे नहीं मानेंगे। दो-तीन दिन बाद उन्होंने मुझसे टेलीफ़ोन पर बात की और कहा कि मार्क, मुझे बहुत दुख है। मैं आपसे माफ़ी माँगना चाहता हूँ, लेकिन चौबीस घंटे के अन्दर आपको भारत छोड़ना होगा।"

स्वतंत्र भारत के इतिहास की यह उन घटनाओं में से एक है, जिसने हमारी लोकतांत्रिक साख को धक्का पहुँचाया था। कोरोना महामारी की वजह से स्काइप के ज़रिये हो रही हमारी बातचीत में मार्क टली ने कहा, "चौबीस घंटे

के भीतर ही मैंने भारत छोड़ दिया और उसके बाद जब इन्दिरा गांधी ने मार्च 1977 में आम चुनाव करवाने का ऐलान किया, उसके बाद ही मैंने वापस आने का इन्तज़ाम किया।"[115]

कुछ महीनों के भीतर ही सरकार में संजय गांधी और उनकी मित्र-मंडली का प्रभाव बढ़ने लगा। उनकी मंडली में बंसीलाल, विद्याचरण शुक्ल, आर.के. धवन और दिल्ली के तत्कालीन उपराज्यपाल कृष्ण चन्द जैसे लोग शामिल थे। संजय संविधानेतर सत्ता केन्द्र बन चुके थे और अधिकारियों तथा मंत्रियों को सीधे निर्देश देने लगे थे। देश का माहौल पूरी तरह से बदल गया। अधिकांश बड़े विपक्षी नेताओं और बड़ी संख्या में राजनीतिक और सामाजिक कार्यकर्ताओं को गिरफ़्तार कर लिया गया। सरकार के ख़िलाफ़ विरोध प्रदर्शन और हड़ताल वग़ैरह प्रतिबन्धित हो गए थे। मीडिया में सेंसरशिप लागू हो जाने का असर दिखने लगा था। 25 जून, 1975 को जेपी की रामलीला मैदान की रैली के समय देश का जो माहौल था, हालात उससे पूरी तरह उलट गए थे।

आपातकाल लगाए जाने के चार दिन बाद 29 जून, 1975 को विभिन्न भाषाओं के 40 से अधिक प्रमुख साहित्यकारों और लेखकों ने देश की एकता और स्वतंत्रता के लिए ख़तरा बन गई राष्ट्र विरोधी और प्रतिक्रियावादी ताक़तों पर अंकुश लगाने के लिए आपातकाल लागू किए जाने की घोषणा का ज़ोरदार तरीक़े से समर्थन किया। इस बयान में सबसे पहले हरिवंशराय बच्चन का नाम था। उनके अलावा इसमें जमनादास अख्तर, अमृता प्रीतम, राजेन्द्र सिंह बेदी और अली सरदार जाफ़री जैसे नाम भी शामिल थे। इसके कुछ दिनों के बाद फ़िल्म अभिनेता सुनील दत्त ने भी एक बयान जारी कर आपातकाल का समर्थन किया था।[116]

आपातकाल की घोषणा को सबसे बड़ा समर्थन मिला विनोबा भावे की ओर से, जिन्होंने इसे 'अनुशासन पर्व' क़रार दिया। विनोबा 24 दिसम्बर, 1974 से एक वर्ष के मौन व्रत पर थे। उन दिनों वह अपने पवनार आश्रम में ही रहे थे और आगन्तुकों के सवालों का जवाब लिखित में देते थे। इसे लेकर कई तरह के तथ्य और दावे सामने आते हैं। कहा जाता है कि प्रधानमंत्री इन्दिरा गांधी ने अपने विश्वसनीय वसन्त साठे को विनोबा से मिलने भेजा था। विनोबा को अपना मौन तोड़ने का कोई कारण नज़र नहीं आया। मुलाक़ात के दौरान विनोबा ने साठे को अपने पास रखे ग्रंथ *महाभारत* के उस अध्याय का शीर्षक दिखाया, जिसमें लिखा था, अनुशासन पर्व।[117]

सच चाहे जो हो, लेकिन इन्दिरा सरकार को विनोबा और निर्मला देशपांडे जैसे उनके सहयोगियों के समर्थन को लेकर बहुत शक की गुंजाइश नहीं थी। वरिष्ठ पत्रकार श्रवण गर्ग ने मुझसे हुई बातचीत में याद किया कि उन दिनों विनोबा और निर्मला देशपांडे इन्दिरा का खुलकर समर्थन कर रहे थे।

आपातकाल लागू किए जाने के चार दिनों बाद ही 1 जुलाई, 1975 को प्रधानमंत्री इन्दिरा गांधी ने राष्ट्र के नाम एक और सन्देश प्रसारित किया और अपनी सरकार के महत्त्वाकांक्षी 20 सूत्री कार्यक्रम की जानकारी दी। यह एक तरह से उनकी सरकार की नीतियों का ख़ाका था। इसमें ग्रामीण से लेकर शहरी लोगों, श्रमिकों से लेकर उद्योगपतियों और छात्रों तक के लिए विभिन्न तरह की रियायतों और कार्यक्रम शामिल थे। महँगाई को नियंत्रित करने पर ख़ासा ज़ोर था। ग्रामीण क्षेत्र के लोगों के लिए मकान के लिए ज़मीन देने की बात थी। खेतिहर मज़दूरों के लिए न्यूनतम वेतन तय करने और बिजली तथा सिंचाई में सुधार की बात थी। मध्यवर्ग को ध्यान में रखकर आयकर छूट की सीमा छह हज़ार रुपये से बढ़ाकर आठ हज़ार रुपये करने की घोषणा भी इसमें शामिल थी। तस्करों और कालाबाज़ारियों के ख़िलाफ़ कड़ी कार्रवाई किए जाने की बात भी इन्दिरा ने की। कुल मिलाकर इन्दिरा गांधी ने इस प्रसारण के ज़रिये देश के लोगों को विश्वास में लेने की कोशिश की।[118]

सड़कों पर आपातकाल लागू किए जाने के विरोध में कोई ख़ास प्रतिक्रिया नज़र नहीं आई थी। अगले कई महीने तक गिरफ़्तारियाँ चलती रहीं। देशभर में अनेक पत्रकारों को भी गिरफ़्तार किया गया था, उनमें वरिष्ठ पत्रकार कुलदीप नैयर भी थे। उन्हें 24 जुलाई, 1975 को गिरफ़्तार किया गया। उस समय वह *इंडियन एक्सप्रेस* के सम्पादक थे। उन पर आरोप लगाया गया था कि वह जामा मस्जिद गए थे और वहाँ जाकर उन्होंने मुस्लिमों को सरकार के विरुद्ध भड़काया था। कुलदीप नैयर ने जेल के पहले दिन का वाक़या कुछ यूँ बयान किया है, "... मैं कुछ क़ैदियों से बातें कर ही रहा था कि प्लेट को चम्मच से पीटने की आवाज़ें आने लगीं। यह भोजन के लिए बुलावा था। मैं जब वहाँ पहुँचा तो भोजन पर्याप्त गरम था, जिससे मक्खियाँ नज़दीक नहीं आ पा रही थीं। मुझे यह कहते हुए किसी ने रोका, "रुको, अभी मंत्रोच्चार होगा।" यह प्रार्थना थी, आरएसएस के लोग जिसका अपनी शाखाओं में गायन करते हैं। इसके बाद भोजन की ओर हाथ बढ़ने लगे। इस बार मैं ख़ुद रुक गया। मेरी नज़र तीन

मुस्लिमों की ओर गई, जिन्हें मैं जानता था और जिनके साथ मैंने एक साल पहले दिल्ली के किसनगंज इलाक़े में हुए दंगों के समय कुछ वक़्त गुज़ारा था। उनके साथ बुरा हुआ था, जिसके बारे में मैंने *स्टेट्समैन* में लिखा था। मैंने उनसे पूछा, "आप बिस्मिल्लाह नहीं कह रहे हैं?" उन्होंने कहा, "हाँ कहते हैं, लेकिन आपस में।" मैंने उनसे कहा, "ज़ोर से कहिए।" और उसके बाद वहाँ भोजन के समय पहले हिन्दू प्रार्थना के साथ ही मुस्लिम इबादत भी होने लगी।"[119]

इस बीच, चंडीगढ़ के पीजीएमआईआर में नज़रबन्द जेपी का स्वास्थ्य बिगड़ने लगा। इससे ख़ुद चंडीगढ़ के डीएम और कुछ महीने के भीतर ही जेपी के विश्वसनीय बन चुके देवसहायम चिन्तित हुए। जैसा कि बाद में उन्होंने लिखा कि उनकी पहल पर सरकार ने जेपी को पैरोल पर रिहा करने की मंज़ूरी दे दी और फिर 16 नवम्बर, 1975 को उन्हें बीएसएफ के विमान से दिल्ली होते हुए बम्बई ले जाया गया, ताकि जसलोक अस्पताल में उनका इलाज हो सके। जेपी की रिहाई में विनोबा भावे की भी भूमिका थी। इन्दिरा गांधी ने 7 सितम्बर, 1975 को पवनार में विनोबा भावे से मुलाक़ात की थी। विनोबा जेपी की गिरफ़्तारी से क्षुब्ध थे। उन्होंने इन्दिरा से जेपी को तुरन्त बिना शर्त रिहा करने का आग्रह किया था। कहा तो यह भी जाता है कि विनोबा ने इन्दिरा से कहा था कि वह जेपी और उनमें सुलह चाहते हैं।[120]

जेपी क़रीब चार महीने तक चंडीगढ़ में रहे। जेपी की दोनों किडनी खराब हो गई थी और इससे ख़ुद उन्हें भी हैरत हुई थी। इन चार महीनों के दौरान जेपी और सरकार के बीच संवाद की कोशिशें भी हुई थीं, जिसमें पी.एन. धर की अहम भूमिका थी। मगर सुलह की कोई सूरत नहीं बन पाई थी। जबकि गिरफ़्तारी के कुछ हफ़्तों बाद बिहार में जब बाढ़ आई थी, तब जेपी ने सरकार से आग्रह किया था कि उन्हें पैरोल पर रिहा किया जाए, ताकि वह बिहार जाकर संकट में फँसे अपने लोगों की मदद कर सकें, मगर अब उनकी सेहत ने सरकार को उनकी नज़रबन्दी ख़त्म करने को मजबूर कर दिया।

यों 6 मार्च, 1975 की दिल्ली की रैली के बाद ही जेपी आन्दोलन के पूरी तरह से विपक्षी राजनीतिक दलों के आन्दोलन में बदल जाने के साथ ही छात्रों की भूमिका सीमित हो गई थी। अब यह वैसे भी छात्र आन्दोलन नहीं रह गया था, मगर आपातकाल के दंश से छात्र नेता भी नहीं बचे। आन्दोलन से जुड़े रहे एक प्रमुख छात्र नेता और जेएनयू छात्रसंघ के पूर्व अध्यक्ष आनन्द कुमार

आपातकाल लागू किए जाने से पहले ही अपने शोध के सिलसिले में अमेरिका जा चुके थे। वह शिकागो यूनिवर्सिटी में स्कॉलरशिप लेकर शोध कर रहे थे। वह अमेरिका चले तो गए थे, लेकिन नज़र भारत के घटना-क्रम पर भी थी। मुझसे हुई बातचीत में आनन्द कुमार ने बताया, "एक मित्र ने बताया कि रेडियो पर जानकारी आई है कि भारत में इमरजेंसी लगाई गई है और चौंकाने वाली जानकारी यह थी कि जयप्रकाश नारायण जी को गिरफ़्तार कर लिया गया है। यह जानकारी मिलने पर मैंने अपनी छोटी बहन रंजना को दिल्ली फ़ोन किया जो तब जेएनयू में राजनीतिशास्त्र में एम.ए. कर रही थी। तब पक्की जानकारी मिली और उसने यह भी बताया कि बहुत से लोगों की गिरफ़्तारी की आशंका है।"[121]

बाद में आनन्द कुमार भी निशाने पर आ गए। 8 मार्च, 1976 की *द न्यूयॉर्क टाइम्स* की एक रिपोर्ट, *प्रोटेस्ट्स राइस इन इंडिया* का एक अंश कहता है :

"...अमेरिका में आपातकाल का घोर विरोध करने वालों के ख़िलाफ़ पहली ज्ञात आधिकारिक भारतीय कार्रवाई पिछले सप्ताह एक नेता के ख़िलाफ़ की गई। शिकागो विश्वविद्यालय में 26 वर्षीय स्नातक छात्र आनन्द कुमार को आधिकारिक तौर पर सूचित किया गया कि उनकी चार वर्षीय भारत सरकार की योग्यता छात्रवृत्ति वापस ली जा रही है और उन्हें घर लौट जाना चाहिए। शिकागो में अमेरिकियों ने श्री कुमार को समाजशास्त्र में डॉक्टरेट का एक 'शानदार' उम्मीदवार बताया। वह जवाहरलाल नेहरू विश्वविद्यालय, नई दिल्ली के छात्र निकाय के पूर्व अध्यक्ष हैं। पिछले साल की शुरुआत में अमेरिका आने से पहले उन्होंने जयप्रकाश नारायण के साथ मिलकर काम किया, जिन्होंने पिछले 26 जून को आपातकाल की घोषणा से पहले श्रीमती गांधी के विरोध का नेतृत्व किया था।"[122]

छात्रवृत्ति रोके जाने के बावजूद आनन्द कुमार ने अध्ययन जारी रखा।

आरएसएस की भूमिका पर उठे सवाल

जिन विपक्षी नेताओं को गिरफ़्तार किया गया था, उनमें प्रभावशाली पूर्व जयपुर राजघराने की पूर्व महारानी गायत्री देवी और पूर्व ग्वालियर रियासत की पूर्व राजमाता विजया राजे सिन्धिया भी शामिल थीं। गायत्री देवी और विजया राजे सिन्धिया, दोनों को तिहाड़ में आम क़ैदियों के बीच बन्द रखा गया था। उनके

अलावा राष्ट्रीय स्वयंसेवक संघ के प्रमुख एम.डी. (बालासाहब) देवरस को भी नागपुर से गिरफ़्तार किया गया था। हालाँकि गिरफ़्तारी के दौरान की उनकी भूमिका को लेकर सवाल भी उठे। दरअसल, देवरस ने यरवदा सेंट्रल जेल, पुणे में बन्द रहते प्रधानमंत्री इन्दिरा गांधी को कई पत्र लिखे थे। इन पत्रों में उन्होंने यह दावा किया था कि राष्ट्रीय स्वयंसेवक संघ एक सांस्कृतिक संगठन है और हिंसा में लिप्त नहीं है। देवरस ने पहला पत्र 15 अगस्त को लाल क़िले की प्राचीर से प्रधानमंत्री इन्दिरा गांधी के भाषण को सुनने के बाद 22 अगस्त, 1975 को लिखा था। देवरस के इस पत्र के इस अंश पर आज ग़ौर किया जा सकता है :

"...यद्यपि संघ का कार्यक्षेत्र सम्प्रति केवल हिन्दू समाज तक सीमित है, फिर भी किसी अहिन्दू के ख़िलाफ़ संघ में कुछ भी नहीं सिखाया जाता। संघ में मुसलमानों से द्वेष करना सिखाया जाता है, यह कहना सर्वथा असत्य है। इस्लाम धर्म, मोहम्मद पैगम्बर, क़ुरान तथा ईसाई धर्म, ईसा मसीह, बाइबिल इनके सम्बन्ध में संघ में अनुचित शब्द का प्रयोग नहीं होता।" देवरस ने इस पत्र का समापन इस तरह से किया, "संघ के सम्बन्ध में पूर्वग्रह छोड़कर आप विचार करें, ऐसी प्रार्थना है। प्रजातंत्रीय देशों में जो संगठन स्वातंत्र्य का जो मूलभूत अधिकार होता है, उसको ध्यान में रखकर राष्ट्रीय स्वयंसेवक संघ पर जो प्रतिबन्ध है, उन्हें हटाएँ, ऐसा मेरा आपसे निवेदन है। आपको उचित जान पड़े तो आपसे मिलकर मुझे आनन्द ही होगा। भवदीय, मधुकर दत्तात्रेय देवरस।"[123]

10 नवम्बर, 1975 को प्रधानमंत्री इन्दिरा गांधी के नाम भेजे गए अपने दूसरे पत्र में देवरस ने उन्हें सुप्रीम कोर्ट के पाँच जजों की पीठ द्वारा 1971 के निर्वाचन को वैध ठहराने वाले फ़ैसले को लेकर बधाई दी। यह पत्र इसलिए अहम है, क्योंकि देवरस ने इसमें इनकार किया कि जेपी आन्दोलन में आरएसएस की कोई भूमिका है। आरएसएस और भाजपा के आज के दावे के यह एकदम उलट है, जो कि जेपी आन्दोलन का श्रेय लेने से गुरेज़ नहीं करते।

देवरस ने लिखा :

"...श्री जयप्रकाश नारायण जी के आन्दोलन के सन्दर्भ में संघ का नाम लिया गया है। गुजरात आन्दोलन, बिहार आन्दोलन, जिनके सम्बन्ध में सरकार की ओर से बार-बार और बिना कारण जोड़ा गया, अतः उसके बारे में मेरा कहना क्रमप्राप्त था। इन आन्दोलनों से संघ का कुछ भी सम्बन्ध नहीं, इसके स्पष्टीकरण में मैंने केवल दो बातें प्रमुखतः कही हैं। एक, वे आन्दोलन जनता

में व्याप्त असन्तोष के कारण हुए हैं, अतः उसके लिए आप और हम सभी ज़िम्मेदार हैं। और दूसरी यह कि श्री जयप्रकाश नारायण को सीआईए का एजेंट, सरमायेदारों का साथी, देशद्रोही कहना यह ठीक नहीं, अनुचित है। वे भी देशभक्त हैं। आपके भाषणों में अनेक बार ऐसे ही विचार कहे गए हैं।"[124]

वास्तव में देवरस का यह दावा आरएसएस के नेताओं की जेपी आन्दोलन में स्पष्ट भूमिका को देखते हुए विरोधाभासी था। वास्तविकता यह है कि जेपी आन्दोलन में आरएसएस की भूमिका से उस जनता पार्टी के स्वरूप को लेकर सवाल उठ रहे थे, जिसकी कल्पना जेपी कर रहे थे।

आम तौर पर अगले लोकसभा चुनाव फरवरी 1976 में तय थे, मगर इन्दिरा गांधी ने आम चुनाव को आगे बढ़वा दिया। दरअसल प्रायः सभी बड़े विपक्षी नेता और बड़ी संख्या में विपक्षी दलों के कार्यकर्ता जेलों में थे। आम लोग आम तौर पर राहत महसूस कर रहे थे। राशन दुकानों में पहली जैसी अफ़रा-तफ़री नहीं थी। महँगाई भी काफ़ी हद तक नियंत्रित थी। ट्रेनें समय पर चल रही थीं।

दूसरी ओर अस्वस्थ होने के बावजूद जेपी नागरिक आज़ादी को लेकर चिन्तित थे। कुछ महीने पहले ही वह बम्बई आ चुके थे। उनकी पहल पर 20 और 21 मार्च, 1976 को बम्बई में कुछ विपक्षी दलों के नेताओं की एक अनौपचारिक बैठक हुई थी।[125]

इससे पहले 7 मार्च को भारतीय लोकदल के नेता चरण सिंह की जेल से रिहाई हो चुकी थी।[126] इस बैठक में चरण सिंह के साथ ही जे.बी. कृपलानी, शान्तिभूषण, नारायण देसाई, ओम प्रकाश त्यागी, एस.एम. जोशी, एन.जी. गोरे, एस. निजलिंगप्पा, एच.एम. पटेल सहित विभिन्न दलों के क़रीब बीस नेता उपस्थित थे।[127] जेपी की पहल पर एक समन्वय समिति बनाई गई, जिसमें भारतीय लोकदल, संगठन कांग्रेस, सोशलिस्ट पार्टी और जनसंघ के एक-एक प्रतिनिधि को शामिल किया गया। यह एक नई पार्टी की रूपरेखा थी, जिसे नाम दिया गया जनता पार्टी। 25 मई, 1976 को जेपी ने एक प्रेस कॉन्फ्रेंस में इस नई पार्टी के गठन की घोषणा की।[128]

हालाँकि चरण सिंह अपनी पार्टी के विलय के पक्ष में नहीं थे। दरअसल चरण सिंह को आरएसएस को लेकर एतराज़ था। 8 जुलाई, 1976 को दिल्ली में जब चार दलों की बैठक हुई, तब चरण सिंह ने आरएसएस को लेकर सवाल उठाए। उन्होंने कहा कि उनका स्पष्ट मानना है कि आरएसएस का कोई भी

कार्यकर्ता नई पार्टी का सदस्य नहीं हो सकता और न ही नई पार्टी का कोई सदस्य आरएसएस से जुड़ सकता है। यह दोहरी सदस्यता का मामला है और जिसकी इजाज़त नहीं दी जा सकती और नई पार्टी में गोपनीय और छलपूर्वक काम करने की गुंजाइश नहीं होनी चाहिए।[129]

आरएसएस को लेकर जिस एक अन्य नेता को कड़ा एतराज़ था, वह थे, समाजवादी नेता मधु लिमये। वह उस वक़्त अन्य नेताओं के साथ जेल में बन्द थे। बाद में मधु लिमये ने भी दिल्ली की इस बैठक में भारतीय लोकदल और जनसंघ के नेताओं के बीच हुई तक़रार के बारे में लिखा। मधु लिमये ने लिखा :

"...हमने न तो आरएसएस के साथ कोई समझौता किया और न ही हमने उसकी कोई माँग मानी। और तो और, मनुभाई पटेल के एक पत्र के माध्यम से जो जेल में हम सभी के बीच प्रसारित किया गया था, हमें पता चला कि 7 जुलाई, 1976 को चौधरी चरण सिंह ने आरएसएस के सदस्यों के नई पार्टी का सदस्य बनने पर दोहरी सदस्यता के कारण हितों के सम्भावित टकराव का मुद्दा उठाया था। इसके जवाब में जनसंघ के कार्यवाहक महासचिव ओम प्रकाश त्यागी ने कहा कि प्रस्तावित पार्टी सदस्यता के लिए चाहे जो मानदंड बनाना चाहे, वह इसके लिए स्वतंत्र है। उन्होंने यहाँ तक कहा कि चूँकि आरएसएस कई बाधाओं का सामना कर रहा है, एक तरह से वह भंग ही है, ऐसे में आरएसएस की सदस्यता का सवाल ही नहीं उठता।..."[130]

उस समय आरएसएस पर प्रतिबन्ध लगा हुआ था।

नई राष्ट्रीय जनसंख्या नीति और नसबन्दी

विपक्ष की इन गतिविधियों के बावजूद सरकार को कोई फ़र्क़ नहीं पड़ा, क्योंकि जनता में इसे लेकर कोई ख़ास प्रतिक्रिया नहीं थी। इस बीच अप्रैल 1976 में सरकार ने नई राष्ट्रीय जनसंख्या नीति जारी की, जिसमें छोटे परिवार पर ज़ोर दिया गया। यों देश में परिवार नियोजन कार्यक्रम पहले से चल ही रहा था। जैसा कि मैंने पहले ज़िक्र किया है, तब स्वास्थ्य एवं परिवार नियोजन मंत्री रहे डॉ. कर्ण सिंह ने मुझसे हुई बातचीत में नई जनसंख्या नीति में नसबन्दी के लिए व्यावहारिक लक्ष्य रखे गए थे। इस कार्यक्रम को संजय गांधी ने अपने हाथ में ले लिया और तीन की बजाय दो बच्चों पर ज़ोर दिया। इन्दिरा गांधी के 20 सूत्री कार्यक्रम से इतर संजय गांधी ने युवक कांग्रेस के लिए पाँच सूत्री कार्यक्रम की घोषणा की थी। ये पाँच

सूत्र थे : साक्षरता, परिवार नियोजन, वृक्षारोपण, जाति प्रथा का उन्मूलन और दहेज प्रथा की समाप्ति, मगर संजय का ख़ासा ज़ोर परिवार नियोजन कार्यक्रम पर था। इसके अलावा उन्होंने राजधानी दिल्ली के सौन्दर्यीकरण पर ज़ोर दिया। यही वह समय था जब संजय गांधी सत्ता का केन्द्र बन गए थे।

अपनी किताब द *संजय स्टोरी* में विनोद मेहता ने लिखा है, "1 अकबर रोड पर संजय गांधी का दिन सुबह आठ बजे शुरू होता था। इसी समय किशन चन्द (दिल्ली के उपराज्यपाल), नवीन चावला (दिल्ली के उपराज्यपाल के सचिव), जगमोहन (दिल्ली विकास प्राधिकरण के उपाध्यक्ष) और पी.एस. भिंडर (दिल्ली पुलिस के डीआईजी) जैसे अफसर संजय को अपनी रोज़ाना की रिपोर्ट पेश करते थे। इसी समय वे संजय से आदेश भी लेते थे। इनमें से ज़्यादातर लोग उन्हें सर कहकर पुकारते थे।"[131]

नसबन्दी वाले कार्यक्रम की आड़ में अमानवीयता की गई। इसलिए बहुत जल्द यह कार्यक्रम इन्दिरा सरकार की अलोकप्रियता का एक बड़ा कारण बन गया। नसबन्दी कार्यक्रम आतंक का पर्याय बन गया था। पुरानी दिल्ली में नसबन्दी शिविर उत्पीड़न और भ्रष्टाचार का अड्डा बन गए थे। नसबन्दी के साथ ही दिल्ली के सौन्दर्यीकरण की आड़ में झुग्गियों को उजाड़ने से हज़ारों लोग बेघर हो गए।

इस बीच, इन्दिरा गांधी ने नवम्बर 1976 में एक बार फिर आम चुनाव को टाल दिया। दरअसल संजय गांधी नहीं चाहते थे कि चुनाव हों जबकि पी.एन. धर चाहते थे कि समय पर चुनाव कराए जाएँ। धर ने इन्दिरा को फरवरी 1976 में ही चुनाव करवाने का सुझाव दिया था।[132]

इस समय तक वह सब कुछ दरकने लगा था जिसे सरकार ने आपातकाल के शुरुआती महीनों में हासिल किया था। इन्दिरा मंत्रिमंडल के सदस्य रहे डॉ. कर्ण सिंह का मानना है, "यदि आपातकाल लगने के छह महीने बाद इन्दिरा जी चुनाव करवातीं तो वह जीत जातीं।"[133]

दरअसल मीसा का सरकार के विरोधियों ही नहीं, आम लोगों पर भी हथियार की तरह इस्तेमाल किया गया। उत्तर प्रदेश में ऐसे लोगों के ख़िलाफ़ भी मीसा का दुरुपयोग किया गया, जिन पर आरोप था कि वे परिवार नियोजन (नसबन्दी) कार्यक्रम में सहयोग नहीं कर रहे हैं या सक्रियता नहीं दिखा रहे हैं।

यों तो राजधानी में 1971 के आम चुनाव के बाद से ही अतिक्रमण और

झुग्गियों को हटाने की कार्रवाई चल रही थी, लेकिन आपातकाल लागू किए जाने के बाद इसमें तेज़ी आई थी। सबसे भीषण कार्रवाई हुई थी पुरानी दिल्ली के तुर्कमान गेट इलाक़े में। घनी बसावट वाला यह इलाक़ा जामा मस्जिद से महज़ ढाई किलोमीटर दूर स्थित है। वहाँ होने वाली कार्रवाई को शुरू में काफ़ी गोपनीय रखा गया था। जनता पार्टी की सरकार के दौरान आपातकाल की ज़्यादतियों के लिए गठित जस्टिस जे.सी. शाह आयोग की रिपोर्ट बताती है कि—डीडीए (दिल्ली विकास प्राधिकरण)—के उपाध्यक्ष जगमोहन ने 7 अप्रैल, 1976 को डीआईजी पी.एस.भिंडर को पत्र लिखकर सूचित किया कि डीडीए 11 अप्रैल से पुरानी दिल्ली और उससे सटे इलाक़े में अवैध निर्माण को हटाने के लिए अभियान चलाएगा। जगमोहन ने उनसे इसके लिए पुलिस की मदद भी माँगी और यह भी सूचित किया कि यह अभियान डीडीए के डिप्टी कमिश्नर (स्लम) एच.के. लाल की देखरेख में होगा, मगर दो दिन बाद 9 अप्रैल को दिल्ली (सेंट्रल डिस्ट्रिक्ट) के पुलिस अधीक्षक आर.के. ओहेरी ने जगमोहन को पत्र लिखकर सूचित किया कि चूँकि पुलिस बल पहले से तय गीतों भरी शाम नाम से होने वाले एक कार्यक्रम के लिए तैनात रहेगा, लिहाज़ा, वह दो दिन बाद ही कुछ व्यवस्था कर सकेंगे। इस वजह से तुर्कमान गेट इलाक़े में अतिक्रमण हटाने का कार्यक्रम दो दिन टाल दिया गया।[134]

तय कार्यक्रम के मुताबिक़ 13 अप्रैल की सुबह एक पुराने बुलडोजर के साथ डीडीए का अतिक्रमण हटाओ दस्ता आसफ़ अली रोड में तुर्कमान गेट की ओर निकल पड़ा। इस काफ़िले में पुलिस का दस्ता भी शामिल था। डिप्टी कमिश्नर एच.के. लाल एक जीप में सवार थे। उस दिन वहाँ *पेट्रियाट* के युवा पत्रकार अजय बोस भी मौजूद थे, जिन्होंने बाद में मानवाधिकार कार्यकर्ता जॉन दयाल के साथ दिल्ली में आपातकाल की ज़्यादतियों पर एक शानदार किताब लिखी, *फॉर द रीजन्स ऑफ़ स्टेट, डेलही अंडर इमरजेंसी*। तब वहाँ झुग्गियों में क़रीब सवा सौ परिवार रह रहे थे। अतिक्रमण हटाओ दस्ते को देखकर लोग दहशत में आ गए।

बोस और दयाल ने अपनी किताब में लिखा, "तहसीलदार की जीप को भीड़ ने घेर लिया। भीड़ को तहसीलदार कश्मीरी लाल ने यह कहते हुए समझाने की कोशिश की, "कुछ नहीं है मियाँ, हम सिर्फ़ ट्रांजिट कैम्प के निवासियों को रंजीत नगर में इससे अच्छी जगह भेजने के लिए आए हैं। मैं आपको भरोसा दिला रहा हूँ, किसी को कुछ नहीं होगा।" (ब्योरों से पता चलता है कि कश्मीरी

लाल और एच.के. लाल एक ही व्यक्ति थे, किताब में उन्हें तहसीलदार बताया गया है, जबकि शाह आयोग ने अपनी रिपोर्ट में डिप्टी कमिश्नर)।[135]

डीडीए के अतिक्रमण हटाओ दस्ते ने 13 और 14 अप्रैल को तुर्कमान गेट इलाक़े में दुजाना हाउस स्थित ट्रांजिट कैम्प को ध्वस्त कर दिया और वहाँ रहने वाले 80 परिवारों को हटाकर नज़दीक ही स्थानान्तरित कर दिया। इसका कोई ख़ास विरोध नहीं हुआ, क्योंकि ट्रांजिट कैम्प की हालत पहले ही जर्जर थी। मगर 15 अप्रैल को जब अतिक्रमण हटाओ दस्ता आगे बढ़कर झुग्गियों को ध्वस्त करने लगा तो अफ़रा-तफ़री मच गई। विरोध कर रहे लोगों पर पुलिस ने फ़ायरिंग कर दी, जिसमें छह लोग मारे गए।[136]

अजय बोस को उस दौर की एक-एक घटना याद है। इस घटना के 46 साल बाद मुझसे हुई बातचीत में ऐसा लगा मानो वह रिपोर्टर के रूप में अपनी डायरी से ब्योरे दे रहे हैं। अजय बोस ने बताया, "यह उस इलाक़े के लोगों के लिए दोहरी मार थी। दरअसल, उसी दौरान दुजाना हाउस में संजय गांधी की क़रीबी रुख़साना सुलताना की पहल पर परिवार नियोजन शिविर खोला गया था। ज़बरिया नसबन्दी की आशंका से लोग पहले ही दहशत में थे।"[137]

तुर्कमान गेट और उसके आसपास जो कुछ घटा, उसने दिखाया कि संजय और उनकी मंडली ने किस तरह से सारी सांविधानिक हदें पार कर ली थीं? आपातकाल के दौरान राजधानी से दूर देश के दूसरे हिस्सों में जिन विपक्षी नेताओं के परिजनों को पुलिस उत्पीड़न का सामना करना पड़ा, उनमें जार्ज फ़र्नांडीस के भाई लॉरेंस फ़र्नांडीस और जॉर्ज की राजनीतिक सहयोगी स्नेहलता रेड्डी भी थीं। जॉर्ज लम्बे समय तक गिरफ़्तारी से बचते रहे थे। उनकी तलाश में पुलिस ने 1 मई, 1976 को लॉरेंस फ़र्नांडीस के घर पर रात पौने नौ बजे धावा बोला। पुलिस लॉरेंस को पूछताछ के लिए अपने साथ लेकर गई। पुलिस के बड़े अधिकारियों की मौजूदगी में लॉरेंस के साथ मारपीट की गई। उत्पीड़न का यह सिलसिला अगले दिन तड़के तीन बजे तक चलता रहा। इस दौरान उन्हें खाने-पीने के लिए कुछ भी नहीं दिया गया। बाद में उन्हें गिरफ़्तार कर लिया गया और मार्च 1977 में ही उनकी रिहाई हो सकी थी।[138]

दरअसल, सरकार की एजेंसियाँ आपातकाल लागू होने के कई महीने बाद तक गिरफ़्तारी से बचते रहे जार्ज फ़र्नांडीस को पकड़ने को लेकर बेताब थीं। इसकी एक वजह थी ख़ुफ़िया रिपोर्ट, जिनके मुताबिक़ जॉर्ज अपने साथियों के

साथ प्रधानमंत्री इन्दिरा पर किसी बड़े हमले को अंजाम दे सकते थे। इस कथित साज़िश को बड़ौदा डाइनामाइट कांड नाम दिया गया। अन्ततः जार्ज फ़र्नांडीस को 10 जून, 1976 को ओडिशा के गोपालपुर से कोलकाता जाते गिरफ़्तार कर लिया गया और उनके तथा उनके साथियों के ख़िलाफ़ रेल लाइन और रेलवे पुलों को कथित तौर पर डाइनामाइट से उड़ाने की साजिश के सम्बन्ध में मामले दर्ज किए गए।[139]

इन्दिरा गांधी ने दूसरी बार आम चुनाव टाल ज़रूर दिए थे, लेकिन वह आन्तरिक रूप से बेहद उथल-पुथल से गुज़र रही थीं। पुपुल जयकर की सलाह पर उसी दौरान इन्दिरा ने दार्शनिक जिद्दू कृष्णमूर्ति से मुलाक़ात की थी। जयकर ने ऐसी दो मुलाक़ातों का ज़िक्र किया है।

पुपुल जयकर ने लिखा, "कृष्णमूर्ति 24 अक्तूबर को दिल्ली आए। वह मेरे मेहमान थे और मैंने इन्दिरा को कृष्णजी से मुलाक़ात के लिए डिनर पर आमंत्रित किया। वह अपनी एक पुरानी पसन्दीदा गुलाबी रंग की साड़ी पहनकर आई थीं। संकोच के साथ कृष्णजी को उन्होंने बताया कि आज भारतीय कैलेंडर के अनुसार उनका जन्मदिन है। उन्होंने बहुत स्नेह से उन्हें बधाई दी। उन्होंने उन्हें भावनात्मक रूप से उत्पीड़ित और परेशान महसूस किया। उन्होंने उनका हाथ पकड़ा और फिर दोनों कुछ देर तक मौन रहे। उन्होंने उनसे कहा, "मैडम, आप बहुत परेशान हैं।" वह चौंक गईं। वह लोगों से घिरे रहने की आदी थीं, लेकिन यहाँ एक 80 वर्ष के दुबले-पतले संत ने उन्हें निःशब्द कर दिया था।"[140]

पुपुल जयकर ने यह भी लिखा कि 28 अक्तूबर को इन्दिरा ने कृष्णमूर्ति से दोबारा मिलने की इच्छा जताई, जबकि उस समय संसद में लोकसभा का कार्यकाल एक वर्ष और बढ़ाने को लेकर बहस चल रही थी और वह बहुत व्यस्त थीं। आश्चर्यजनक रूप से इन्दिरा 11 बजे के क़रीब बिना सुरक्षा गार्डों को साथ लिये कृष्णमूर्ति से मिलने के लिए पुपुल जयकर के घर पहुँच गईं।

जैसा कि पुपुल जयकर ने लिखा, "वे दोनों घंटे भर तक साथ रहे और जब वह कमरे से बाहर निकलीं, तो उनके चेहरे से आँसू ढरक रहे थे।" इस मुलाक़ात में इन्दिरा ने कृष्णमूर्ति को बीते एक साल के दौरान के देश के हालात के बारे में बताया। कृष्णमूर्ति ने उन्हें सिर्फ़ एक सलाह दी, "सही क़दम उठाएँ, चाहे उसका नतीजा कुछ भी क्यों न निकले।"[141]

चुनाव दूसरी बार टाल ज़रूर दिए गए, लेकिन हालात बताते हैं कि इन्दिरा

गांधी के मन में कुछ और ही चल रहा था। इसी बीच दिसम्बर के मध्य में गुवाहाटी में कांग्रेस का सम्मेलन हुआ, जिसमें संजय गांधी आकर्षण का केन्द्र बन गए। इससे इन्दिरा कुछ ख़ास प्रभावित नहीं हुईं, बल्कि उनकी राय थी कि संजय अभी इतने परिपक्व नहीं हैं कि वह उन लोगों को ठीक से समझ सकें, जिन पर वह भरोसा करते हैं। यह वही दौर था, जब इन्दिरा सांविधानिक मामलों के विमर्श से संजय गांधी को दूर रख रही थीं।[142]

इस सम्मेलन के महीने भर भी नहीं बीते थे कि 18 जनवरी, 1977 को इन्दिरा ने आम चुनाव करवाने का ऐलान कर सबको चौंका दिया। उन्होंने अपने इस फ़ैसले का ऐलान राष्ट्र के नाम प्रसारण के ज़रिये किया। इन्दिरा गांधी के प्रेस सलाहकार एच.वाई. शारदा प्रसाद के बेटे और रक्षा विशेषज्ञ रवि विश्वेसरैया शारदा प्रसाद ने बाद में अपने पिता के हवाले से लिखा, "आम धारणा यही थी कि इन्दिरा गांधी ने चुनावों का ऐलान इसलिए किया है, क्योंकि ख़ुफ़िया एजेंसियों ने उन्हें रिपोर्ट दी है कि वह आसानी से चुनाव जीत जाएँगी, क्योंकि विपक्षी नेता जेल में हैं।"[143]

तथ्य बताते हैं कि आईबी (इंटेलिजेंस ब्यूरो) ने रिपोर्ट दी थी कि यदि अभी चुनाव कराए गए तो कांग्रेस हार जाएगी। रॉ (रिसर्च एंड एनालिसिस विंग) के प्रमुख आर.एन. कॉव ने, इन्दिरा को सलाह दी कि विपक्षी नेताओं की रिहाई तो करें, लेकिन चुनाव छह महीने बाद करवाएँ।[144]

महज़ दो महीने पहले 11 नवम्बर, 1976 को इन्दिरा विवादास्पद 42वाँ संविधान संशोधन विधेयक संसद से पारित करवाने में सफल रही थीं। इसमें मौलिक अधिकारों में कटौती करने के साथ ही न्यायपालिका पर भी अंकुश लगाने की कोशिश की गई थी। यह अकेला संविधान संशोधन विधेयक दिखा रहा था कि इन्दिरा अधिनायकवाद के रास्ते पर हैं। ऐसे में अन्दाज़ा लगाना मुश्किल था कि वह अचानक चुनाव करवाने का ऐलान कर देंगी। इसके बावजूद इन्दिरा के पक्ष में जो एक बात राय बदलने को काफ़ी थी, वह यह कि, वह जवाहरलाल नेहरू की बेटी थीं। आख़िर मोरारजी देसाई और जेपी जैसे उनके धुर विरोधी तक उम्मीद करते रहे थे कि नेहरू की बेटी चाहे जो कर ले, सैन्य शासन या अधिनायकवाद की ओर नहीं बढ़ सकतीं।

ऐसी ही राय इन्दिरा गांधी के एक और विरोधी समाजवादी नेता मधु लिमये की भी थी। 18 जनवरी, 1977 के इन्दिरा गांधी के प्रसारण को मधु लिमये ने

इस तरह देखा, "इसमें झूठे तर्क, ख़ुद को जायज़ ठहराने की कोशिश, यह सब कुछ दिखा, लेकिन इन सबसे ऊपर इसमें उदार न सही, लोकप्रिय लोकतंत्र की सर्वोच्चता के प्रति उनके मन में गहरा सम्मान भी नज़र आया और वैधता हासिल करने की चाहत भी। चाहे कुछ भी हो, इन्दिरा गांधी कभी भूल नहीं सकतीं कि वह जवाहरलाल नेहरू की बेटी हैं और हमारी ही तरह महात्मा गांधी के नेतृत्व में हुए स्वतंत्रता संग्राम से निकली हैं।"[145]

तब कांग्रेस के भीतर भी कम उथल-पुथल नहीं थी। चुनाव की घोषणा को एक पखवाड़ा भी नहीं बीता था कि 2 फरवरी, 1977 को जगजीवन राम, हेमवती नन्दन बहुगुणा और नन्दिनी सतपथी ने कांग्रेस से नाता तोड़ लिया और अपनी अलग पार्टी कांग्रेस फ़ॉर डेमोक्रेसी (सीएफडी) बना ली, मानो वे ऐसे किसी मौक़े की तलाश में ही थे।

रवि विश्वेसरैया ने लिखा, ..."इन्दिरा गांधी ने अपना हास्य बोध नहीं खोया। जिस दिन जगजीवन राम और बहुगुणा ने पार्टी छोड़ी, उसी दिन भारतीय क्रिकेट टीम ने टोनी ग्रेग की अगुआई वाली एमएमसी की मेहमान टीम के ख़िलाफ़ टेस्ट मैच जीता था, जबकि वह टेस्ट श्रृंखला पहले ही गँवा चुकी थी। "उन्होंने मेरे पिता से मज़ाक़ में कहा, "हमेशा की तरह भारतीय प्रेस में कोई न्यूज सेंस नज़र नहीं आया। आज तो सही शीर्षक इस तरह होना चाहिए था, *इंडिया विन्स टेस्ट, जगजीवन राम डिफ़ेक्ट्स।* (भारत ने टेस्ट जीता, जगजीवन राम ने पार्टी छोड़ी)"[146]

क्या इन्दिरा ने यह जानते हुए भी कि उनकी सरकार अलोकप्रिय हो चुकी है और वह चुनाव में हार सकती हैं, चुनाव कराने का ऐलान किया, क्योंकि हालात उनके नियंत्रण में नहीं रह गए थे या वह ऐसे हालात से बाहर निकलना चाहती थीं, चाहे उसकी क़ीमत चुनाव में पराजय ही क्यों न हो? सच शायद हम कभी नहीं जान सकेंगे।

उनके इस क़दम से अचानक देश की सियासत ने एक चक्र पूरा कर लिया। लोकसभा भंग कर मार्च में चुनाव करवाने की घोषणा के साथ ही जेलों में बन्द विपक्षी नेताओं की रिहाई के भी आदेश दिए गए थे। हालाँकि इन्दिरा गांधी ने आन्तरिक आपातकाल में छूट देने की बात तो की, लेकिन उसे पूरी तरह से हटाने की घोषणा नहीं की थी। जिस दिन इन्दिरा ने लोकसभा भंग कर आम चुनाव करवाने का ऐलान किया, जेपी पटना में थे।

विपक्षी दल अचानक हुई इस घोषणा के लिए तैयार ही नहीं थे। उन्हें

अगले कुछ दिनों बाद चुनाव में जाना था। जेपी विपक्षी दलों के विलय से जिस एकीकृत जनता पार्टी की कल्पना कर रहे थे, उसका पूरा ख़ाका भी तैयार नहीं था। उस समय तक जनता पार्टी का चुनाव आयोग में पंजीयन भी नहीं हुआ था। चुनाव कराए जाने की घोषणा के चार दिन बाद 23 जनवरी, 1977 को जेपी की पहल पर चार विपक्षी दलों, भारतीय राष्ट्रीय कांग्रेस (संगठन), भारतीय लोकदल, भारतीय जनसंघ और समाजवादी पार्टी ने गुजरात विधानसभा चुनाव की तर्ज़ पर एकजुट होकर चुनाव लड़ने का फ़ैसला किया। जनता पार्टी के उम्मीदवार आधिकारिक रूप से भारतीय लोकदल के उम्मीदवार थे और उनका चुनाव चिह्न था हलधर किसान! इसके साथ ही जगजीवन राम की सीएफडी ने भी जनता पार्टी के साथ मिलकर चुनाव लड़ने का फ़ैसला किया। बाद में जनता पार्टी के साथ माकपा, द्रमुक और अकाली दल का भी तालमेल हो गया।

चुनावों की घोषणा होते ही देश का सियासी माहौल बदलने लगा। इसकी थाह मिली उन नारों से, जिनमें इन्दिरा और उनके बेटे को निशाना बनाया जा रहा था। 1971 में, जब इन्दिरा ने दो-तिहाई बहुमत से चुनाव जीता था, उस समय से हालात बदल गए थे और नारे भी। राजधानी दिल्ली से सटे उत्तर प्रदेश के इलाक़े में एक नारा ख़ूब चर्चित हुआ, *ज़मीन गई चकबन्दी में, मकान गया हदबन्दी में, द्वार खड़ी औरत चिल्लाए, मरद गया नसबन्दी में!* ऐसे नारे देश के सियासी रुख़ में बदलती हवा का संकेत कर रहे थे।

20 मार्च, 1977 को मतों की गिनती शुरू होते ही साफ़ होने लगा कि दिल्ली की सत्ता बदल रही है। दक्षिणी राज्यों को छोड़ दें, तो देश के बाक़ी हिस्सों से लगातार जनता पार्टी के उम्मीदवारों के जीतने की ख़बरें आने लगीं। छत्तीसगढ़ में मार्च के महीने में ठीक-ठाक गरमी शुरू हो जाती है। उस रात छत्तीसगढ़ के उस क़स्बे कसडोल में भी काफ़ी हलचल दिख रही थी, जहाँ क़रीब आठ महीने पहले मेरे पिता रविभूषण ठाकुर गृह ज़िले राजनांदगाँव के डोंगरगाँव से स्थानान्तरित होकर सरकारी उच्चतर माध्यमिक स्कूल में प्रभारी प्राचार्य के बतौर पदस्थ थे। उन दिनों महानदी के नज़दीक स्थित उस क़स्बे तक बरसात के मौसम में पहुँचना मुश्किल हो जाता था। दरअसल, आपातकाल लागू होने के बाद मेरे चाचा समाजवादी नेता विद्याभूषण ठाकुर को भी गिरफ़्तार किया गया था और उन्हें धार (मध्य प्रदेश) की जेल में रखा गया था। जेल में बन्द अन्य नेताओं के साथ उन्होंने भूख हड़ताल कर दी थी, जिससे नाराज़ होकर

जेल प्रशासन ने उन पर हमला किया था, जिसमें उन्हें गम्भीर चोटें आई थीं। उन्हें रायपुर की जेल में स्थानान्तरित कर वहाँ के अस्पताल में भर्ती किया गया था। मेरे पिताजी उनसे मिलने गए थे। तीन दिन बाद भरी बरसात के मौसम में टेलीग्राम से उनके नाम स्थानान्तरण का आदेश आ चुका था!

उस रात उनके साथ हम सब भी जाग रहे थे। दरअसल, उस रात सुदूर दिल्ली, भोपाल या रायपुर ही नहीं, बल्कि कसडोल जैसे क़स्बे में भी जश्न का माहौल था। लोग स्वस्फूर्त ढंग से सड़कों पर निकल आए थे। जनता पार्टी की जीत का जश्न हर ओर दिखाई दे रहा था। कसडोल में अपने घर के सामने तंग गलियों में उस रात मैंने हलधर किसान वाले कटआउट के साथ मशाल जुलूस देखा!

यदि मैं भूल नहीं रहा हूँ, तो रात तीन बजे के आसपास पिताजी के रेडियो से समाचार प्रसारित हुआ, "प्रधानमंत्री इन्दिरा गांधी रायबरेली से चुनाव हार गई हैं।" इन्दिरा गांधी को उन्हीं राजनारायण ने पराजित किया था, जिनकी याचिका पर इलाहाबाद हाईकोर्ट के जस्टिस जगनमोहन सिन्हा ने जिनके 1971 के लोकसभा चुनाव के निर्वाचन को अवैध घोषित कर दिया था।

इन्दिरा गांधी ने हार स्वीकार करने के साथ ही राष्ट्रपति से आन्तरिक आपातकाल हटाने का भी आग्रह किया। इसके साथ ही स्वतंत्र भारत के एक ऐसे अध्याय का अन्त हो गया, जिसने नागरिक आज़ादी को कठघरे में खड़ा कर दिया था।

जनता सरकार का आना और फिर बिखर जाना

1977 के लोकसभा चुनाव में जनता पार्टी को 295 सीटें मिली थीं और सहयोगी दलों के साथ उसकी सीटों की संख्या 345 पहुँच गई। कांग्रेस 154 सीटों तक सिमट गई थी और सहयोगी दलों के साथ उसका आँकड़ा 189 तक ही पहुँच सका था। कांग्रेस को अविभाजित उत्तर प्रदेश (85 सीटें) और अविभाजित बिहार (54 सीटें) में से एक भी सीट नहीं मिली। अलबत्ता अविभाजित मध्य प्रदेश (40 सीटें) और राजस्थान (25 सीटें) में वह एक-एक सीट जीतने में सफल हुई थी। छात्रों के नवनिर्माण आन्दोलन के बावजूद गुजरात में उसने दहाई का आँकड़ा पार कर लिया था। दक्षिणी राज्यों, आन्ध्र प्रदेश, केरल और कर्नाटक में उसका प्रदर्शन बहुत अच्छा रहा था, जबकि तमिलनाडु में नतीजे मिले-जुले थे। कांग्रेस को दिल्ली और दिल्ली से सटे हरियाणा में भी एक भी सीट नहीं मिली

थी। (चुनाव आयोग की वेबसाइट पर उपलब्ध आँकड़ों के आधार पर) 1977 के आम चुनाव के नतीजे दिखा रहे थे कि जेपी आन्दोलन और आपातकाल का प्रभाव विंध्य के उस पार दक्षिण की तरफ़ अपेक्षाकृत कम ही रहा था।

वैसे यह चुनाव इस मायने में भी अनूठा था कि इसमें जार्ज फ़र्नांडीस जैसे नेता ने जेल में रहते बिहार के मुज़फ़्फ़रपुर से चुनाव जीता था।

कांग्रेस पहली बार केन्द्र की सत्ता से बेदख़ल हो गई। प्रधानमंत्री के रूप में मोरारजी देसाई का दावा शुरू से मज़बूत था, क्योंकि जेपी को उनका समर्थन हासिल था। हालाँकि देसाई के अलावा जगजीवन राम, चौधरी चरण सिंह और यहाँ तक कि चन्द्रशेखर भी प्रधानमंत्री पद के दावेदार थे। अन्ततः 24 मार्च, 1977 को मोरारजी देसाई ने प्रधानमंत्री के रूप में शपथ ली।

सरकार बनने से पहले ही जनता पार्टी के अन्तर्विरोध सामने आने लगे थे। विभिन्न दलों के बीच टकराव बढ़ने लगा। टकराव की दो प्रमुख वजहें थीं, एक तो यह कि चौधरी चरण सिंह देसाई को प्रधानमंत्री के रूप में स्वीकार ही नहीं कर पा रहे थे। दूसरी वजह थी, जनसंघ से जुड़े लोगों का आरएसएस से जुड़ाव।

ख़ुद जेपी ने जनता पार्टी की सरकार के आने के बाद एक बार फिर आरएसएस की भूमिका को लेकर सन्देह जताया। 11 सितम्बर, 1977 को *सामयिक वार्ता* को दिए गए एक साक्षात्कार में जेपी ने कहा, "आरएसएस को ख़ुद को समाप्त कर देना चाहिए, क्योंकि बदली हुई परिस्थितियों में उसके अलग अस्तित्व का कोई औचित्य नहीं है।"

इसी साक्षात्कार में जेपी ने आगे कहा, "आरएसएस के नेताओं और कार्यकर्ताओं से हुई मुलाक़ातों में मैंने उनके व्यवहार में बदलाव देखा है। अन्य समुदायों के प्रति उनमें अब शत्रुता का भाव नज़र नहीं आता, लेकिन वे अपने दिलों की गहराई से अब भी हिन्दू राष्ट्र की अवधारणा में विश्वास रखते हैं। वे इस धारणा के आधार पर हिन्दुओं को संगठित करने की बात करते हैं कि मुस्लिम और ईसाई समुदाय पहले से संगठित हैं, जबकि हिन्दू विभाजित हैं।"

जेपी ने उम्मीद जताई कि वे हिन्दू राष्ट्र की अवधारणा को त्याग देंगे और उसकी जगह भारतीय राष्ट्रीयता को अपनाएँगे, जो कि एक धर्मनिरपेक्ष अवधारणा है और यह भारत में रहने वाले सभी समुदायों को अंगीकार करती है।[147]

सत्ता में आने के बाद से जनता पार्टी के नेताओं के अन्तर्विरोध और मतभेद सामने आने लगे थे, लेकिन उनमें इन्दिरा गांधी और उनकी सरकार के ख़िलाफ़

कार्रवाई को लेकर सहमति थी। इसी का नतीजा है कि जनता पार्टी की सरकार ने एक पखवाड़े के अन्दर ही आपातकाल की ज़्यादतियों की जाँच के लिए 7 अप्रैल, 1977 को सुप्रीम कोर्ट के सेवानिवृत्त जज जस्टिस जे.सी. शाह की अगुआई में एक आयोग के गठन का ऐलान कर दिया। आयोग ने पूर्व प्रधानमंत्री इन्दिरा गांधी से लेकर उनके मंत्रिमंडल सहयोगियों और नौकरशाहों को भी तलब किया।

आयोग ने निष्कर्ष निकाला कि आपातकाल के दौरान मीसा और डीआईए के प्रावधानों का राजनीतिक विरोधियों को नुक़सान पहुँचाने के लिए दुरुपयोग किया गया था। शाह आयोग की रिपोर्ट में नसबन्दी की आड़ में हुई ज़्यादतियों, और राजधानी दिल्ली के सौन्दर्यीकरण के लिए अवैध निर्माण को हटाने के नाम पर हुई बर्बर कार्रवाई का भी संज्ञान लिया था।

इस बीच, इन्दिरा गांधी कई बार के समन को टालने के बाद 9 जनवरी, 1978 को दिल्ली के पटियाला हाउस में शाह आयोग के समक्ष उपस्थित हुईं। उनके साथ उनके मंत्रिमंडल के पूर्व सहयोगी प्रणब मुखर्जी (पूर्व राष्ट्रपति) भी थे। इन्दिरा ने कहा आपातकाल एक राजनीतिक कार्रवाई थी, जिसे मंत्रिमंडल और संसद की मंज़ूरी प्राप्त थी, इसलिए यह आयोग के न्यायिक दायरे में नहीं आता। उन्हें अगले दिन भी तलब किया गया, लेकिन उन्होंने आयोग के समक्ष कुछ नहीं कहा। उनके वकील फ्रैंक ऐंथनी ने आयोग की वैधता पर सवाल उठाया। इन्दिरा को आयोग ने चौथी और आख़िरी बार 19 जनवरी, 1978 को समन भेजा, मगर उन्होंने बयान देने से इनकार कर दिया।[148]

अलबत्ता जनता पार्टी की सरकार कुछ समय के लिए इन्दिरा गांधी और उनके बेटे संजय को जेल भेजने में सफल रही। दरअसल, जनता सरकार में इस बात को लेकर बेचैनी थी कि सत्ता में आने के कई महीने बाद तक इन्दिरा के ख़िलाफ़ कोई कार्रवाई नहीं हुई है। बेचैनी इस वजह से भी थी क्योंकि चुनाव हारने के कुछ समय बाद ही इन्दिरा राजनीतिक रूप से सक्रिय हो चुकी थीं। 27 मई, 1977 को बिहार के पटना ज़िले के बेलछी गाँव में भीषण नरसंहार में 11 लोग मारे गए थे, जिनमें से 8 दलित और 3 सुनार थे। अगस्त के महीने में इन्दिरा ने वहाँ जाने का फ़ैसला किया। 13 अगस्त को वह दिल्ली से विमान से पटना पहुँचीं। उनके साथ बिहार के पूर्व मुख्यमंत्री जगन्नाथ मिश्र सहित कांग्रेस के कुछ अन्य नेता थे।

इन्दिरा पटना तक तो पहुँच गई थीं, लेकिन बरसात के कारण बेलछी तक

पहुँचना मुश्किल था। कच्चा रास्ता था और बरसात के कारण कीचड़ भरा हुआ था। वह पहले कार से आगे बढ़ीं और फिर जीप में सवार हुईं। यहाँ तक कि एक ट्रैक्टर तक का इन्तज़ाम किया गया। अन्तत: मोती नाम के एक हाथी का इन्तज़ाम किया गया और इन्दिरा उस पर सवार होकर बेलछी तक गईं। रास्ते में लोग उनके पक्ष में नारे लगा रहे थे। वहाँ यह नारा भी सुना गया, *आधी रोटी खाएँगे, इन्दिरा जी को लाएँगे!* [149]

लौटते समय अगले दिन इन्दिरा ने पटना में बीमार जयप्रकाश नारायण से भी मुलाक़ात की। वह उनके पास घंटे भर तक रहीं और उनसे बेलछी में हुए नरसंहार और दलितों की तकलीफ़ों पर बात की। उनकी बेलछी-यात्रा और जेपी से मुलाक़ात एक मज़बूत राजनीतिक बयान की तरह था। इसका सन्देश दिल्ली तक सुना गया। इसके क़रीब दो महीने बाद 3 अक्तूबर को पुलिस ने इन्दिरा गांधी के नए पते 12 विलिंग्डन क्रीसेंट पर दस्तक दी। कुछ घंटे के नाटकीय घटना-क्रम के बाद उन्हें गिरफ़्तार किया गया।

संजय गांधी की गिरफ़्तारी भी कम नाटकीय नहीं थी। राजस्थान के कांग्रेस नेता और फ़िल्मकार अमृत नाहटा ने आपातकाल के दौरान क़िस्सा कुर्सी का नाम से एक फ़िल्म बनाई। संजय गांधी और उनकी मारुति कार परियोजना के साथ ही उनकी मंडली पर केन्द्रित यह राजनीतिक व्यंग्य फ़िल्म थी। आरोप था कि संजय ने सूचना प्रसारण मंत्री विद्याचरण शुक्ल के साथ इस फ़िल्म को रिलीज़ नहीं होने दिया। जनता पार्टी की सरकार आने के बाद संजय गांधी और विद्याचरण शुक्ल के ख़िलाफ़ इसे लेकर प्राथमिकी दर्ज की गई। तब तक नाहटा जनता पार्टी में शामिल हो चुके थे। 27 फरवरी, 1979 को दिल्ली की तीस हज़ारी अदालत के सत्र न्यायाधीश ओ.एन. वोहरा ने संजय गांधी और सहअभियुक्त विद्याचरण शुक्ल को दो वर्ष की सज़ा सुनाई। हालाँकि कोर्ट ने उन्हें जमानत भी दे दी थी, मगर जनता सरकार ने संजय की जमानत ख़ारिज कर दी, जिससे उन्हें एक महीने तक तिहाड़ में रहना पड़ा।[150]

शाह आयोग को छह महीने में रिपोर्ट देनी थी, लेकिन आयोग ने 6 अगस्त, 1978 को अपनी अन्तिम रिपोर्ट पेश की। तब तक जनता पार्टी के अन्तर्विरोध सतह पर आ चुके थे। प्रधानमंत्री देसाई से मतभेदों के कारण चरण सिंह ने जून 1978 में मंत्रिमंडल से इस्तीफ़ा दे दिया था। हालाँकि छह महीने बाद जनवरी 1979 में उप प्रधानमंत्री के रूप में उनकी वापसी हो गई।

इसके बावजूद देसाई और चरण सिंह के रिश्ते सहज नहीं रहे। अन्ततः 24 जुलाई, 1979 को चरण सिंह और राजनारायण के अलग होने के साथ ही देसाई सरकार गिर गई।

देसाई सरकार के गिरने का एक बड़ा कारण था, दोहरी सदस्यता का मुद्दा। चरण सिंह और राजनारायण के साथ ही मधु लिमये और जार्ज फ़र्नांडीस जैसे नेताओं ने इस बात पर एतराज़ किया कि जनसंघ से जनता पार्टी में आए नेताओं ने राष्ट्रीय स्वयंसेवक संघ से नाता नहीं तोड़ा है। जेपी ने तो पहले ही, जैसा कि ऊपर ज़िक्र आया है, राष्ट्रीय स्वयंसेवक संघ को सलाह दी थी कि वह ख़ुद को ख़त्म कर ले या जनता पार्टी के युवा और सांस्कृतिक संगठनों में विलय कर ले।

अस्वस्थता के बावजूद जेपी जनता पार्टी को बचाने का प्रयास करते रहे। इस बीच वह चौधरी चरण सिंह, चन्द्रशेखर, अटल बिहारी वाजपेयी से लेकर मोरारजी देसाई जैसे नेताओं को चिट्ठियाँ लिखते रहे, लेकिन मतभेद इतने गहरे हो चुके थे कि देसाई सरकार का पतन हो गया। देसाई सरकार के गिरने के बाद चौधरी चरण सिंह ने कांग्रेस के समर्थन से 28 जुलाई, 1979 को देश के पाँचवें प्रधानमंत्री के रूप में शपथ ली।

मगर महज़ 23 दिनों के बाद नाटकीय घटना-क्रम में कांग्रेस के समर्थन वापस लेने से 20 अगस्त, 1979 को चौ. चरण सिंह की सरकार गिर गई। उस समय तक वह बहुमत भी साबित नहीं कर सके थे। और इस तरह जनता पार्टी के नाम पर किया गया प्रयोग विफल हो गया। देश एक बार फिर इन्दिरा की ओर देख रहा था।

लोकतंत्र की ताक़त

महज़ पौने तीन साल बाद जनता पार्टी बिखर गई और 1980 में हुए आम चुनाव में इन्दिरा गांधी के नेतृत्व में कांग्रेस की सत्ता में वापसी हो गई। उनकी सत्ता में वापसी इस मायने में असाधारण थी कि पिछले आम चुनाव के दौरान उनकी लोकप्रियता न्यूनतम स्तर पर पहुँच गई थी। आपातकाल के दौरान मीसा के तहत हुई गिरफ़्तारियों और ज़बरिया नसबन्दी ने उन्हें और उनकी सरकार को बुरी तरह से बदनाम कर दिया था। इसका एहसास ख़ुद इन्दिरा को भी था। सत्ता से हटने के क़रीब साल भर बाद ही इन्दिरा गांधी ने आपातकाल को लेकर अफ़सोस जताया। 24 जनवरी, 1978 को इन्दिरा गांधी ने नागपुर से डेढ़ सौ किलोमीटर

दूर एक सभा को सम्बोधित किया। विदर्भ का उनका प्रवास ऐसे समय हुआ था, जब अगले महीने 24 फरवरी, 1978 को महाराष्ट्र में विधानसभा चुनाव होने थे। इन्दिरा ने अपने भाषण में आपातकाल को लेकर अफ़सोस जताया और उसकी पूरी ज़िम्मेदारी ली।

इंडियन एक्सप्रेस ने उनकी इस सभा को कवर करते हुए अपनी रिपोर्ट में लिखा, "पूर्व प्रधानमंत्री इन्दिरा गांधी ने आपातकाल के दौरान की गई सभी ग़लतियों और ज़्यादतियों के लिए सार्वजनिक रूप से माफ़ी माँगी और घोषणा की कि वह 'इसके लिए पूरी ज़िम्मेदारी' ले रही हैं।"[151]

इन्दिरा की इस स्वीकारोक्ति के बावजूद आपातकाल का 19 महीने का कालखंड ऐसा बदनुमा दाग़ है, जिससे कांग्रेस आज तक पीछा नहीं छुड़ा सकी है। लगता है, इसका एहसास इन्दिरा गांधी के पोते राहुल गांधी को भी है। कांग्रेस के पूर्व अध्यक्ष राहुल ने यूपीए सरकार में मुख्य आर्थिक सलाहकार रहे अर्थशास्त्री और कॉर्नेल यूनिवर्सिटी में प्रोफ़ेसर कौशिक बसु को मार्च 2021 में दिए एक साक्षात्कार में स्वीकार किया था कि आपातकाल लगाने का फ़ैसला एक ग़लती थी।[152]

नागरिक आज़ादी को लेकर जेपी की प्रतिबद्धता पर कोई सवाल नहीं उठा सकता। अप्रैल 1974 में स्थापित किया गया उनका संगठन सिटीजन फॉर डेमोक्रेसी इसका प्रमाण है, जिसने आपातकाल के दौर में निरन्तर नागरिक आज़ादी और प्रेस की आज़ादी को लेकर सवाल उठाए, मगर राष्ट्रीय स्वयंसेवक संघ को लेकर जेपी की धारणा और विश्वास, दोनों ग़लत साबित हुए हैं। मई 2014 में नरेन्द्र मोदी की अगुआई में भाजपा के सत्ता में आने के बाद से राष्ट्रीय स्वयंसेवक संघ निरन्तर प्रभावशाली होता गया है। इसके साथ ही उसने हिन्दुत्व के एजेंडे को आक्रामकता के साथ आगे बढ़ाया है। उससे जुड़े मंचों से हिन्दू राष्ट्र का बढ़ता उद्घोष सुना जा सकता है। *इंडिया टुडे* पत्रिका हो या अंग्रेज़ी दैनिक *इंडियन एक्सप्रेस,* देश के सबसे ताक़तवर लोगों की उनकी सूची में शीर्ष पाँच में राष्ट्रीय स्वयंसेवक संघ के सरसंघचालक मोहन भागवत का नाम शुमार है।[153]

जनता पार्टी के बिखरने के साथ ही जेपी का 'सम्पूर्ण क्रान्ति' का सपना भी बिखर गया। उस कालखंड को देखें तो अन्दाज़ा लगाना मुश्किल नहीं कि अन्तर्विरोधों से भरे जेपी आन्दोलन की यह अनिवार्य निष्पत्ति थी। मगर उस दौर ने जनतांत्रिक आन्दोलन की अन्तर्निहित शक्ति को रेखांकित किया।

तीन नए कृषि क़ानूनों के विरोध में हुए किसान आन्दोलन से लेकर नागरिकता संशोधन क़ानून (सीएए) के विरोध और तथाकथित मुख्यधारा के मीडिया की नज़रों से दूर जल, जंगल और ज़मीन को बड़े औद्योगिक घरानों से बचाने तथा आदिवासियों, दलितों और वंचितों के हक़ के लिए हो रहे ढेर सारे छोटे-बड़े आन्दोलनों की भी यही ताक़त है, बशर्ते कि वे अराजक न हो जाएँ। इन्हीं से लोकतंत्र को ताक़त मिलती है।

मुझे विद्वान डॉ. कर्ण सिंह की कही वे बातें याद आ रही हैं, जो उन्होंने दिल्ली के मालचा रोड स्थित अपने बँगले में हुई मुलाक़ात के दौरान उस दिन मुझसे कही थीं, "देश की आज़ादी से लेकर अब तक मैंने सब देखा है। जितने प्रधानमंत्री हुए, उन सबसे मेरे व्यक्तिगत सम्बन्ध रहे। मैं दो-तीन निष्कर्ष तक पहुँचा। पहली बात तो यह है कि राजनीति में उथल-पुथल हमेशा से रही है। राजनीति कभी शान्त नहीं रही। राजनीति का स्वधर्म है कि वह संघर्षमय हो। जैसे पानी गीला होता है व आग गरम होती है, राजनीति में उथल-पुथल हमेशा रहेगी।"[154]

सन्दर्भ

1. इन्दिरा गांधी : चुने हुए भाषण और लेख, 1972-1977, प्रकाशन विभाग, पृ. 189, यूट्यूब पर उपलब्ध आकाशवाणी की रिकॉर्डिंग, Pupul Jaikar, Indira Gandhi, A Biography, p. 287
2. वही
3. Pupul Jaikar, Indira Gandhi A Biography, p. 287
4. वही
5. Gyan Prakash, Emergency Chronicals Indira Gandhi And Democracy's Turning Point, p. 200; Kaithrin Frank, Indira: The Life of Indira Nehru Gandhi, p. 388
6. Pupul Jaikar, p. 288-89
7. P.N. Dhar, Indira Gandhi the 'Emergency', and Indian Democracy, p. 300
8. Kaitherine Frank, Indira: The Life of Indira Nehru Gandhi, p. 371
9. P.N. Dhar, Indira Gandhi the 'Emergency' and Indian Democrcy, p. 300
10. B.N. Tandon, PMO Diary-1 Prelude to the Emergency, pp. 382-385
11. Bipan Chandra, In The Name of Democracy, J.P. Movement and the Emergency, (Emergency Imposed), pp. 66; Kuldeep Nayar, Beyond the lines an autobiography, (The Emergency & After, p. 224)

12. Murli Krishnan Why Indira Gandhi's election was set aside by the Allahabad High Court 46 years ago, https://www.barandbench.com/columns/why-indira-gandhi-election-set-aside-allahabad-high-court-46-years-ago; कुलदीप नैयर, इमरजेंसी की इनसाइड स्टोरी, पृ. 6-10
13. वही
14. Jairam Ramesh, Intertwined Lives, P N Haksar & Indira Gandhi, pp. 346-47
15. वही
16. Vinod Mehta, The Sanjay Story, p. 97
17. B. N. Tandon, PMO Diary-1 Prelude To The Emergency, pp. 382-385
18. Kaithrin Frank, Indira: The Life of Indira Nehru Gandhi, p. 372
19. Vinod Mehta, The Sanjay Story, pp. 88-89
20. वही
21. Pupul Jaikar, p. 268
22. Kuldeep Nayar, Beyond the lines an autobiography, p. 224
23. P.N. Dhar, Indira Gandhi, the Emergency and Indian Deomcracy, p. 301
24. Janardan Thakur, All The Prime Minister's Men, p. 102-03
25. Bipin Chandra, p. 68
26. Shah Commission of Inquiry Interim Report-1, p. 17-18
27. वही
28. Vinod Mehta, p. 100
29. B.N. Tandon, PMO Diary-1 Prelude To The Emergency, pp. 400-403
30. Vinod Mehta, p. 100
31. कुलदीप नैयर, इमरजेंसी की इनसाइड स्टोरी, पृ. 40
32. Jayprakash Narayan, Selected Works, Volume 9 (1966-1972) Edited By Bimal Parasad, pp. 82-83; Bhola Chattergee, Conflict in J.P.'s Politics, pp. 361-62
33. Jayprakash Narayan, Selected Works, Volume 9 (1966-1972) Edited By Bimal Parasad, p. 744; Bhola Chattergee, Conflict in J.P.'s Politics, p. 362
34. Rasheed Kidwai, Forget WhatsApp Rumours, Here are the Facts About 1966 Anti-cow Slaughter Agitation https://www.news18.com/news/opinion/rajasthan-assembly-election-2018-forget-whatsapp-rumours-here-are-the-facts-about-1966-cow-slaughter-agitation-1958749.html
35. Ramchandra Guha, India After Gandhi, p. 412

36. Geoffray Ostergaard, Non Violent Revolution In India, pp. 8-9
37. Jayaparakash Narayan Selected works, Volume 7 (1954-1960) Edited by Bimal Prasad, pp. 226-254 ; Geoffray Ostergaard, Non Violent Revolution In India, p. 8-9
38. Geoffray Ostergaard, p. 30
39. Geoffray Ostergaard, p. 30; आनन्द कुमार, जयप्रकाश नारायण का नायकत्व, 11 अक्तूबर, 2011, समता मार्ग, https://samtamarg.in/2021/10/11/heroism-of-jayaprakash-narayan-anand-kumar/
40. Geoffray Ostergaard, p. 48
41. Election Commission of India website, parliament record
42. Geoffray Ostergaard, p. 48
43. डॉ. सुब्रमण्यम स्वामी से लेखक की बातचीत; My experiences with Jayaprakash Narayan : Dr. Swamy Published: Thursday, Jan. 0,2012, 22:06 ISt Source: IBTL; https://www.ibtl.in/news/exclusive/1666/my-experiences-with-jayaprakash-narayan-:-dr.-swamy/
44. वही
45. Geoffray Ostergaard, Non Violent Revolution In India, p. 49
46. वही
47. Jayprakash Narayan Selected works Edited By Bimal Prasad, Volume 10 (1972-79), p. 58
48. Geoffray Ostergaard, Non Violent Revolution In India, p. 49
49. Jayprakash Narayan Selected works Edited By Bimal Prasad, Volume 10 (1972-79), p. 103
50. Bipan Chandra, p. 35
51. Geoffray Ostergaard, p. 73
52. Geoffray Ostergaard, p. 71; कुसुम देशपांडे, विनोबा : अन्तिम पर्व एक झलक, पृ. 25-26
53. Jayaparakash Narayan Selected Works Edited By Bimal Prasad, Volume 10 (1972-1979), p. 245
54. P.N. Dhar, p. 245; Bipan Chandra, pp. 36-37
55. Jayaparakash Narayan Selected Works Edited By Bimal Prasad, Volume 10 (1972-1979), p. 253; Geoffray Ostergaard, pp. 75-76
56. Bipan Chandra, p. 44; Geoffray Ostergaard, p. 76
57. लालू प्रसाद यादव, नलिन वर्मा, गोपालगंज से रायसीना, मेरी राजनीतिक यात्रा, पृ. 28-29; Bipan Chandra, 39
58. Geoffray Ostergaard, p. 83
59. Jayaparakash Narayan Selected Works Edited By Bimal Prasad, Volume 10 (1972-1979), pp. 263-65

60. https://www.linkedin.com/pulse/summer-1974-when-j-p-gave-clarion-call-sampoorna-kranti-sahay/
61. श्रवण गर्ग से लेखक की बातचीत
62. जयप्रकाश नारायण, सम्पूर्ण क्रान्ति, पृ. 10
63. जेपी डायरी पृ. 26; Jaiprakash Narayan Selected Works Edited By Bimal Prasad, Volume 10 (1972-1979), p. 291
64. Bipan Chandra, pp. 18-19
65. Bipan Chandra, pp. 18-19, Kaithrin Frank, p. 360
66. Jayaparakash Narayan Selected Works Edited By Bimal Prasad, Volume 10 (1972-1979), pp. 278-79
67. Bipan Chandra, p. 20
68. C.S. Pandit, End of An Era, Rise & Fall of Indira Gandhi, p. 143
69. Geoffray Ostergaard, pp. 100-130
70. वही
71. Jayaparakash Narayan Selected Works Edited By Bimal Prasad, Volume 10 (1972-1979), pp. 362-364
72. वही
73. Jayaparakash Narayan Selected Works Edited By Bimal Prasad, Volume 10 (1972-1979), pp. 365-370
74. Revolution, Reform, or Protest? A Study of the Bihar Movement: II Ghanshyam Shah Economic and Political Weekly Vol. 12, No. 16 (Apr. 16, 1977), pp. 642-655
75. J.P. was shielded by his supporters, but one or two blows fell on him: Raghu Rai, India Today ISSUE DATE: July 15, 1977 ; Geoffray Ostergaard, p. 128
76. Geoffray Ostergaard, pp. 100-130
77. वही
78. Bhola Chatergee, pp. 303-04
79. Jayaparakash Narayan Selected Works Edited By Bimal Prasad, Volume10 (1972-1979), p. 881
80. Bhola Chatergee, pp. 303-04
81. प्रोफ़ेसर आनन्द कुमार से लेखक की बातचीत; Geoffray Ostergaard, pp. 125, 136
82. Geoffray Ostergaard, pp. 125, 136; Bipan Chandra, p. 61
83. प्रो. आनन्द कुमार से लेखक की बातचीत
84. Kaithrin Frank, p. 368
85. Jayaprakash Narayan Selected works Edited By Bimal Prasad, Volume 9 (1966-72), pp. 327-330

86. वही
87. Bhola Chaterjee, pp. 186-87; Geoffray Ostergaard, pp. 163-64; प्रो. आनन्द कुमार की लेखक से बातचीत
88. Jayaprakash Narayan selected works Edited By Bimal Prasad, Volume 10 (1972-1979), pp. 426-27
89. Jayaprakash Narayan selected works Edited By Bimal Prasad, Volume 10 (1972-1979), pp. 427-30; Bipan Chandra, p. 62
90. 100000 March Through, New Delhi in Anti-Government Protest, https://www.nytimes.com/1975/03/07/archives/100000-march-through-new-delhi-in-antigovernment-protest.html
91. B. N. Tandon, PMO Diary-1 Prelude To The Emergency, pp. 227-28
92. Geoffray Ostergaard, p. 188
93. Bipan Chandra, p. 54; आनन्द कुमार से लेखक की बातचीत
94. Fast Is Begun in India to Press for a State Election, NYT 8 April, 1975, https://www.nytimes.com/1975/04/08/archives/fast-ls-begun-in-india-to-press-for-a-state-election.html
95. Ghanshyam Shah,The 1975 Gujarat Assembly Election, Asian Survey Vol. 16, No. 3 (March, 1976), pp. 270-282
96. वही
97. Geoffray Ostergaard, pp. 209-10
98. डॉ. सुब्रमण्यम स्वामी से लेखक की बातचीत; Ravi Visvesvaraya Prasad, How Indira Gandhi Came to the Emergency Decision, 26 June, 2019, Deccan Herald
99. वही
100. P.N. Dhar, pp. 303-04, इन्दिरा गांधी चुने हुए भाषण और लेख, 1972-77, प्रशासन विभाग, पृ. 71-72
101. Bipan Chandra, pp. 70-71, Sagrika Ghosh, p. 169
102. Bipan Chandra, pp. 68-69
103. Pupul Jaikar, p. 275
104. B.N. Tandon, PMO Diary-1 Prelude To The Emergency, pp. 412-414
105. वही
106. डॉ. कर्ण सिंह से लेखक की बातचीत
107. Bipan Chandra, p. 156; डॉ. सुब्रमण्यम स्वामी से लेखक की बातचीत
108. Gyan Prakash, pp. 165-66
109. Sunday ET: A look at some unique letters that Jayaprakash Narayan wrote to Indira Gandhi when he was being kept in solitary confinement

in prison, 29 June, 2015

110. J.P. Diary, p. 2
111. Bipan Chandra 76, PIB Booklet Reason for Emergency
112. Pupul Jaikar, p. 279-280, Bipan Chandra 1994-95, Gyan Prakash, pp. 180-81
113. मार्क टली से लेखक की बातचीत
114. वही
115. वही
116. पीआईबी आर्काइव, 29 जून, 1975
117. क्या विनोबा भावे ने वास्तव में आपातकाल का समर्थन किया था? https://www.satyagrah.com/politics/vinobha-bhave-support-emergency-truth/
118. इन्दिरा गांधी चुने हुए भाषण और लेख, 1972-1977, प्रकाशन विभाग, पृ. 349
119. Kuldeep Nayar Beyond The Lines, An Autobiography, p. 238
120. Geoffray Ostergaard, pp. 230-31
121. प्रोफ़ेसर आनन्द कुमार से लेखक की बातचीत
122. Protests Rising on Curbs in India By Paul Grimes March 8, 1976 https://www.nytimes.com/1976/03/08/archives/new-jersey-pages-protests-rising-on-curbs-in-india-gandhi-regimes.html
123. मधुकर दत्तात्रेय देवरस (बालासाहब देवरस), हिन्दू संगठन और सत्तावादी राजनीति, जागृति प्रकाशन नोएडा, पृ. 270-273
124. वही, पृ. 272-274
125. Jayaparakash Narayan Selected Works Edited By Bimal Prasad, Volume 10 (1972-1979), p. 573
126. A.G. Noorani, The RSS, p. 183
127. Jayaparakash Narayan Selected Works Edited By Bimal Prasad, Volume 10 (1972-1979), pp. 931-932
128. A.G. Noorani, pp. 183-84
129. वही, पृ. 184
130. Madhu Limaye, 'Why I Did Not Want to Have Any Dealings With The RSS' https://www.thecitizen.in/index.php/en/newsdetail/index/4/16832/why-i-did-not-want-to-have-any-dealings-with-the-rss\
131. Vinod Mehta, The Sanjay Story, p. 123
132. P. N. Dhar, pp. 343-348
133. डॉ. कर्ण सिंह से लेखक की बातचीत
134. Shah Commission of inquiry, Second Report, p. 96
135. Shah Commission of inquiry, Second Report, p. 96, John Dayal, Ajoy

Bose, For Reasons of State Delhi Under Emergency, pp. 33-34
136. Shah Commission of Inquiry, Second Report, p. 96
137. अजय बोस से लेखक की बातचीत
138. Shah Commission of Inquiry, Third & Final Report
139. Pupul Jaikar, p. 290-91, Gyan Prakash, p. 203
140. Pupul Jaikar, p. 311-12
141. वही
142. P.N. Dhar, p. 349
143. How Morarji Desai outwitted Jagjivan Ram and Charan Singh, Ravi Visvesvaraya Sharada Prasad, 22 March, 2021 https://openthemagazine.com/columns/morarji-desai-outwitted-jagjivan-ram-charan-singh/
144. Pupul Jaikar, p. 313
145. Madhu Limaye, Janta Party Experiment-An Insider's Account of Opposition Politics, 1975-1977, Volume 1, pp. 211-12
146 How Morarji Desai outwitted Jagjivan Ram and Charan Singh, Ravi Visvesvaraya Sharada Prasad, 22 March, 2021 https://openthemagazine.com/columns/morarji-desai-outwitted-jagjivan-ram-charan-singh/
147. Bhola Chatterjee, pp. 191-192, A.G. Noorani, pp. 189-90
148. Gyan Prakash, p. 353
149. Indira Gandhi's visit to Belchhi: A well-calculated political move?, India Today, 15 Sept., 1977
150. Kissa Kursi Ka case: Sanjay Gandhi, V.C. Shukla sentenced to two years in jail, India Today, March 15, 1979; Sagarika Gosh, p. 220
151. https://indianexpress.com/article/opinion/editorials/january-24-1978-forty-years-ago-indiras-apology-5036651/
152 https://www.youtube.com/watch?v=j1jNR4X7wa8&ab_channel=Indian National Congress
153 https://indianexpress.com/article/india/ie100-list-of-most-powerful-indians-in-2019-narendra-modi-amit-shah-mukesh-ambani-gogoi-mohan-bhagwat-6039930/
154. डॉ. कर्ण सिंह से लेखक की बातचीत

सत्तर के दशक की
कुछ अन्य प्रमुख घटनाएँ

गर्भपात को वैधता (1971)

इंदिरा-सरकार के दौरान भारतीय संसद ने अगस्त 1971 में क्रांतिकारी कदम उठाते हुए गर्भ के चिकित्सकीय समापन कानून को मंजूरी दी थी। मेडिकल टर्मिनेशन ऑफ प्रिगनेंसी (एमटीपी) एक्ट, 1971 में 12 हफ्ते के गर्भ के समापन के लिए एक डॉक्टर की मंजूरी जरूरी थी और 12 से 20 हफ्ते के गर्भ के लिए दो डॉक्टरों की। इससे पहले गर्भपात भारतीय दंड संहिता, 1860 की धारा 312 के तहत अपराध था। केंद्र सरकार ने 1964 में शांतिलाल शाह की अध्यक्षता में गर्भपात से संबंधित कानून बनाने के वास्ते एक कमेटी का गठन किया था। इस समिति ने दिसंबर 1966 में अपनी रिपोर्ट में गर्भपात को वैध करने से संबंधित सिफारिश की थी। इस कानून में 2021 में हुए संशोधन के बाद विशेष परिस्थितियों में 24 हफ्ते तक के गर्भ के चिकित्सकीय समापन को वैध करार दिया गया है।

बांग्लादेश मुक्ति युद्ध (1971)

बांग्लाभाषी पूर्वी पाकिस्तान में पाकिस्तान की सैन्य सरकार की ज़्यादतियों और उत्पीड़न के ख़िलाफ़ विद्रोह की परिणति 16 दिसम्बर, 1971 को एक नए राष्ट्र बांग्लादेश की स्थापना के रूप में हुई। शेख़ मुजीबुर्रहमान की अगुआई में हो रहे इस आन्दोलन को भारत का समर्थन मिला। इस युद्ध में पाकिस्तान की हार हुई। इसमें प्रधानमंत्री इन्दिरा गांधी के नेतृत्व ने करिश्माई भूमिका निभाई थी।

चिपको आन्दोलन (1973)

अविभाजित उत्तर प्रदेश के चमोली ज़िले (अब उत्तराखंड) में जंगलों की अवैध

कटाई को लेकर शुरू हुआ यह आन्दोलन पाँच दशक बाद भी जंगल और पर्यावरण बचाने के संघर्ष का प्रतीक बना हुआ है। चमोली के रैणी गाँव में सुन्दरलाल बहुगुणा, चंडीप्रसाद भट्ट और गौरा देवी के नेतृत्व में महिलाओं ने 24 अप्रैल, 1973 को पेड़ों से चिपककर उनकी अवैध कटाई का विरोध किया था। इसके 48 साल बाद 7 फरवरी 2021 में ग्लेशियर फटने से आई भीषण बाढ़ में रैणी गाँव बुरी तरह तबाह हो गया।

पहला परमाणु परीक्षण (1974)

तत्कालीन प्रधानमंत्री इन्दिरा गांधी ने 1974 में ऐसे समय पहले परमाणु परीक्षण का निर्णय लिया था, जब उनकी सरकार हड़तालों और आन्दोलनों के कारण दबाव में थी। 18 मई, 1974 को राजस्थान के पोखरण में पहला परमाणु परीक्षण किया गया था और उसमें परमाणु वैज्ञानिक डॉ. राजा रमन्ना की अहम भूमिका थी।

सिक्किम का विलय (1975)

आज़ादी मिलने के बाद जब रियासतों का भारत में विलय हुआ था, तब सिक्किम के चोग्याल शासक ने जनमत संग्रह कर विलय को ख़ारिज कर दिया था। हालाँकि उसे भारत के संरक्षित राज्य का दर्जा मिला हुआ था। 6 अप्रैल, 1975 को भारतीय सेना ने चोग्याल राजा के महल को घेरकर अपने क़ब्ज़े में ले लिया। चोग्याल को महल में नज़रबन्द कर दिया गया और सिक्किम के स्वतंत्र होने की घोषणा की गई और फिर जनमत संग्रह के ज़रिये वह भारत का 22वाँ राज्य बन गया।

आर्यभट्ट का प्रक्षेपण (1975)

भारत ने 19 अप्रैल, 1975 को सोवियत संघ की मदद से अपना पहला उपग्रह अन्तरिक्ष में भेजा था। इसका नाम महान भारतीय खगोलशास्त्री आर्यभट्ट के नाम पर रखा गया था।

दूरदर्शन

यों तो दूरदर्शन की स्थापना 15 सितम्बर, 1959 को हो गई थी, लेकिन इसे विस्तार मिला सत्तर के दशक में। 15 अगस्त, 1975 को लाल क़िले की प्राचीर से प्रधानमंत्री इन्दिरा गांधी के भाषण के सीधे प्रसारण से इसका विस्तार हुआ जब क़रीब ढाई हज़ार गाँवों में इसे सीधे देखा-सुना गया।

असम आन्दोलन (1979)

ऑल असम स्टूडेंट यूनियन (आसू) और ऑल असम गण संग्राम परिषद ने अवैध नागरिकों की शिनाख़्त करने और उन्हें प्रदेश से बाहर करने के लिए 8 जून, 1979 को आन्दोलन छेड़ा, जिसने जल्द ही भीषण रूप ले लिया था। अन्ततः इसकी परिणति 1985 में राजीव गांधी-सरकार और आन्दोलनकारी संगठनों के बीच हुए समझौते के रूप में हुई। इसी आन्दोलन से निकले छात्र नेता प्रफुल्ल कुमार महंत मुख्यमंत्री तक बने।